穆滢潭 著

個人資源與家庭照料對健康老齡化的影響

健康老齡化是中國在快速老齡化和急劇家庭變遷進程中所面臨的一個重要問題。如何有效地解決人口老齡化帶來的一系列問題，成為各界重視的焦點方向，健康老齡化也成為新興、具前瞻性的焦點議題。

財經錢線

前言

在有關老齡健康的相關研究中，多以生病的老人為研究對象，但是在醫療技術不斷進步的情況下，老年人的平均預期壽命逐漸延長，當人口老齡化浪潮席捲全球，各國都開始面對老齡化社會的現象時，如何有效地解決人口老齡化帶來的一系列問題，成為各界重視的焦點方向，健康老齡化也成為新興、具前瞻性的焦點議題。健康的社會決定因素理論將健康看成是一系列個體因素和社會環境因素共同作用的結果，不僅強調個體的效用函數和最優的決策過程，更加注重社會環境因素對健康的影響。由於目前養老保險制度存在覆蓋面窄、不可持續性等問題，且缺乏健全的社區服務機制和各種老齡服務中心，因此，在進入老齡階段後，其日常生活所需的幫助主要來自家庭、朋友等非正式支持，只有充分認識並瞭解個人資源和家庭照料對健康老齡化的影響與作用機制，才能更有效地採取有針對性的措施以縮小健康狀況的個體差異與群體差異。

自從 Havighurst（1963）年首次提出健康老齡化的概念以來，國內外相關研究如雨後春筍，圍繞著健康老齡化的概念建構、理論模型和影響因素等問題展開討論，並且為制定相關政策提供指導。但是，目前的相關研究在健康老齡化的概念構建、理論視角與方法等方面還存在不足，這也為本書的研究提供了空間。首先，本書通過對兩個應用範圍最廣泛的健康老齡化理論模型——Rowe & Kahn（1987）的生物醫學（Successful Aging, SA）模式和 Baltes（1990）的帶有補償的選擇性最優化（Selective Optimization with Compensation, SOC）模式——的內容及相關評述進行討論，歸納出健康老齡化應該包括主客觀兩個維度，並以身體功能、認知能力和社

會參與作為客觀健康老齡化的評估指標,而生活滿意度則作為主觀評估指標。在此基礎上,本書的研究借鑑 Anderson 健康行為模型、Berkman 模型與責任內化理論,嘗試性地構建了一個分析健康老齡化影響因素的理論框架,然後利用全國老年人健康長壽影響因素調查數據對該理論框架的相關問題進行實證分析,得出以下幾項結論:

第一,個人資源、家庭照料是影響健康老齡化的重要因素。其中個人資源的所有指標對健康老齡化的兩個維度都存在顯著的主效應增益作用,但是家庭照料對健康老齡化的主效應與假設存在一定差異。

第二,暴露性與脆弱性差異的雙重作用導致了健康老齡化的性別差異,而暴露性差異——老年人個人資源、家庭照料的性別差異——發揮了主導作用。健康老齡化兩個維度的性別差異在 2002—2011 年表現出截然相反的發展趨勢,其中客觀健康老齡化的性別差異顯著降低了,但是生活滿意度的差異卻呈上升趨勢。通過進一步的分析,筆者發現獨立經濟來源、日常照料獲取來源和生活方式中的日常鍛煉是導致客觀健康老齡化性別差異縮小的關鍵因素,而教育、婚姻狀況和生活自主則是生活滿意度性別差異增加的關鍵要素。關於健康老齡化年齡軌跡的性別差異,筆者研究發現,客觀健康老齡化年齡軌跡的性別差異呈「平行趨勢」,即年齡對客觀健康老齡化的性別差異的調節效應不明顯,而且個人資源、家庭照料與生活方式三類機制對年齡軌跡的性別差異影響甚微;生活滿意度的性別差異則呈「發散趨勢」,個人資源與生活方式對生活滿意度年齡軌跡的性別差異具有顯著的調節效應。

第三,一直以來教育被認為是影響健康的基礎性因素,而且根據生命歷程理論,前一個生命時間會對後續的事件造成影響,因此,老年人健康老齡化的教育梯度很可能是個人資源、家庭照料與生活方式優勢/劣勢累積的結果。

目錄

1 **緒論** / 1
   1.1 研究背景 / 1
   1.2 提出問題 / 7
   1.3 研究思路與章節安排 / 9
   1.4 研究目的與意義 / 12

2 **國內外相關研究評述** / 14
   2.1 家庭照料的理論內涵與維度 / 14
   2.2 健康老齡化的概念、理論模式與評估 / 17
   2.3 個人資源、家庭照料與健康老齡化 / 25
   2.4 生活方式以及其他影響健康老齡化的因素 / 32
   2.5 小結 / 35

3 **研究設計** / 36
   3.1 相關理論與研究架構 / 36
   3.2 關鍵變量的概念建構與操作化 / 42
   3.3 數據說明 / 51
   3.4 個人資源、家庭照料與客觀健康老齡化差異 / 53
   3.5 個人資源、家庭照料與生活滿意度的差異 / 61
   3.6 小結 / 67

4 個人資源、家庭照料與健康老齡化：影響與作用機制 / 68

    4.1 研究內容、假設與方法 / 68

    4.2 個人資源、家庭照料與客觀健康老齡化的 Logit 迴歸 / 74

    4.3 個人資源、家庭照料與生活滿意度的 OLS 迴歸 / 92

    4.4 健康老齡化的生活方式仲介效應分析 / 108

    4.5 小結 / 116

5 個人資源、家庭照料與健康老齡化的性別差異 / 119

    5.1 研究內容、假設與方法 / 119

    5.2 健康老齡化的性別差異：暴露性差分與脆弱性差分 / 125

    5.3 健康老齡化性別差異的趨勢分析：2002—2011 年 / 152

    5.4 健康老齡化年齡軌跡的性別差異：三類機制的調節作用 / 162

    5.5 小結 / 170

6 個人資源、家庭照料與健康老齡化的教育梯度 / 172

    6.1 研究內容、假設與方法 / 172

    6.2 健康老齡化的教育梯度及其形成機制 / 177

    6.3 教育健康老齡化促進效果的性別差異 / 181

    6.4 健康老齡化年齡軌跡的教育梯度：生活方式的仲介效應 / 185

    6.5 小結 / 193

7 研究結論、創新與展望 / 194

    7.1 研究結論 / 194

    7.2 主要創新點 / 197

    7.3 研究不足與展望 / 198

參考文獻 / 199

1 緒論

1.1 研究背景

本節擬分別就中國面臨的人口老齡化挑戰以及老齡化所衍生出來的健康問題進行闡述。

1.1.1 人口老齡化的趨勢與挑戰

隨著醫療科技的日新月異，居民的平均預期壽命不斷延長，再加上嬰兒潮人口（1950—1955年）已陸續步入老齡階段，導致世界老年人口急遽增加[①]。1980—2050年，全球老年人口將呈雙倍成長趨勢（U. S. Census Bureau, 2004—2005），其中亞洲與太平洋地區在未來20年將成為60歲及以上老人分佈最集中的區域之一（United Nations, 2002）。2009年世界60歲及以上人口占總人口比例約為11%，世界65歲以上人口在2040年前將達到13億，占世界總人口的比重將超過14%。據此老齡化速度計算，預計到2050年，全球60歲以上人口將從2005年的6.73億增至20億，占總人口的22%，許多發達國家和新興國家老年人口將達到總人口的1/3和1/4，發展中國家也會達到1/5左右。屆時，60歲以上的老年人口數將超過15歲以下的青少年人口數，老齡化進程不僅改變了世界人口結構，也將深深地影響經濟社會發展的現狀與未來趨勢。老齡化已經成為世界範圍內不可逆轉的趨勢，在任何國家和社會都不能避免，不

[①] 根據世界衛生組織（WHO）的定義：當一個國家65歲以上的老年人口占總體人口的比例超過7%時，即稱之為老齡化社會（Ageing-Society）；當這一比例超過14%時，即稱之為高齡社會（Aged-Society）。

過是在不同發展水準的地區或國家出現時間的早晚和進程的快慢存在差別。

與大多數發達和新興國家相比，中國人口老齡化進程的突出特點可以概括為：數量大、速度快、高齡趨勢明顯（見圖1.1）。1999年中國60歲及以上人口數占人口總數的比例為10%，這標志著中國已經正式邁入老齡型人口國家的行列。2010年中國第六次人口普查數據顯示，在大陸地區人口中，60歲及以上人口為1.78億人，占總人口的13.26%，其中65歲及以上人口達1.19億人，占總人口的8.87%，同2000年第五次全國人口普查相比，60歲和65歲及以上人口的比重分別上升了2.93、1.91個百分點。2010年至2040年將是中國老齡化速度最快的時期。據聯合國中方案預測，到2030年中國老年人口（60歲及以上）數量將達到3.4億，占總人口的23.4%，到2050年中國老年人口數量將達到4.4億，占總人口的31.1%（United Nation，2009）。平均預期壽命延長和生育率下降的相互影響加速了中國老齡化社會的來臨。

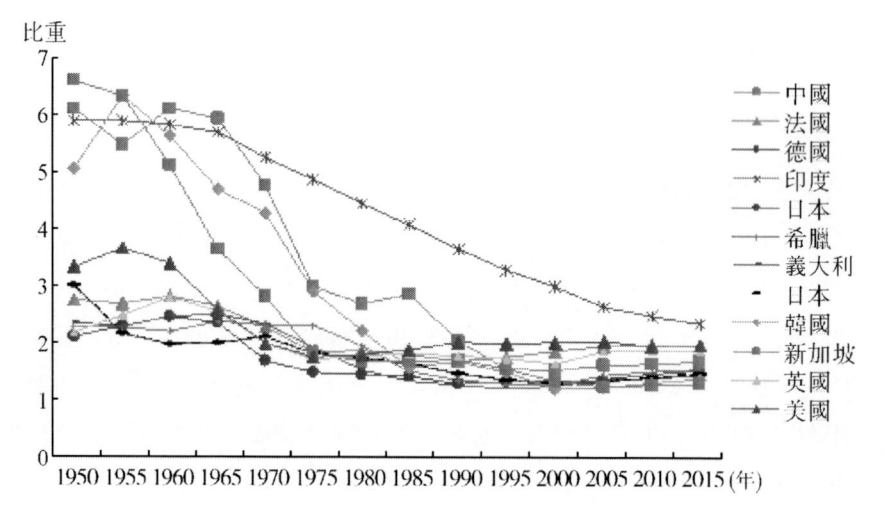

圖1.1 世界主要國家1950—2015年總和生育率變化趨勢

資料來源：世界衛生組織（WHO）。

老年人口比例上升，老齡撫養比①也逐漸變大。老齡撫養比增大，意味著需要贍養的老年人口增加，家庭養老資源需求量增加。然而，隨著家庭結構的小型化趨勢，家庭養老資源供給不足，勞動人口贍養負擔加重。中國老齡撫養

---

① 老齡撫養比是衡量不同人口總體撫養老年人的負擔的指標，具體而言，指的是老年人口（60或65歲以上老年人口）與勞動年齡人口（15~59歲或15~64歲人口）的比例。

比上升的趨勢已經十分明顯，2015 年中國的老齡撫養比為 22.27%，預計到 2040 年將急遽上升到 33%，之後仍有平緩上升趨勢。在國際方面的比較，2010 年年底中國扶養比略高於世界平均水準，較美國的 34.33%、加拿大的 36.22%、英國的 39.9%、法國的 43.43%、德國的 47.38%、日本的 61.6%、韓國的 36.22% 等國較低（見圖 1.2）。雖然目前中國人口扶養比在世界水準中仍然屬於較低者行列，但是增長速度卻相對較快。在老化指數①方面，2015 年年底中國老化指數為 81.87%，雖然比世界平均水準的 46.92% 和發展中國家的 35% 高，但明顯低於發達國家的 143.64%（見表 1.1）。

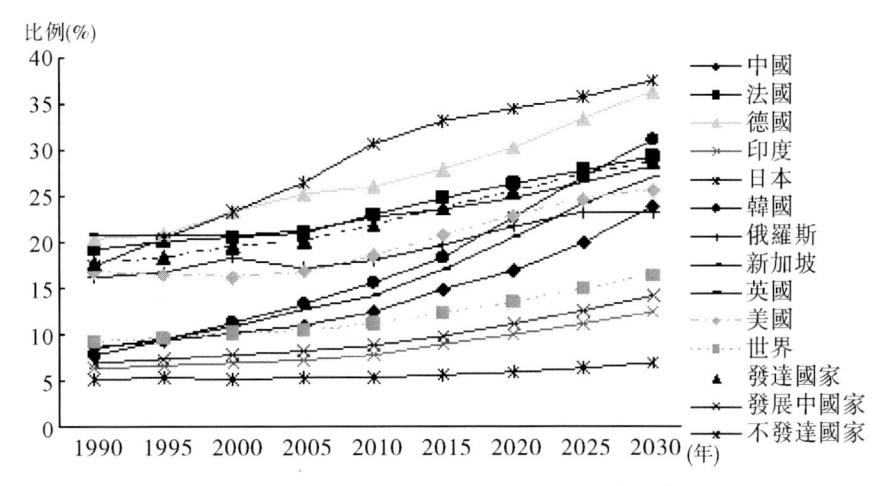

圖 1.2　1990—2030 年世界主要國家老年人撫養比變化趨勢

資料來源：世界衛生組織（WHO）。

表 1.1　　　　　　2015 年世界主要國家撫養比和老化指數

國家	年齡結構百分比（%）			撫養比（%）	老化指數（%）
	0~14	15~59	60+		
世界	26.00	61.80	12.20	19.74	46.92
發達國家	16.50	59.80	23.70	39.63	143.64
發展中國家	28.00	62.20	9.80	15.76	35.00
欠發達國家	39.40	55.10	5.50	9.98	13.96

---

① 在國際間以老化指數來衡量地區或國家的人口老化程度，也就是指 65 歲以上的老年人口占 0~14 歲人口的比重。

表1.1(續)

國家	年齡結構百分比（%）			撫養比（%）	老化指數（%）
	0~14	15~59	60+		
加拿大	16.50	61.30	22.20	36.22	134.55
中國	18.20	66.90	14.90	22.27	81.87
法國	18.10	57.10	24.80	43.43	137.02
德國	12.90	59.10	28.00	47.38	217.05
印度	28.40	62.90	8.80	13.99	30.99
義大利	14.00	58.30	27.70	47.51	197.86
日本	12.90	53.90	33.20	61.60	257.36
馬來西亞	25.30	65.70	9.10	13.85	35.97
韓國	14.20	67.40	18.40	27.30	129.58
新加坡	15.30	67.60	17.00	25.15	111.11
泰國	17.50	66.80	15.80	23.65	90.29
英國	17.60	58.90	23.50	39.90	133.52
美國	19.40	60.00	20.60	34.33	106.19

老年人口扶養比＝（65歲以上人口）／（15~64歲人口）×100%

老化指數＝（65歲以上人口）／（0~14歲人口）×100%

資料來源：世界衛生組織（WHO）。

實際上，自1999年起，中國便已步入老齡化國家的行列，65歲以上的高齡人口比例已達7%，預計2018年中國老年人口比例將達到14%，中國從而成為世界衛生組織（WHO）所定義的「高齡社會」（Aged-Society）國家。聯合國在2002年提出《世界人口老齡化：1950—2050》（World Population Ageing: 1950—2050），特別提及各國經歷人口老化的階段不一，經歷老齡化過程越晚的國家或地區，所擁有的適應時間也就越短（United Nations, 2002）。中國人口老化的程度和美國相比，從7%到14%，美國經過了65年，但中國僅用了大約29年（見表1.2）。相對來說，中國應對社會快速老化所衍生問題的準備時間非常短，如果加上疾病形態慢性化所引發的老齡健康問題、心理及社會功能障礙等，中國所面臨人口老化的衝擊將更為劇烈。

表 1.2　　　　　　　世界主要國家人口老齡化變化速度預測

國家或地區	65歲及以上人口達到7%與14%的年數(年)		相隔的年數（年）
	7%	14%	
法國	1865	1990	125
瑞典	1890	1970	80
德國	1930	1975	45
英國	1930	1975	45
美國	1945	2010	65
日本	1970	1995	25
中國	1999	2028	29

資料來源：世界衛生組織（WHO）。

綜合上述討論，隨著國際老年人口的持續增加，國內高齡人口的增加，社會結構發生改變，衍生的老人相關的議題，如對社會福利、身心健康、生活質量、生活滿意度等討論也就越來越受到重視。1991年公布的聯合國關懷老年人原則（United Nations Principles for Older Persons）便顯示了對老人的重視與尊重。為了應對老齡化社會的來臨，2002年在西班牙馬德里召開的第二次老齡問題世界大會（United Nations, 2002）報告提出應對老齡化的挑戰，必須要促進老年人的正常生活，保證老年人在退休後有機會繼續參與社會生活，從而使老年人在進入老齡階段後能重新尋找自我價值和自我肯定，社會要強調老年人正面的形象，支持老年人的積極生活。

1.1.2　老齡化所導致的健康問題

過去，我們提及老齡化一詞，經常將之與孤獨、失能、病痛等刻板的負面印象聯繫在一起，而在國內過去有關老齡健康的研究中，多以生病的老年人為研究對象。但是伴隨著醫療技術的不斷進步，老年人的平均預期壽命將逐漸延長，當人口老齡化的浪潮席捲全球，各國都開始面對老齡化社會的衝擊時，如何有效地解決人口老齡化帶來的一系列問題，成為各界重視的焦點方向，健康老齡化也成為新興、具有前瞻性的焦點議題。

一方面，平均預期壽命的延長，老人的健康生活就顯得需要相對受到重視。世界衛生組織在2000年提出了平均健康預期壽命（Healthy Life Expectancy, HALE）的概念，同時也把健康重新定義為：在身體、精神及社會等各方面處於健全的狀態。也就是說平均健康預期壽命這一指標不再是以傳統平均預期壽命（Life Expectancy, LE）來測量生命的長短，而是更加注重對生命「質」的測量，即在基於現行的死亡率和疾病盛行率的條件下估算出來的

各種健康狀況中，預期可以健康生活的年數。據統計，中國老年人口總體健康狀況較好，根據2010年第六次全國人口普查結果顯示，老年人口中身體健康自評為健康的比例達到了43.82%，自評為基本健康的老年人比例約為39.33%，兩項占全部老年人的83.15%。另外，絕大多數老年人（60歲以上）在日常生活中都不需要依賴他人，這一結果說明老齡並非意味著必然的不健康，年老也並不一定意味著成為社會和家庭的醫療與照料負擔。根據表1.3顯示，2000年中國人均預期壽命為71歲，到了2012年達到了75歲，比12年前提高了4歲，同時平均健康預期壽命從2000年的64歲提高到了2012年的68歲，遠高於巴西、印度等國，與美國、丹麥、德國等發達國家的差距也逐漸縮小了。另外，中國老年人生活自理率也由2005年的83.51%上升到了2010年的97.05%，與之相對應，生活不能自理的比例由15.02%下降到了僅為2.95%。在過去的一段時期內，中國老年人的整體健康狀況有所改善，最主要表現在平均健康預期壽命延長和生活不能自理的老年人口比重降低了。

表1.3　世界主要國家2000年和2012年預期壽命與健康預期壽命

國家	預期壽命（歲） 2012年	預期壽命（歲） 2000年	健康預期壽命（歲） 2012年	健康預期壽命（歲） 2000年
巴西	74	71	64	61
加拿大	82	79	72	70
中國	75	71	68	64
丹麥	80	77	70	68
芬蘭	81	78	71	69
法國	82	79	72	70
德國	81	78	71	69
希臘	81	78	71	69
印度	66	62	57	53
義大利	83	80	73	70
日本	84	81	75	73
荷蘭	81	78	71	69
韓國	81	76	73	68
新加坡	83	79	76	71
英國	81	78	71	69
美國	79	77	70	68

數據來源：世界衛生組織2014年統計。

另一方面，隨著人口老齡化社會的來臨，「活得老，活得好」已經取代傳統「老有所終」的價值觀念並逐漸演化為社會大眾對老齡生活的憧憬。而現代老年人必須具備高壽命、高活力與高學歷的「三高」特質，是促使健康老齡化議題備受重視的重要原因（Phelan & Larson, 2002）。預期壽命的延長同時也帶來老年人高齡期的延長，根據 Fries（1980）的疾病壓縮觀點，隨著死亡率的降低，接踵而來的便是患病率和殘障率的下降，也就是說在平均預期壽命增加、老年人口增長的背景下，希望能在老年人有限的生命中，減少由於疾病所造成的身體功能障礙年數，同時減少個人免於疾病和殘障的機會。因此，高齡期最重要的發展任務，便在於維護身體的正常功能，持續地參與社會生活，進而達到延緩老化、促進健康的目標。隨著嬰兒潮人口（1949—1964 年出生）陸續步入老齡化，越來越龐大的老年人群，帶來了養老需求、醫療衛生以及社會服務等諸多問題。但是，這些老年人相比前一代人接受了更好的教育，享有更長的平均預期壽命，而且充滿活力，對於如何安享晚年充滿興趣與期待，也願意積極尋求幸福的老齡生活。與傳統觀念中把老年人與疾病（Disease）、失能（Disability）、失智（Dementia）和死亡（Death）的四 D 概念相聯繫相比，現代老年人享受著更加先進的醫療技術，擁有較高的受教育水準以及較長的平均預期壽命，因此也具有相對更加強烈的意願與能力追求健康老齡化。

1.2　提出問題

　　健康觀與醫學模式的轉型推動了個人資源、家庭照料與健康老齡化的影響的研究。

　　首先，隨著醫學模式的轉變，健康評價的技術和指標也在不斷地發展和變化。在單純的生物醫學模式階段，傳統的健康觀是「無病即健康」，因此，死亡率、患病率、發病率和期望壽命成為衡量健康的主要指標。Alonso（2004）指出傳統生物醫學觀點的健康概念是「健康等同於沒有疾病」，但是，隨著社會的發展，傳統的死亡率和期望壽命等生命統計指標已經無法準確反應人們的健康狀況，而現代人的健康觀是整體健康。Engel（1977）認為傳統生物醫學的觀點關注個體生理層面且強調身體的疾病和功能狀態，但是忽略了人的整體性，他認為健康是在生理、心理與社會三個維度都處於完好的狀態。對於老年人而言，隨著年齡的不斷增長，身體功能逐漸退化，患病率增高且以容易導致功能受損的慢性疾病為主，導致老年人在生理、心理與社會參與方面都會不同

程度地弱於年輕人，因此如何度量老年人的這種健康狀態是許多研究的重要內容。

其次，分析中國歷年來十大死因可以發現，慢性病已經取代了傳染性疾病成為主要的疾病類型，然而迄今，醫學界仍然沒有方法來根治慢性病。隨著中國人口的死因模式從以營養不良和傳染病為主向以慢性、非傳染性疾病為主進行轉變，流行病學研究的重點已經從第一階段的公共衛生項目，第二階段的傳染病控防，第三階段的慢性病防治進入了第四階段，即從社會環境、個人行為等層面全面地認識健康問題的成因，並提出相應的對策。疾病的預防也從使用藥物（種類、使用方式、服用時間等）到要求生活環境和生活方式的轉變（改善社會支持、控制飲食、規律運動等）。健康的社會決定因素理論將健康看成一系列個體因素和社會環境因素共同作用的結果，不強調個體的效用函數和最優的決策過程，更加注重社會環境因素對健康的影響，例如醫療衛生服務、社會融合、收入差距等。隨著經濟的增長，社會的收入差距在逐漸擴大，個體的健康在此過程中會受到怎樣的影響這一問題早在 20 世紀 70 年代就備受經濟學家關注。在 20 世紀 90 年代逐漸形成了關於健康的生物—心理—社會模式（Biopsychosocial Model），認為身體疾病可能導致心理痛苦，而社會孤立或心理壓力也可能產生身體疾病。在中國的傳統文化中，家庭一直佔有相當重要的地位，我們應把老人放於家庭的脈絡中來瞭解老人。以家庭為中心，照料有需要的成員是家庭義不容辭的責任，良好的家庭關係系統不僅能帶給家庭成員高質量的照顧，同時家庭成員之間也可以互相分擔長期照護所產生的身心壓力。隨著平均壽命的延長，家庭結構也朝著垂直發展，平均預期壽命延長與生育率下降，使得家庭中可能同時存在多個不同世代的成員，而世代之間的相處時間也隨之延長，使得老齡的家庭照料不同於過去（Suitor, 1995）。如今老齡父母參與家庭活動的時間延長，中年子女可能需要長期照顧病弱的老人，而生育子女數的降低，也使得能夠照顧老人的子代人數下降。在討論健康影響因素時，家庭照料變得更加重要，這與西方近年來在老年人健康相關的研究中，家庭照料一直是研究的重點（Mancini & Blieszner, 1989）不謀而合。

基於上述研究背景，本書的問題如下：本書的目的是在控制老年人的性別、居住地與年齡等變量後，探討個人資源、家庭照料與健康老齡化之間的關係。研究具體問題包括：

(1) 瞭解中國老年人個人資源、家庭照料與健康老齡化的現狀與差異；

(2) 分析老年人的個人資源、家庭照料對健康老齡化的影響，以及生活方式的仲介效應；

(3) 分析孝道文化情境—責任內化、年齡對家庭照料—健康老齡化關係的調節效應；

(4) 中國老年人健康老齡化的性別差異、趨勢和年齡軌跡，以及個人資源、家庭照料和生活方式三類機制對性別差異的貢獻程度與調節效應；

(5) 健康老齡化及其年齡軌跡是否存在教育梯度？個人資源、家庭照料與生活方式在教育梯度及其年齡軌跡中的調節與仲介效應；

(6) 根據研究結果進行總結，提出未來研究的方向。

1.3 研究思路與章節安排

本節以涂爾干社會結構論和家庭照料—健康假說理論為基礎，從家庭的結構、關係和社會經濟地位三個測量維度入手，研究家庭在不同測量維度下對中國城鄉老年人健康老齡化的影響。

1.3.1 研究思路

本節將從理論和實證兩個角度對中國老年人個人資源、家庭照料與健康老齡化之間的關係進行分析，更確切地說是探索個人資源、家庭照料對健康老齡化的影響與作用機制以及性別差異。具體研究思路如圖1.4所示。

通過對國內外老年人個人資源、家庭照料及健康老齡化相關內容的分析研究找出以往研究中的不足之處，明確本書的研究空間。

(1) 本書在對健康老齡化、老年人的個人資源與家庭照料等變量進行界定並操作化後，首先進行個人資源、家庭照料的健康老齡化差異分析，初步驗證兩者與健康老齡化的關係。

(2) 借鑑西方Anderson健康行為與Berkman社會關係—健康理論模型並結合獨特的社會經濟文化背景，從中國老年人的實際情況出發，提出個人資源、家庭照料對健康老齡化影響的分析框架。

(3) 根據分析框架建立迴歸模型，從老年人的角度對個人資源、家庭照料與健康老齡化的關係進行驗證。分別採用OLS與Logistic迴歸模型對主觀和客觀健康老齡化的影響因素進行分析，並比較加入生活方式變量後個人資源與家庭照料變量系數的變化情況，對生活方式的仲介效應進行初步驗證。接下來通過Sobel-Goodman統計量對生活方式的仲介效應進行深入分析。

(4) 由於中國老年人性別間存在巨大的結構性差異，例如男女老年人的

個人資源、家庭照料和生活方式等方面存在較大差異，因此本書對健康老齡化的性別差異進行了分析，並通過特徵分佈和迴歸分析對暴露性差異和脆弱性差異假設進行簡單的驗證，然後採用 Oaxaca-Blinder 分解法詳細考察了個人資源、家庭照料等變量對健康老齡化性別差異的貢獻程度。此外，本書對健康老齡化性別差異的年齡軌跡和趨勢進行分析，並探討了個人資源、家庭照料和生活方式三類機制對兩者的調節效應。

（5）對研究結論進行總結，並提出可行政策建議，在結尾部分指出本書分析的局限性和有待進一步研究的地方。

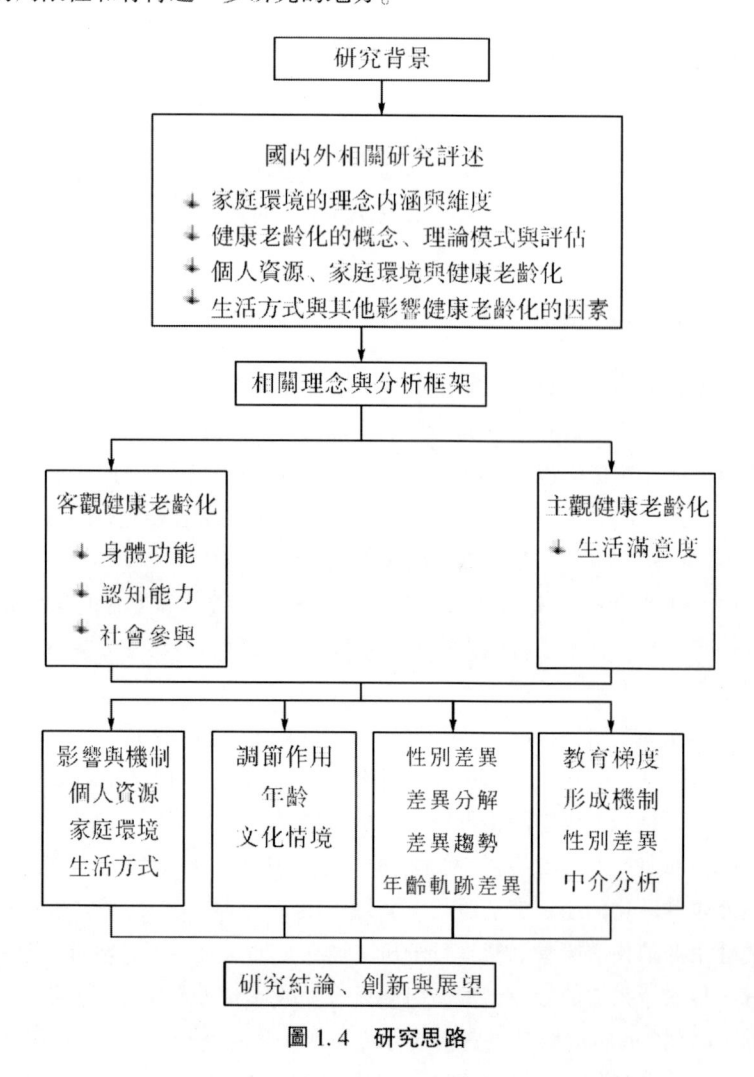

```
                    ┌─────────────┐
                    │  研究背景   │
                    └──────┬──────┘
                           │
          ┌────────────────┴────────────────┐
          │      國內外相關研究評述         │
          │  ↓ 家庭環境的理念內涵與維度     │
          │  ↓ 健康老齡化的概念、理論模式與評估 │
          │  ↓ 個人資源、家庭環境與健康老齡化 │
          │  ↓ 生活方式與其他影響健康老齡化的因素 │
          └────────────────┬────────────────┘
                           │
                ┌──────────┴──────────┐
                │ 相關理念與分析框架  │
                └──────────┬──────────┘
          ┌────────────────┴────────────────┐
    ┌─────┴─────┐                      ┌────┴─────┐
    │客觀健康老齡化│                    │主觀健康老齡化│
    │ ↓ 身體功能 │                      │ ↓ 生活滿意度│
    │ ↓ 認知能力 │                      │          │
    │ ↓ 社會參與 │                      │          │
    └─────┬─────┘                      └────┬─────┘
          └────────────────┬────────────────┘
   ┌────────┬──────────┬──────────┬──────────┐
   │影響與機制│ 調節作用 │ 性別差異 │ 教育梯度 │
   │個人資源 │ 年齡    │差異分解 │形成機制 │
   │家庭環境 │ 文化情境 │差異趨勢 │性別差異 │
   │生活方式 │         │年齡軌跡差異│中介分析│
   └────┬────┴────┬────┴────┬─────┴────┬────┘
        └─────────┴─────────┴──────────┘
                           │
                ┌──────────┴──────────┐
                │研究結論、創新與展望 │
                └─────────────────────┘
```

圖 1.4　研究思路

1.3.2 本書結構

本書的研究內容共分7章，其中第4、5、6章構成了本書的核心內容。具體的章節安排如下：

緒論主要闡述以下四個方面內容：第1節對本書的選題背景進行說明，主要包括人口老齡化的危機與挑戰、現代老年人特徵、家庭變遷以及相關理論背景；第2節對本書的幾個關鍵概念進行了界定，主要涉及家庭照料、健康老齡化、世代等概念；第3節主要論述了本書的研究思路與結構安排；第4節闡述本書的研究目的與意義。

第2章是國內外相關研究評述。綜述既往國內外居住安排理論和老年人心理健康狀況及其兩者的相關關係的研究成果，指出居住安排對老年人心理健康相關研究的不足之處，從而預期本書的研究方向。

第3章是研究設計。首先，在綜合Anderson健康行為模型、Berkman模型等以往相關理論的基礎上構建本書的分析框架；其次，給出健康老齡化和家庭照料的定義，辨識出兩者的合理維度和測量方法，完成對健康老齡化和家庭照料的操作化；最後，根據操作化定義對不同個人資源、家庭照料的健康老齡化差異進行統計分析。

第4章是個人資源、家庭照料對健康老齡化的影響。首先，利用2008年的調查數據，系統估計老年人個人資源和家庭照料對健康老齡化的主效應，探討各變量對健康老齡化的作用效果；其次，根據Anderson & Berkman理論模型分析生活方式在個人資源—家庭照料對健康老齡化影響的仲介效應；最後，考察責任內化對家庭照料—健康老齡化關係的調節作用。

第5章是健康老齡化的性別差異。首先，對健康老齡化的性別差異現狀與趨勢進行描述分析，利用2008年的調查數據對暴露性差異和脆弱性差異假設進行檢驗，並詳細分析了各變量對性別差異的貢獻程度；其次，利用2002—2008年的調查數據，考察各變量對性別差異趨勢的影響，從而為政策干預提供依據；最後，將影響性別差異的因素劃分為個人資源、家庭照料和生活方式三類作用機制，並進一步考察三類因素對健康老齡化年齡軌跡差異的調節作用。

第6章是健康老齡化年齡軌跡的教育梯度。首先，教育作為影響健康老齡化的基礎性因素，利用2008年的調查數據對教育梯度的形成機制進行分析；其次，從生命歷程的視角出發，探討生活方式在健康老齡化年齡軌跡教育梯度中的仲介效應。

第 7 章是本書的結論、不足與展望。首先，總結本書對個人資源、家庭照料影響健康老齡化的研究結論；其次，陳述本書的主要創新點和不足。

1.4 研究目的與意義

1.4.1 研究目的

隨著人們預期壽命的不斷延長，老年期尤其是高齡期也隨之延長。許多老年人擔心壽命延長後，隨之而來的將會是個人獨立自主能力的喪失，預期壽命的延長不但沒有提升生活質量，反而增加了一些健康問題（Lachaman, Ziff & Spiro, 1994）。面對未來更加嚴重的人口老齡化趨勢，同時順應關注老齡化的國際潮流，西方發達國家出現了不少以促進老年人健康和預防老齡化為主線的研究，從正向的、積極的視角切入，探討與老齡化和老年人健康相關的研究議題。尤其是最近幾年，有關個人資源、家庭照料、生活方式與健康老齡化關係的研究方興未艾（Haveman-Nies, Groot & Staveren, 2003；Fritsch et al., 2007；King, Mainous & Geesey, 2007）。由此可見，隨著老齡化社會的來臨，從正面的、積極的視角來探討老年人健康的概念（Garfein & Herzog, 1995；Khaw, 1997），可以促進其健康老齡化。因此，通過瞭解老年人的個人資源、家庭照料與生活方式，進而分析其與健康老齡化的關係，從而提升老年人的生活質量。

1.4.2 研究意義

本書的研究意義體現在以下兩個方面：

第一，從學術意義上來看，以往與健康老齡化相關的研究大多有所限制：在操作型定義上，部分文獻單只偏重於身體功能（Physical Function）、獨立程度（Independence）、罹病狀態或者死亡率，僅有少數文獻探討心理健康方面，或將健康老齡化視為單一維度或指標的概念，無法與健康老齡化綜合性、全面性的要求相匹配。目前國外對健康老齡化相關議題的研究，包括論文、期刊在內的為數不少，健康老齡化已迅速躍升為各國在老齡學領域中的主要探討課題之一；反觀國內，有關於老年人健康老齡化研究之相關文獻則屈指可數，對家庭關係、生活方式與健康老齡化關係及影響的研究仍付之闕如。

第二，從現實意義上來看，改善老年人的身心健康狀況，延長老年人的健康壽命，促進健康老齡化的發展，關注老年人的生活質量，對中國這樣一個未

富先老的老齡大國來說意義重大。發展中國家人口快速的老齡化，要求其政府及時並有效地利用有限的經濟資源應對不斷增長的老年人健康需求。這也使得探尋發展中國家影響老年人健康老齡化的因素顯得尤為重要（Smith & Gloden, 2007）。由於當前中國的社會保障制度，尤其在農村地區存在諸如覆蓋面窄、不可持續性等問題，並且缺乏健全的社區服務機制與老齡服務中心，因此，在進入老年階段以後，老年人日常生活所需的經濟、照料等支持主要來自自己的累積或家庭、朋友等非正式支持。只有充分認識並瞭解個人資源和家庭照料對健康老齡化的影響與作用機制，才能更有效地採取針對性的措施以縮小健康老齡化狀況的個體差異和群體差異。本書系統地闡釋家庭照料與健康老齡化的關係，並在此基礎上為提高健康老齡化提供具有針對性、可行的建議。

2 國內外相關研究評述

健康老齡化的理論源於西方，現已形成比較完備的體系，為國內健康老齡化的相關研究廣為借鑑。本章首先分別對家庭照料與健康老齡化的理論內涵和維度進行回顧，而後對個人資源、家庭照料與健康老齡化之間關係的研究成果進行簡要評述，最後就相關研究現狀進行總結，並指出未來開展研究工作的切入點，明確本書的研究方向。

2.1 家庭照料的理論內涵與維度

隨著平均預期壽命的延長，家庭成員無論是代內之間還是代際之間的相處時間也隨之延長，因此，老年人的家庭結構與關係研究在近幾年受到社會科學的關注（Luescher & Pillemer, 1998）。另外，由於人口老齡化、家庭照料的變遷，例如，家庭中子女數的減少、與成年子女同住的意願降低等，使得如何規劃、應對老齡生活已逐漸成為學界關注的焦點。而家庭結構、家庭關係一直是觀察家庭—健康老齡化關係的重要切入點。因此，本章從這一背景出發，將家庭照料的理論內涵與維度分述如下：

2.1.1 家庭照料的理論內涵

近幾年健康老齡化的理論模式如雨後春筍，其中最主要的包括生物醫學模式（Biomedical Model）、行為模式（Behavioral Model）、健康信念模式（Health Belief Model）、理性行動論（Theory of Reasoned Action）以及自我效能（Theory of Self-Efficacy）與社會支持理論（Social Support Theory）。關於社會支持的健康促進效果，國內外的研究文獻頗多，例如，Cobb（1976）與 House（1981）提出的社會支持效果模式認為社會支持對工作壓力與健康的效果，可以劃分為

主要效果（Main Effect）和緩衝效果（Buffering Effect）兩種。社會支持的直接效應假說（Direct Effect Hypothesis）認為社會支持能夠直接提升個人的身心健康狀況和幸福感，主要原因在於它能夠滿足個人的某些重要需求，例如安全感、歸屬感、認可和情感等需求。Cohen, Teresi & Holmes（1985）在研究中使用「需求滿足模式」（Need Fulfillment Approach），指出社會支持所產生之主要功能在於滿足人們的需求，從預防的角度而言，充分的社會支持可以提醒人們事先瞭解病因從而盡量避免某些疾病的發生。另外在相互支持的過程中，例如與他人的交往、參加社區活動、從事團體活動等亦可促進身心健康。Kaplan, Cassel & Gore（1977）也認為社會支持體系作為個人與他人互動所構成的體系，通過與他人的互動，個人的基本需求可以獲得滿足。緩衝效果假說（Buffering Effect Hypothesis）指社會支持的功能主要扮演仲介——緩衝生活壓力——的角色，促使處於壓力環境的個人，可借由社會支持功能來緩解生活壓力對個人健康所造成的影響。例如，社會支持能夠為老年人調適其晚年生活上所遭受的壓力事件：退休、疾病、收入減少、失去配偶或親朋好友、懼怕和面臨死亡等。根據相關研究顯示，為老年人提供社會支持的來源可以分為兩類：正式社會支持和非正式社會支持。正式社會支持是指專業性的社會支持系統，包括老年人所享受的醫療及社會福利、社區服務；非正式支持指由老年人的社會互動網絡所形成的支持性力量，包括家人、親戚、朋友、同事以及鄰居等。

家庭照料在社會支持中常被歸類於非正式支持、初級團體支持等，是人們最基本的社會支持形式，在日常生活中扮演著重要的角色，是社會支持中極為重要的一環。近30年來，在工業化與都市化的雙重影響下，人口因素（婚姻、生育、死亡）以及社會經濟要素產生巨大變化，家庭結構轉變為以核心家庭為主，家庭關係尤其是代際關係趨於理性化，家庭對老年人的支持力亦趨於薄弱。

2.1.2 家庭照料的維度劃分

家庭照料緯度劃分的理論發展脈絡來自古典社會學與社會心理學。最早是Durkheim（1933）提出的社會團結（Social Solidality）概念，並且可以根據關係模式劃分為機械團結（Mechanical Solidality）和有機團結（Organic Solidality）兩種機制，兩者是維持社會組織達到社會整合的重要因素。Parson（1955）進一步將之發展為社會功能整合的概念，並且將之運用於家庭照料的概念分析，認為家庭照料借由此兩種作用機制為家庭成員提供社會支持，以獲

得心理需求、社會性及情感性需求的滿足。在過去的 30 年中，功能整合的理論一直受到許多研究者的批評、修正以及運用，直到 1982 年 Bengtson & Schrader（1982）首度將功能整合的理論運用在家庭關係的研究上，傾向應用量化測量技巧探討親代與子代之間各種互動關係，並將各代際連帶的概念定義與分類，提供了家庭關係的清晰、完整圖像。Silverstein, Giarrusso & Bengtson（1998）將連帶理論整理成六個維度，分別為結構連帶、情感連帶、關連連帶、一致連帶、功能連帶以及規範連帶，而每一個維度也都經由研究證實為相互獨立的，並認為連帶理論是用來測量代際關係強度的重要而且可信的工具。Lowenstein（2007）指出有許多跨國研究也都採用代際連帶理論作為分析代際關係的模型，主要是聚焦在家庭成員之間的聯結，尤其特別關注這樣的聯結如何影響老年人的身體健康狀況。代際連帶理論的維度及其具體內涵如表 2.1 所示。功能連帶是代際連帶理論中重要的維度之一，依據表 2.1 可知 Silverstein, Giarrusso & Bengtsone（1982）將功能連帶定義為家庭成員之間服務交換與協助的程度。Hagestad（1981）指出家庭成員之間視彼此為可依賴的、持續的支持來源。Hancock, Mangen & McChesney（1988）將功能連帶分為經濟、照料與精神慰藉的相互支持，而其他許多國外相關研究也都證實代際之間存在著相互協助、支持的功能，並且代際之間的支持關係是雙向且持續整個生命歷程的（Rossi & Rossi, 1990; Spitze & Logan, 1992; Hogan, Eggbeen & Clogg, 1993; Bengston & Harootyan, 1994）。Mangen & McChesney（1988）在測量代際交換和功能連帶的研究中，提出五個建議操作的維度，主要包括經濟支持、照料支持、精神慰藉、建議和禮物交換。Bengston, Rosenthal & Burton（1990）指出功能連帶可再區分為情感性和工具性兩種不同形式的支持類型。

表 2.1　　　　　　　　　代際連帶理論維度與定義

聯結維度	名詞定義
結構連帶（Structural Solidarity）	家庭中人口數、婚姻狀況、孩子的年齡與性別構成、居住上的距離
情感連帶（Affectual Solidarity）	與家庭成員之間在感情上的親近程度
關連連帶（Associational Solidarity）	各類活動的互動頻率與種類
一致連帶（Consensual Solidarity）	親代與子代之間在價值觀、態度、意見等方面的一致或相似程度
功能連帶（Functional Solidarity）	家庭成員之間日常照料、精神慰藉的交換
規範連帶（Normative Solidarity）	代際之間孝道責任文化規範的一致程度

資料來源：整理自 Silverstein, Giarrusso & Bengtson（1982）的研究。

目前，對家庭照料的定義較為廣泛，學術界尚未達成一致，雖然家庭照料量表（Family Care Scale, FCS）是一個使用相對廣泛的測量工具，但其主要是用於評估西方文化背景下的核心家庭，FES家庭照料量表在中國的使用存在一定局限性，因此我們借鑑Bengtson代際關係理論對家庭照料的維度進行識別。一般來說，家庭構成是一種結構（Structure），而家庭關係是一種功能性的行為，所以，社會支持性的社會網絡是包含一組人，他們之間存在著某種支持關係，探討的重點主要包括以下兩方面：結構與構成（Structure and Composition），例如家庭或社會網絡的規模、組成情況等；成員關係（Component Relationship），成員之間的互動狀況，包括接觸的頻率、互動的內容、相互性（Reciprocity）、關係的親密程度以及關係的持久性與強度等。

2.2 健康老齡化的概念、理論模式與評估

2.2.1 健康老齡化的概念

Bowling & Dieppe（2005）在文獻研究中總結歸納了過去幾十年中對健康老齡化定義的三種主要方式：第一，生理醫學方法。例如壽命長、最小的身體功能損傷和喪失、沒有老齡性疾病、較好的生活自理能力、行為能力以及良好的認知功能。第二，心理社會方法。與生理醫學方法強調沒有疾病和身體良好的功能狀況相比，心理社會方法更加強調生活滿意度、社會參與以及個人成長等心理資源。例如生活滿意度包括個人對過去和現在生活的滿意程度、自我概念、期望和實現目標的差距等；社會參與包括和他人的積極互動、互惠性的社會參與、社會整合等；心理資源則包括積極的自我價值觀、自我效能和控制感等。第三，除了上述兩個客觀測量指標外，還有一種定義就是老年人自己認為什麼是健康老齡化以及他們對自己是否算是健康老齡化的主觀評定，即所謂的非專家觀點。老年人自己對健康老齡化的定義很分化，包括了心智、身體和社會健康功能和資源、生活滿意度、財務安全、有成就感、有生產性和價值，甚至是有幽默感。與Bowling & Dieppe的結果相似，Depp & Jeste（2009）對健康老齡化定義的量化文獻研究中，區分出了10類健康老齡化定義，其中前四類分別是生理功能（26%）、認知功能（13%）、生活滿意度和主觀幸福

表 2.2　　　　　　　　　　　　健康老齡化定義匯總

作者	年份（年）	定義
Havighurst	1963	以壽命的延長和生活滿意度作為評估健康老齡化的主要指標
Baltes & Baltes	1990	將健康老齡化定義為心理適應良好的過程，包含以下三項要素：選擇（Selection）、最適化（Optimization），以及補償（Compensation），簡稱SOC模式
Wolfe	1990	健康老齡化應該包括身體健康和心理健康兩個層面
Roos & Havens	1991	通過為期12年的追蹤調查，認為其間不需要居住在護理之家，並且對於日常照料需求低於兩個月的老年人可稱為健康老齡化
Glass et al.	1995	將生產活動劃分為高、中、低三等級，將能夠參與高度生產力活動的老年人定義為健康老齡化
Rowe & Kahn	1998	個體可以經過自身的努力和生活方式的改變，從而達到健康老齡化的三項關鍵性指標：生理上降低疾病或失能的風險；在認知能力上保持高功能；在社會維度上積極參與社會活動
Von Faber et al.	2001	提出了兩種定義健康老齡化的方法：在身體功能、社會參與和心智三方面都能夠達到健全人的標準；老年人的主觀自評，即老年人自己認為能夠適應（Adaptation）老化的過程
Vaillant et al.	2001	健康老齡化必須符合以下幾點：沒有主觀或客觀的生理功能受損、客觀心理健康評估得分高於老年人總體的3/4、生活滿意度好於2/3的老年人、客觀社會支持好於3/4的老年人
Griffith	2001	健康老齡化應該符合以下幾項標準：保持身體健康；良好的適應能力；生活有目標和生命有意義
Phelan & Larson	2002	歸納了以往相關研究，認為健康老齡化應該包括：生活滿意度（Life Satisfaction）、長壽（Longevity）、免於身體功能受損（Freedom from Disability）、發展或成長（Mastery/Growth）、積極參與生活（Active Engagement with Life）、維持較高的獨立功能（High/Independent Functioning）、積極的適應（Positive Adaptation）等
Chou & Chi	2002	健康老齡化包含的四個維度：身體功能、情感狀態、認知功能和生產力
Newman et al.	2003	依據Rowe & Kahn的原則，認為沒有任何慢性阻塞性肺病、心臟病及癌症，在日常生活功能方面無任何困難、簡易智能評估得分在前80%的老年人為健康老齡化
Menec et al.	2003	健康老齡化應該涵蓋生活滿意度、快樂程度、功能、死亡率四個部分

表2.2(續)

作者	年份(年)	定義
Robert et al.	2003	大部分的老年人認為健康老齡化需考量的層面需包含健康和疾病狀況、身體功能、心智功能以及社會活動狀況
Hsu	2007	身體健康、獨立、沒有慢性病的生活、與家人生活、接受情感的關懷
Laditka et al.	2009	社會參與互動、心理態度、身體健康及積極的靈性

2.2.2 健康老齡化的兩大理論模式

健康老齡化的概念在20世紀80年代產生重大轉折，不但備受重視，也掙脫傳統老化研究的「缺陷模式」（Deficit Model），並以更加積極的、多元化的、包容的視角看待老化問題，而不再強求一致性的解決之道（Bouwer, 2010；Knipscheer, 2010）。在這段時期形成了多種有關健康老齡化定義的理論雛形，其中最具影響的是當屬Rowe & Kahn（1987）的健康老齡化（Successful Aging, SA）模型和Baltes（1990）的帶有補償的選擇性最優化（Selective Optimization with Compensation, SOC）模型。本節將分別探討這兩大模式內容，並匯總學術界對健康老齡化研究發展的評述。

2.2.2.1 Rowe & Kahn的生物醫學模式

根據Rowe & Kahn（1987）的成功老化理論，可以將老年人群劃分為常態老齡化（Normal Aging）、受損老齡化（Impaired）和健康老齡化（Successful Aging）三類，而且正常老化的特徵和進程是可以改善的。根據對成功老年群體的研究，他們提出了成功老化應該涵蓋的三個維度，包括身體功能、認知功能與社會參與。第一，避免疾病與失能。傳統觀點認為疾病與失能的風險隨年齡增長而增加，並且這一內在的老齡化過程是由基因決定的，Rowe & Kahn認為這些所謂的老化特徵雖然會隨著年齡呈增加的趨勢，卻不是年齡造成的宿命，而是社會環境、生活方式等外在因素形塑的結果，包括外在環境與個人行為。因此在老齡化過程中，這些影響健康的危險因素是可以改變的，老年人的社會支持、生活方式等外在因素一旦獲得改善，就能顯著降低那些被視為理所當然的疾病與失能風險（Rowe & Kahn, 1997；1998）。第二，維持高度的身體與認知功能。認知功能雖然隨年齡增加而逐年下降，卻很少影響認知表現，即使發生在高齡期的認知受損對老年人的心智能力也不會產生具體影響，就如同身體功能雖然隨老齡化不斷下降，但是老年人仍能維持積極的生活一樣。況且

许多身体功能或心智功能受损是不当的生活方式所引起的，包括过度饮食、营养不良、吸菸、过度饮酒、缺乏规律运动与未适当运用心智等。第三，持续的社会与生产活动。活动和参与被认为是人类功能与健康的重要构成要素（Components），其与身体功能和构造（Body Functions and Structures）以及环境因素（Environmental Factors）并列，使得健康或功能的概念不再局限于「不生病」「没有疾病」或疾病衍生的后果等消极的健康观，而是更加强调个人必须具备从事社会活动的能力，并且在现实生活情境中执行它，以满足自身健康的需求。换句话说，老年人如果因故无法参与活动、社会，即等同于健康与功能状态受损，因此活动参与对健康的重要作用不可言喻。Rowe & Kahn（1997）认为通过社会关系与生产活动，可以保持老年人的生活参与，从而促进成功老化。人际关系包括与人联系、交换劳务与信息、情感支持；生产活动则指能创造具有社会价值的活动，无论是否获得报偿。

2.2.2.2　Baltes & Baltes 带有补偿的选择性优化模式

Baltes & Baltes（1980）从行为科学的视角出发探讨老龄化问题，认为传统老年学强调常态性老龄化的描述性研究，主要关注生物老龄化与衰退的过程。这类观点到了 1970—1980 年有所改变，人类学家与社会学家都主张行为的老龄化是有差异的，会随着文化与社会阶级的变化而改变。老龄化并非遵循固定不变的历程，反而因为生物与环境的情境不同而有明显差异。然而强调老龄化的差异不表示没有可能建立常态性或普世性的老龄化过程，但忽略心理老龄化的差异却会导致误解或不当的研究方法。另一方面，衰退虽然可能是老龄化的特征，但从生到死的生命期程却涵盖多样的形式与可塑性。Baltes & Baltes（1980）认为心理老龄化兼具个体间的异质性与个体内的可塑性，据此提出健康老龄化的三项要素：选择、优化、补偿。Baltes & Lindenberger（1988）发展出「带有补偿的选择性优化」模式，也是老年人适应生命发展变化的过程，并以多项例证显示无论专业人士或一般人士，都能以此模式达到健康老龄化（Baltes & Baltes, 1990）。图 2.1 列出这三项要素发生的前提、过程与结果。

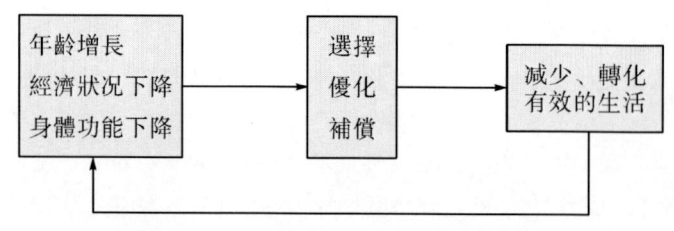

图 2.1　SOC 模式的「适应过程动力学」

资料来源：Baltes & Baltes, 1990。

SOC（Selective Optimization with Compensation）描述了個體在資源配置過程中如何建立目標並採取相應的管理策略以實現目標。在 SOC 框架下，健康老齡化或者成功適應的老齡化就是通過對資源的有效管理，達到收益最大化（期望的目標或結果）和損失最小化（不期望的目標或結果），管理策略包括選擇、最優化和補償三種方式。有限的資源迫使老年人對目標進行選擇，所謂選擇就是指根據可供選擇的範圍來考慮如何使用有限資源的過程；最優化是指獲取、改進以及維持那些可能達到期望的結果，而避免不期望的結果，並通過優化個人在所選擇領域的資源，維持自身更高水準的功能，提高個體的適應性；補償是由於資源喪失引發的一種功能反應，當老年人所選擇的功能領域資源喪失或目標路徑受到阻礙時，需要替代性的過程或手段來維持一定水準的功能以繼續達到目標。

Rowe & Kahn 的生物醫學模式將健康老齡化視為多維度、相對並且具有等級性的客觀概念，不只在於缺乏疾病、維持認知功能，更要投入對生活的積極參與。這項健康老齡化模式的積極意義在於對老年人的評估焦點從負面轉為正面，強調老年人不會因年齡增加而必然老齡化，疾病與失能不必然是高齡期無法避免的狀態，通過對環境與生活方式的調適，可具體改善身體健康並維持身心功能（Knipscheer, 2010; Leedham & Hendricks, 2006; Strawbridge et al., 2002）。生物醫學模式的缺陷在於，面對老齡化，絕大多數老年人最終都要在身體、心智或社會參與方面遭遇不同程度的衰退。Rowe & Kahn 的傳統醫學模式將無法達到這三項標準的老年人均視為不成功，如此一來將會因為焦點狹隘和代表性不足，導致許多維度的缺失。

2.2.2.3 健康老齡化兩大模式相關評述

受老齡化異質性的影響，任何評估健康老齡化的單一標準與一致性解決方式都受到質疑（Knipscheer, 2010）。若以長壽、身體功能或生活滿意等多元標準定義健康老齡化，焦點都在探討如何依常規標準測量健康老齡化。因此 Baltes & Carstensen（1996）認為健康老齡化的結果應具彈性，由不同的權威（個人、同儕、社會、科學理論）、評斷標準（主觀與客觀）、規範（功能、統計、理想標準）所定義，而不是以常規與理想的目標或結果定義，更不能只用一種標準衡量成功。SOC 模式脫離傳統社會科學對健康老齡化的研究取徑，將焦點放在老年人達到目標的過程，而不以結果、理想或統計等衡量常規，強調老年人如何在可預期的儲備能力衰退中，維持高度生產力。然而 SOC 模式

的應用也受到年齡的限制。Freund & Baltes（1998）指出，SOC 行為會隨著年齡的增加，遭遇更多的限制。在第四年齡階段面臨健康衰退所可能帶來的限制，內部或外部資源的局限也越來越多，老年人可以選擇的目標與功能領域必然更趨緊縮，對 SOC 模式的運用也相對衰退。

2.2.2.4 健康老齡化的第四維度

對過去與現在生活的滿意，成為健康老齡化最為普遍的定義，多位研究者也認為生活滿意與健康老齡化關係密切，是健康老齡化最常被探討的維度（Bowling & Dieppe, 2005；Ryff, 1982）。然而 Baltes & Carstensen（1996）認為健康老齡化的客觀指標無論如何設立，多數老年人對生活其實都感到滿意，這可能是由於老年人往往採取「比下有餘」的應對策略，因此，無論身處逆境順境，都可以自我感覺良好。另一方面，受社會結構變量的直接與間接影響，不同群體對滿意度也存在著統計上的差異。Fisher（1992；1995）則認為「健康老齡化」與「生活滿意」是兩個不可互換的觀念。一般我們認為健康老齡化攸關生理與心理活力，因此強調的範疇多在身體與心理層面，前者衍生的生物醫學模式重視身體與心智功能，後者則有社會心理模式，重視生活滿意、社會功能與參與。然而，生物醫學模式較社會心理模式更為盛行，以至於健康專業人士常忽略社會心理老齡化的存在（Bouwer, 2010；Bowling & Dieppe, 2005），強調身體健康、長壽與行動能力是健康老齡化的標準。然而健康的老年人最終仍可能屈從於失能的疾病，長壽者必然經歷更多親友的死亡或健康的衰退，而自主則可能帶來社會接觸的減少並經歷更多孤立，導致老年人終究無法達到心理幸福。對多數人而言，沒有疾病的老齡化是不切實際的，健康老齡化的評估需尊重每位老年人的價值與態度，而非將生物醫學模式強加在老年人身上（Baltes & Carstensen, 1996；Bowling & Dieppe, 2005；Knipscheer, 2010）。Crowther et al. 認為 Rowe & Kahn 的健康老齡化模式忽略了精神維度的重要性，以至於老年人無法有效應用該模式達到健康老齡化的標準，並提出積極的精神（Positive Spirituality）的概念，作為健康老齡化模式的第四個維度。

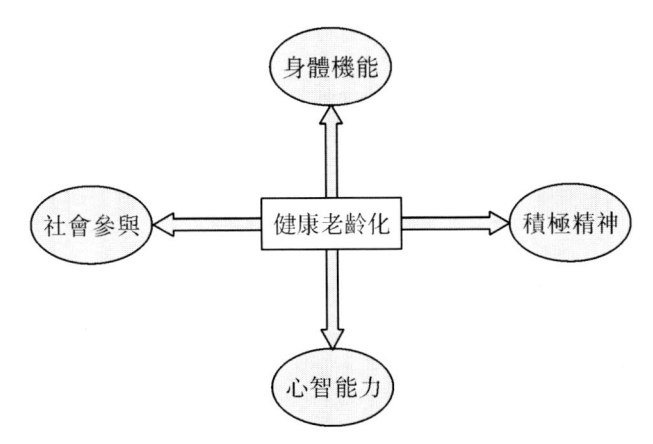

图 2.2　Crowther 對於 Rowe & Kahn 健康老齡化模式的修正

資料來源：Crowther et al., 2002, p. 615。

Tate, Lah & Cuddy（2003）直接提出生活滿意度可以作為測量老年人是否能夠健康老齡化的重要指標，因此要判斷老年人的生活質量及其老齡化生活的適應過程，生活滿意度指標是一項極其重要的研究議題。Phelan, Anderson, LaCroix, Larson（2004）以 Rowe & Kahn 的模式為基礎，調查 1,985 位日裔美籍老年人與 2,581 位白人老年人的看法，發現兩個族群的老年人對於健康老齡化的定義除了涵蓋 Rowe & Kahn 模式的三個維度，還增加了心理健康的維度，包括對生活感到滿意、不會感到寂寞或孤立、自我感覺良好。相較於 Rowe & Kahn 的模式，美國的日裔老年人對健康老齡化的觀點較白人老年人多了心理健康的維度。Von Faber et al.（2001）針對 85 歲以上老年人採取定量與定性相結合的方式探討健康老齡化的維度，發現影響健康老齡化維度的是身體功能、社會功能、心理認知功能與幸福感。Chou & Chi（2002）以居住於社區的 60 歲以上老年人為研究對象，將健康老齡化界定為功能狀態、情感狀態、認知狀態和投入狀態此四個層面，研究發現這四個層面彼此是相互獨立存在的。Robert, Lah & Cuddy 通過詢問男性老年人「什麼是健康老齡化？」「你有健康老齡化嗎？」，發現大部分的老年人認為健康老齡化需要考察的層面包含健康和疾病狀況、身體功能、心智功能、社會活動狀況。Von Faber et al.（2001）利用身體功能（Physical Functioning）、社會功能（Social Functioning）、心理認知功能（Psycho-Cognitive Functioning）以及生活滿足感（Well-Being）四個維度探討健康老齡化，認為身體功能、社會功能、心理認知功能能使老人產生最佳的整體效能，而老年人達成身體和認知功能、社會接觸和適應能力三維度才是健康老齡化。Garfein & Herzog（1995）對強健老齡化（Robust Aging）的測量維

度有四個，包括：身體功能、心理健康、認知功能、生產活動。

2.2.3　健康老齡化的評估與測量

目前，對於健康老齡化評估標準的界定成為老齡健康管理中的研究熱點。然而如何對健康老齡化進行有效的評估，也在不斷變化之中。關於健康老齡化的論點，國外對健康老齡化的界定在學術研究上已經被廣泛的討論及運用，但是仍沒有一個標準來衡量。最初，研究者僅從軀體健康方面提出，將65歲以上沒有慢性病、基本日常生活（如吃飯、穿衣、洗澡等）及部分體力活動（如上下樓梯、搬東西、做家務等）能自理且沒有困難的老人界定為健康老齡化。隨後，受生理—心理—社會醫學模式的影響，健康老齡化的評估進入了多元化時代。

學術界對Rowe & Kahn生物醫學模式的異議主要在於這個模型對於老年人尤其是高齡老年人來說可能不現實，因為要避免某些與年齡相關的疾病即使不是不可能也是非常困難的，只有極少數人能夠達到標準。例如Strawbridge, Wallhagen & Cohen（2002）嘗試針對該模式提出各項健康老齡化標準的測量值，並以867位年齡在65~99歲的老年人為調查對象。他們設置了包括疾病、失能以及風險因素共99項預測值，身體心智的6項預測值，以及生活參與的2項預測值。調查結果顯示，在867位老年人中僅有103位（18.8%）達到健康老齡化的標準，而當同一批受訪者在回答自己是否健康老齡化時，有高達436位（50.3%）老年人表示自己達到了健康老齡化，其中患有1項慢性疾病的老年人中有42.7%認為自己健康老齡化，患有2項疾病的老年人的這一比例也有35%，即使在患有3項疾病的老年人中仍有16.7%做出了肯定的回答。反而是在達到Rowe & Kahn健康老齡化標準的老年人中有36.8%自評未達到健康老齡化。Strawbridge, Wallhagen & Cohen（2002）建議在Rowe & Kahn的評估標準之外，加上生活質量的主觀評價，也就是老年人的生活滿意度，才能準確反應老年人生活的質與量，呈現健康老齡化的完整維度。

由於研究樣本、各個國家的文化背景、採用的判別標準等存在著諸多方面的差異，因此所得健康老齡化的檢出率難免有差異。較早的一些研究僅僅從軀體健康方面考慮，並採取有關的衡量標準，例如Guralnik的「基本功能量表」和「鍛煉量表」，著重身體功能方面的維持，將量表得分上限20%的人群界定為健康老齡化。Strawbridge把年齡在65歲以上，能夠完成13項基本身體活動和5項體力活動的老人，界定為健康老齡化，依據這一標準健康老齡化的檢出率為58%，隨訪6年後還有約35%的老年人符合該標準。然而，年齡增加所導

致的一個顯著變化便是認知功能方面的改變，因此部分研究者開始將認知功能評估加入健康老齡化的標準之中。例如，Berkman 認為健康老齡化的標準應該考慮到身體活動能力和認知功能兩方面的內容，據此得出健康老齡化的比例為 33%。Roo & Havens 的隨訪研究則進一步將生活在社區、未曾接受超過 59% 的家庭護理服務（12 年內）加入上述兩個條件之中，符合標準的老年人占全部樣本的 20%。Garfein & Herzog 根據以往的研究豐富了健康老齡化的內涵：包括身體功能狀態、認知功能狀態、情感狀態、社會活動四個方面。Jorm et al. 更加明確了健康老齡化必須與「生物—心理—社會」健康準則相符的判別標準，將健康老齡化定義為：生活在社區的老人，良好的自我健康評價，無日常生活能力受損，高簡易智能狀態檢查（MMSE）分數（28～30 分），由此得出的健康老齡化在 70～74 歲老人中的比例為 44%，在 85～89 歲的老人中僅有 6%。

國內，李春波（2000）等在綜合國外研究基礎上提出判斷健康老齡化的標準為：簡易智能狀態檢查（MMSE）總分大於按教育程度的分界值；日常生活能力量表（ADL）總分≤15 分；目前心境及情緒的自我評價好或尚好；身體健康或功能無受損情況發生。在香港學者 Kee-Lee Chou et al.（2002）的研究中，他們將不同維度下量表或問卷得分人為地劃定為 0 到 4 共 5 個等級，0 代表功能最佳，4 代表功能最差，每個維度評估為 0 等級的老年人即屬於老化過程最為成功的一組老年人群。

2.3 個人資源、家庭照料與健康老齡化

家庭具有生育、贍養、生產、消費、教育、社會化等多種功能，而家庭照料不僅可能影響一個人的價值觀、性格、飲食習慣和生活方式，同時也可能影響其身體與精神健康。另外，作為社會和個人的紐帶，家庭是個人的社會環境的重要組成部分，而且家庭照料對健康老齡化的影響研究有利於探討健康老齡化的發生機制。但目前，在國內幾乎沒有針對家庭照料與健康老齡化的研究文獻。

2.3.1 個人資源對健康老齡化影響的相關研究評述

以往關於個人資源與健康老齡化關係的討論主要圍繞教育、家庭收入、經濟來源等方面展開，而且著重研究個人資源與老年人身體功能、健康狀況、自

理能力或生活滿意度單一指標之間的關係。

有關教育程度與健康老齡化的研究中大部分研究結果認為，教育程度對個人的健康老齡化存在十分重要的積極影響（Anderson & Armstead, 1995；Grossman, 2003；Pappas, Susan, Wilbur & Gail, 1993；Preston & Eto, 1995；Roger, 1992），即受過高等教育的人，有較多的健康常識，知道如何保養身體、適當地調適心理情緒、定期健康檢查、積極參與社會活動等，因此其整體的健康老齡化狀況較好。而 Laurent et al.（2005）曾針對在加拿大中老年人的健康老齡化的維持進行調查研究，以 19,458 位（17,276 名居住在家中和 2,182 名居住在養老機構）的老年人為研究對象，發現教育程度較高的老年人可以維持較好的身體功能狀態。這有可能是由於教育程度高者對健康風險較有警覺且注意維持。Heo et al.（2007）對社區居住老人的健康生活進行比較研究，發現教育程度在身體功能、自我健康認知和心理健康等方面存在顯著的差異。另外，受教育程度較高的老年人，更加關注自己身體功能方面的健康，能夠尋求優質的醫療資源。綜上可知，大多數研究認為教育程度與健康老齡化有著正相關關係，即教育程度越高，其健康老齡化狀況越好。但上述的研究均在國外進行，究竟中國老年人的健康老齡化是否與教育程度有關，仍有待進一步的探討。因此，本書的研究將教育程度納入健康老齡化研究架構中。

在探討經濟狀況與健康老齡化關係的研究中，多數研究（Belloc et al., 1991；Bowling, 1995；Ferrans & Powers, 1992；McDowell, 1996；Palmore, Nowlin & Wang, 1985）指出經濟狀況與健康老齡化呈正相關關係，即經濟狀況較佳者更容易達到健康老齡化。Belloc et al.（1991）的研究顯示，經濟狀況更好者其健康老齡化較佳，Palmore et al.（1985）曾針對社區老人長期追蹤調查研究，亦發現經濟能力較好的老人，在心理、身體和日常生活活動功能方面，皆能維持適當且良好的健康生活質量。綜合上述的研究得知，經濟狀況是影響健康老齡化的相關因素。但上述的研究均在國外進行，究竟中國老年人的健康老齡化是否與經濟狀況有關，仍有待進一步的探討。因此，本書的研究將經濟狀況納入健康老齡化研究架構中。

關於經濟來源與健康老齡化的研究還比較少。李建新等（2007；2009）利用 2005 年中國老年人長壽影響因素調查的數據，認為經濟來源與年齡、婚姻、居住安排都對老年人的生活滿意度具有顯著影響，而且經濟來源對主觀、客觀兩類健康指標的影響是一致的：經濟來源自家人和其他的老年人可能會做出較為消極的主觀健康自評，而相對獨立的經濟來源對老年人的健康則會有更多積極的作用。郭志剛（2007）的研究結論截然相反，認為對於經濟上得到

满足的老年人而言，獲取經濟資源的具體來源並不是老年人關心的重點，不論是自己或配偶獨立獲得、政府社會資助還是核心家人或其他家人給予等，都不會顯著地影響到老年人的生活滿意度。

2.3.2 家庭照料對健康老齡化影響的相關研究評述

目前探討老年人社會關係與老年人健康的研究重點集中於老年人的居住安排及家人親友間的接觸頻率與生活層面上的協助，例如經濟、財務支援對於老年人晚年生活的壓力調適、身心適應與生活滿意度的探討（Chen, 1996; Chen, 2001; Siebert, Mutran & Reitzes, 1999）。

Durkheim（1898/1951）首先從社會整合（Social Integration）的視角切入，探討家庭照料對健康老齡化的促進效應，一方面，制度化的、文化規範所認同的家庭結構會形成一種社會整合的力量使其成員能夠感受到家庭支持的存在，家庭成員意味著依賴和親密的情感（Grzywacz & Marks, 1999; Umberson, 1987）；另一方面，婚姻與家庭帶給其成員有意義的關係與互動，借由這種關係與互動產生的整合與規制力量能大大地減少人們的健康危害行為，這就是家庭對成員的保護作用。這也開創了家庭照料與健康老齡化研究的先河。後來的學者延續並進一步發展了 Durkheim 的觀點，形成家庭保護的理論。早期對家庭照料與健康、生活滿意度的關係的討論主要是利用國家層面的死因數據（Kitawaga & Hauser, 1973），對生活滿意度則採用單一層面測量的方法（Pearlin & Johnson, 1977），並且偏重家庭照料的結構維度（Berkman & Syme, 1979）。幾乎所有的研究都發現，家庭關係的數量和聯繫的頻率都能夠抑制死亡率，同時提高生活滿意度水準（Pearlin & Johnson, 1977）。Sawhill & Thomas（2002）認為因為家庭氛圍和家庭成員的支持，使得家人形成共同的目標並且願意付諸努力。Pettee et al.（2006）認為有婚姻關係的人較沒有婚姻關係的人擁有更長的預期健康壽命，因為家庭成員之間的相互照料、影響與監督等因素，而使成員在身體方面更為健康，而且因為能感受到來自家庭的支持，以及來自社會網絡和社會群體的支持，感受到社會的接納，其心理也相對更為健全。滿意的婚姻關係能夠有效抑制高血壓與糖尿病的消極影響（Archives of Internal Medicine, 2001），婚姻關係滿意度水準較低會在一定程度上損害成員的免疫系統（S. Cohen, 1988; Wltz, Badura, Pafaff & Schott, 1988），從而對其身心健康帶來消極影響。Lewis, Butterfield, Darbes & Brooks（2004）也認為婚姻關係的存在可以提高其社會參與，而且在婚姻關係中可以通過配偶的監督、照顧改善身心健康。Smith & Waitzman（1994）和 Barrett（2000）則認為婚姻對

健康或身體功能的影響主要通過促進健康生活方式的形成，這一影響是正面地感受到社會的接受及支持，所以其心理更健康。在如此正面的影響之下，身體更健康，生活質量提高並降低死亡風險。Duncan, Wilkerson & England（2006）也認為婚姻關係的存在對於身心健康具有顯著的促進效應，雙方都會因為婚姻關係的存在而降低健康危害行為，尤其是對已婚男性具有更強的保護作用。相反，也有部分研究顯示婚姻狀況對老年人的死亡率幾乎不存在顯著影響（Seeman, Kaplan, Knudson, Cohen & Guralnik, 1987；Zuckerman, Kasl & Ostfeld, 1984），而且與生活滿意度之間也僅存在非常微弱的關係（Glenn & Mclanahan, 1981；McMullin & Marshall, 1996）。

在居住安排與老年人健康關係方面，針對與子女同住是否影響了老年人的健康狀況或者死亡風險這一問題，目前學界尚未得出一致的結論，歸納起來，主要存在三種觀點。一種觀點認為老年人與成年子女同住能得到來自後代的支持，增進了老年人的晚年福利，對其身心健康起到積極作用，降低了老年人的死亡風險。而另一種觀點認為與成年子女同住的老年人並未在健康上占優勢，他們或者增加了疾病的發病風險，或者在同住情形下由於空間的狹小、見面頻率的增多，引發了更多的代際關係緊張問題，從而對老年人的身心健康更不利。第三種觀點認為是否與成年子女同住與老年人的健康無關。同住只是一種物質載體，在這種載體下，代際互動和感情交流等最能反應代際關係好壞的實質內容，從而影響老年人的健康。換言之，合住不一定有利於老年人的身心健康；而分住不一定妨礙子女對老年人進行各種支持。由此看來，在老年人與後代同住是否會對其健康產生影響的問題上，雖然大多數學者認為同住對老年人的健康具有促進效應，能夠降低老年人的死亡風險，但目前學界尚未形成共識。Kobrin & Hendershot（1977）從居住安排與死亡率差異的角度進行了研究，認為與配偶和子女共同居住能夠促進老年人的身心健康，從而降低其死亡風險。Silverstein, Cong & Li（2006）的研究顯示，中國安徽省農村老人居住在三代家庭或與孫子同居的跳世代家庭，比單一世代的老人有較好的安適狀態。Sarwari, Fredman, Langenberg & Magaziner（1998）的研究顯示社區獨居的女性在兩年期間與配偶或其他人同住的兩組比較，有較低的健康功能上的惡化，特別是在測量工具性日常生活活動（Instrumental Activities of Daily Living）時。因此可通過身體、心理的正向需求來顯示獨居的好處，這表示獨居會降低功能上的依賴且對健康具有積極影響。

對成年子女與老年人身體功能、生活滿意度影響的討論則主要從子女的數量與聯繫頻率兩個指標展開。大部分研究認為，子女數量與聯繫頻率與老年人

身體功能、生活滿意度之間存在顯著的正向關聯（Mancini & Blieszner, 1989）。有一個以上的成年子女顯著改善了老年人的身體健康狀況（Umberson & Gove, 1989; M. Hughes, 1989）。然而，仍有大量相關研究結果顯示，成年子女數量和代際之間聯繫的頻率對老年人的生活滿意度沒有顯著影響（Lee, Netzer & Coward, 1995）。

　　國內的研究關於家庭照料對健康老齡化的影響主要通過身體健康、生活滿意度等單一指標展開。郭晉武（1997）通過個人訪談法和多元迴歸分析考察了家庭結構對老年人身體健康狀況的影響，發現生活在聯合與直系型家庭結構的老人的生活滿意度和健康狀況顯著高於核心家庭與獨居的老人。黃曉霞、顏豔（2009）發現家庭成員的經濟和日常照料支持對老年人的健康自評具有顯著的促進作用，老年人在接受家庭成員幫助的同時能夠給家庭提供幫助，對其健康自評也有積極作用。宋璐、李樹茁等（2006）研究發現，來自子女的經濟支持和老年人對子女的經濟支持都會對老年人的健康自評狀況產生積極的促進效果，代際的情感交流也能夠改善老年人的健康自評狀況，但子女對老年人的生活照料和老人向子女提供生活照料對老年人的健康自評不存在顯著影響。他們認為，生活照料與老年人健康狀況存在一定的替代關係，生活照料往往可能是通過生理與心理健康狀況間接影響老年人的健康自評。欒文敬等（2007）發現，與家庭成員的關係狀況對老年人自評健康具有顯著且穩定的影響，也就是說，與家庭成員關係越好的老年人對自身健康的自評狀況也越好。從精神層面來說，進入老年期以後，由於老年人將生活和情感的寄托都轉移到家庭上，與家庭成員關係的質量將直接影響老年人的心理健康，進而影響到身體功能；從物質方面來說，與家庭成員之間保持良好的關係，家庭成員能夠提供其更多的照料資源，從而減少疾病發生的可能性和改善疾病治療的效果。彭希哲（2002）認為不同規模家庭的保障能力存在一定差別，並且其健康促進作用會隨時間推移和在家庭生命週期的不同階段呈現出波動性。

　　部分研究指出，對成員健康和生活滿意度具有重要影響的是家庭成員之間關係的親密程度與居住的距離，而非家庭中的關係數量（Bookwala, 2005; Fiori, Antonucci & Cortina, 2006）。例如，Sabatelli & Waldron（1995）認為影響身心健康的並不是老年人與成年子女之間的聯繫頻率，而是對作為「父母」的負擔與回報的主觀感受。Silverstein & Bengton（1991）發現成年子女與老年人之間的親密感能夠有效延長老年人的預期壽命，而且代際關係的主觀感受越好，老年人與成年子女之間共處的時間也越長，這也是增進老年人生活滿意度的必要條件之一（Umberson & Henderson, 1991）。

家人與親友關係：家人或親屬一直被認為是直接支持老年人生活的重要核心，朋友之間的友誼也是不可或缺且有力的社會支持，擁有家庭及朋友支持系統的老年人，能夠從其他人身上獲得情感上的支持，面對壓力顯現出較好的應對能力，並且內心不容易孤獨。在 Charbonneau-Lyons（2002）、Huang（2003）、Hsu（2007）的研究中也提及良好的家庭與社會支持是老年人邁入健康老齡化的條件。因此，老年人的人際關係互動，對其自我及生活影響甚深，對老年人能否健康老齡化也起著關鍵作用。家庭所提供的支持對老年人的生活照顧有重大的影響，因為家人是老年人的主要人際網絡成員，在老年人所獲得的支持中，九成是來自家人。在與老年人相關的健康研究中，個人的社會支持可維持老年人健康和減少罹病率、致死率（Kulys & Tobin, 1998），也對老年人在應對生活壓力、心理衛生和身心幸福狀態等方面都具有積極的促進效果（Arling, 1987）。McCubbin 認為，如果我們將家庭看作是一種社會團體的話，那麼家庭功能就是指家庭成員間的動態關係。Billingsley 認為家庭功能在於為家庭成員的潛能或能力發展提供一個催化和調節的系統，有助於幫助成員發展社會化的任務，並強化成員具備適應環境的能力，幫助成員在身心各方面都有令人滿意的發展。通過子女與他人的互動，使得個人的基本需求可以獲得滿足，而這些需要有一部分可通過情感性支持（Socio-Emotional Aid）的提供而獲得滿足，例如瞭解、接納及重視他人的認可與歸屬。這些需要亦可經由工具性支持（Instrumental Aid）的提供獲得滿足，包括提供信息與住所、財務支援、日常生活活動的協助，例如交通與飲食。而信息性支持（Informational Aid）則是指任何幫助解決問題或壓力的信息，如提供照顧的信息在有需要時能快速獲得醫護人員諮詢（Kaplan, Cassel & Gore, 1977；House, 1981；Berkman et al., 1992）。社會支持對老年人的健康自評有著直接的促進效果（Kraose N., 1987）。同時，不同來源的社會支持對老年人的生活有著不同的幫助，例如家庭成員可提供生病期間的照料、給予經濟上的支持以及持久的情感支持等；而老年同輩朋友則可以緩解孤獨感、提供信息以及交流健康的行為方式如鍛煉等（Gottlieb & Benjamin, 1983）。一些研究還發現，來源於配偶、子女、朋友以及其他親屬的情感性社會支持對老年人的心理健康如抑鬱症有著不同的影響。其中，配偶的情感支持積極影響最大，朋友其次，最後是子女，其他親屬則沒有顯著影響（Dean Alfred et al., 1990）。

2.3.3 個人資源、家庭照料對健康老齡化的影響機制

缺少社會支持構成了個人健康的主要風險之一（House et al., 1988）。這

一觀點提出後，圍繞著社會關係與健康之間的作用機制形成了大量的理論和實證研究，社會關係和健康之間的關係也逐漸成為一項社會事實（Umberson, Crosnoe & Reczek, 2010）。雖然近幾年，生活方式在關於社會關係如何影響健康的理論分析中逐漸占據了核心位置（Uchino, 2014; Repetti et al., 2002），但是生活方式作用機制仍然需要進一步探索研究。另外，相關研究一致認為，家庭是影響甚至形塑其成員的健康生活習慣、態度與行為的主要因素之一（Doherty & Campbell, 1988），但是家庭照料影響生活方式的具體途徑也可謂眾說紛紜。

根據 Berkman & Seeman 的社會關係—健康關係模型，家庭照料對健康老齡化的促進作用可以通過直接和間接兩條途徑實現。一方面，長久以來，家庭成員就是老年人獲取日常照料、精神慰藉的主要、甚至唯一來源，而且在未來相當一段時期內，這一狀況還將繼續存在。因此，家庭對老年人的健康和生活滿意度均發揮著不可替代的作用（E. Cohen & Kass, 2006; Himes, 2001）。另一方面，Thomas L. Campbell 認為家庭對個人的健康信念和行為具有積極的促進效應。一直以來，社會控制被認為是家庭照料諸項內容（例如婚姻狀況、子女數量、家庭支持等）影響健康生活方式的重要機制（Umberson, 1987）。換言之，積極的家庭關係有利於自己和家庭責任感的培養，因此，家庭是影響個人健康（Health）和幸福感（Well-Being）最主要的社會機構之一（Duncan & McAuley, 1993）。部分理論與實證研究顯示，家庭成員對個人的健康生活方式具有顯著促進效應（Baranowski, Nadar, Dunn & Vanderpool, 1982），或者在危機發生時作為支持資源，例如減少過度飲酒和藥物依賴的情況（Aaronson, 1989），或者堅持日常鍛煉（Sallis & Nadar, 1988）。以往關於家庭照料與生活方式的關係的考察，大多側重特定社會關係，例如婚姻關係。Rogers（1995）和 Waite & Gallagher（2000）都認為有配偶老年人的低死亡率在很大程度上可以歸結為其良好的生活方式。Bachman et al.（2002）認為，進入婚姻可以顯著降低健康危害行為的發生比，包括過度飲酒、吸菸和藥物依賴等。但是部分研究卻得出完全相反的結論，認為與未婚者相比，已婚者參加日常鍛煉的比例相對較低（Umberson, 1992; Grzywacz & Mark, 1999）。對於家庭照料其他內容與生活方式之間的關係，Chilcoat & Breslau（1996）發現與子女共同居住可以降低健康危害行為的發生概率，但是子女同時也減少了健康促進行為，例如日常鍛煉的發生概率（Nomaguchi & Bianchi, 2004）。Umberson（1987, 1992）認為婚姻和子女的家庭關係不僅與健康促進行為密切相連，而且能夠有效抑制健康危害行為。Leahey & Wright（1985）認為作為主要支持來源的家庭對慢性病患

者的遵醫囑行為具有顯著影響。家人的配合和鼓勵對於慢性病患者來說，不僅在接受藥物治療方面，還在飲食、運動、生活作息等各方面具有照料或監督作用，以促使其病情獲得改善，如果沒有家人的配合和鼓勵，僅僅依賴患者的個人意志往往很難達成（Etzwiler, 1962）。

與其他社會關係相似，家庭照料通過提供日常角色（例如配偶、父母等）和支持資源（包括日常照料、精神慰藉等）對成員進行社會整合。雖然根據社會控制理論（Social Control Theory）來看，家庭照料的諸項內容都會顯著影響其成員的生活方式，但是以往大部分關於家庭與生活方式的研究僅局限於家庭照料的某單一維度，未能對家庭照料與健康生活方式之間的積極關係進行全面評估。

2.4　生活方式以及其他影響健康老齡化的因素

為了解影響健康老齡化的個人背景與生活方式變量，本書整理了相關研究，發現與老年人健康老齡化有關的社會人口變項各研究內容與結果頗有分歧，因此本書的研究擬將性別、年齡與生活方式等變量納入模型中，以下分別就這些變量進行說明。

2.4.1　社會人口變量與健康老齡化

有關性別與健康老齡化的研究在結論上尚未形成一致性，即部分研究認為男性的健康老齡化狀況優於女性，但也有研究指出如果以長壽來定義健康老齡化，那麼女性更具健康老齡化優勢（Guralnik et al., 1993; Brooks, 1998; Strawbridge, Camacho, Cohen & Kaplan, 1993）。Laurent（2005）曾針對在加拿大中老年人的健康老齡化的維持進行調查研究，以 17,276 名居住在家中和 2,182 名居住在養老機構的老年人為研究對象，得出健康老齡化不存在顯著的性別差異的結論，並且在研究中發現雖然男性老年人的死亡率較高，但女性老年人的患病率相對較高。Guralnik（1993）對老年人健康狀況與活動能力的關係進行研究，發現隨著年齡的增長，女性身體健康衰退的速度明顯快於男性老年人。同時，由於女性老年人在日常生活中較注意自身慢性病的症狀，因此平均預期壽命高於男性老年人。Strawbridge（1993）以 356 位 65 歲以上的老年人為對象，採用追蹤調查研究的方法，對老年人身體活動能力進行研究，發現女性老年人在身體功能的截距和衰退速率上都處於明顯劣勢。杜鵬（2013）綜

合健康狀態的主客觀兩個方面作為死亡風險與功能衰退的預測指標，研究顯示女性老年人比男性老年人的健康自評更消極，而高齡組差異最明顯。綜上可知，對於健康老齡化的性別差異尚無一致的結論，究其原因可能在於定義、測量的不同，但上述的研究均在國外進行，究竟中國老年人的健康老齡化是否與性別有關，仍有待進一步的探討。

在有關年齡與健康老齡化的研究中，大多數研究認為年齡是影響健康老齡化的重要變量，即健康老齡化的狀況隨著年齡漸增而呈現遞減的趨勢（Belloc, Breslow & Hochstim, 1991; Johnson, 1991; Crimmins & Saito, 1994）。Crimmins & Saito（1994）採取長期追蹤調查的方法，以 5,151 位 70 歲以上的老年人作為研究對象，發現年齡與健康老齡化呈現顯著的負相關關係，即老年人的年齡越大，生理機能、身體功能的退化越明顯，甚至導致無法生活自理，進而影響到其健康老齡化。但也有部分研究持相反觀點，Brown & Mc Creedy（1986）認為老年人比年輕人更加關注自身的身體功能與心理健康，Johnson（1991）也發現年齡越大的人的健康促進行為越好。綜合上述的研究結果未盡一致，而年齡與健康老齡化之關係，可能會因研究主題、研究地域的不同而有所差異。

大多數關於居住地與健康老齡化關係的研究認為，居住地是影響健康老齡化的重要因素，即居住在不同地區的老年人健康老齡化存在顯著差異。例如，Elnitsky & Alexy（1998）以鄉村地區 222 位 65 歲以上的老年人為研究對象，發現居住在農村地區老年人的健康狀況相對較差，因為長期處於固定的生活模式容易導致認知與身體功能的退化，最終導致加速老化。

2.4.2 生活方式與健康老齡化

近年來，醫學、護理和其他健康照顧領域都強調健康行為的重要作用，許多相關研究證明了健康行為對身體功能障礙具有顯著影響（Berkman & Breslow, 1983; Roos & Havens, 1991; Paffenbarger et al., 1994），甚至認為通過生活方式的調整可以有效降低老年人的殘障與死亡的發生比（Albert, 1995）。本節就文獻中所探討健康行為的影響因素將其歸納為：健康促進行為與健康危害行為。

健康促進行為對老年人的身體健康狀況（Belloc & Breslow, 1972）、失能發生比（Breslow & Breslow, 1993）和死亡率（Belloc, 1973）都具有顯著的促進作用。其他針對老年人的研究發現，健康行為對身體功能狀態和主觀良好自評具有積極的影響（Kaplan et al., 1987）。Haveman-Nies（2003）曾進行關於老年人生活方式與健康老齡化的跨國研究，以年齡在 70~75 歲之間的 2,200 位

(1,091位男性和1,109位女性）老年人，進行了長達10年（1988—1999年）的追蹤調查研究，結果顯示老年人的飲食習慣、鍛煉活動和吸菸都對其健康狀況有顯著影響。因此，老年人的健康生活方式對降低死亡風險和延緩身體功能衰退都具有積極效果，並最終影響老年人的健康老齡化。Fritsch（2007）對老年人的生活方式和認知功能的關係進行研究，以349位成人為研究對象，發現早年的生活方式及教育學習方式對於健康老齡化認知功能具有顯著影響。生活方式包含的內容很廣泛，Stessman的研究表明，老年人堅持鍛煉身體，哪怕是不久前才開始鍛煉身體，也會獲得較高的存活機會和提高肌體良性運行的可能性；而不良的生活方式，例如過度飲酒、吸菸、缺乏鍛煉、攝入高脂肪的食物等則是身體功能受損的重要致因。有關於健康促進行為的許多文獻，例如LaCroix（1993）發現每週從事三次或更多次身體活動的老年人，比久坐的老年人，減少了身體功能退化的風險，並降低了40%的死亡概率，且有運動行為的這些老人幾乎都沒有慢性病。此外也提到，參與身體活動的種類不影響其效果，重要在於身體活動的耐久，如走路、園藝、搬運等與跑步、運動等刺激性的活動同樣是有益的。Wu Sc et al.（1999）認為缺乏規律運動將會對老年人的日常行動能力（ADLs）產生顯著的消極影響，運動行為則能夠降低相關失能概率，因此是影響健康老齡化的外在因素。Mor et al.（1989）對70~74歲老年人日常鍛煉與身體功能完整性的關係進行考察，在兩年的追蹤後發現缺乏日常鍛煉計劃，且無時常走路在1英里（1英里≈1.609千米）以上的老年人，增加了50%以上的失能風險。

然而，也有部分研究結果顯示生活方式與健康老齡化及其各項指標之間的關係存在差異。Branch & Jette（1984）的研究結果顯示健康生活方式與健康狀況之間不存在顯著關聯。La Croix et al.（1993）以酒類的消費量做說明，認為適當（少量）酒類消費與較高身體功能有統計相關；有關生理學的解釋為中老年人適當飲酒可以增加高密度脂蛋白膽固醇減少冠狀動脈的疾病，更可以降低心腦血管的發病風險，因此少量飲酒可能是有益的。Guralnik et al.（1993）認為與那些少量飲酒者相比，男性平均每天飲用大於1盎司（1盎司≈28.35克）以上會增加20%身體障礙的風險。Pinsky et al.（1987）對女性老年人的預防性研究指出，大量的酒類消費與身體功能的障礙有關，在研究中定義高危險是指那些在每個月通常喝三次酒或更多者。

生活方式與老年人的健康水準有直接關係，從而也會影響健康老齡化。谷琳、喬曉春（2005）發現，經常參加日常鍛煉的老年人有相對積極的健康自評，而且兩者的關係在統計上非常顯著，說明日常鍛煉能夠使得老年人身心愉

悅；參加社會活動的老年人也有著更加積極的健康自評，這部分老年人經常與社會接觸，從而能夠釋放心裡的孤獨與壓力，因此生活得更為積極。另外，適當吸菸、喝酒對老年人健康自評並無消極影響。劉恒等人（2010）的研究認為，老年人生活方式對其健康自評也有一定的影響，適當的抽菸、喝酒以及經常參加鍛煉對老年人的健康有較好的促進效應。

2.5 小結

第一，對健康老齡化的定義困難。人們對於健康老齡化的向往都有共識，但由於概念本身兼具開放性與矛盾性，加上定義困難，因此對於健康老齡化的定義鮮有共識。Bowling & Iliffe（2006）認為有些研究提出有關健康老齡化的構成要素（Constituent），在其他研究中這被視為成果指標（Outcome Indicator）或先兆（Precursor），對於健康老齡化的各種研究結果，或稱為定義、模式，或界定為構成要素、預測值，甚至是稱為衡量標準或結果變項等，彼此間常有相互混淆的現象。而健康老齡化的評斷標準更莫衷一是，或以為應由個人所屬文化與社會情境決定，或主張以老年人自身主觀感受為依歸，生物醫學觀點則認為應確定可測量的客觀標準，社會心理觀點則提倡以個人主觀幸福感作為健康老齡化的意涵（Smith et al., 2007；Torres, 2002；Inui, 2003）。

第二，目前探討老人社會支持的研究重點集中於老人的居住安排及家人親友間的接觸頻率與生活層面上的協助，例如經濟、財務支援對於老年人晚年生活的壓力調適、身心適應與生活滿意度的探討（Chen, 1996；Chen, 2001；Siebert, Mutran & Reitzes, 1999）。在居住安排方面，過去的研究指出居住安排影響老人在社會支持質量上的獲得，而社會支持的質量上的獲得對於老年人的生活滿意度有相當的影響力。社會支持越好的老年人生活滿意度越高。不論是探討是正式、非正式支持或其他研究老年人支持體系的研究都強調家庭所發揮的社會支持對老年人生活具有全面性的影響。為什麼家庭照料具有這樣的重要性呢？目前多數研究沿著直接作用這一線索展開——家庭因為有極高的親密度及緊密的結合，強調彼此相互的責任，可以提供個體面對面的互動、強烈支持及認同感，使得家庭是老年人獲取社會支持的主要來源，忽視了對家庭照料中的另一個維度——家庭結構健康老齡化效果的闡釋，同時也缺少對家庭照料—生活方式間接作用效果的探討。

3 研究設計

3.1 相關理論與研究架構

3.1.1 相關理論

本節將對 Anderson 健康行為模式、Berkman 社會關係—健康關係模型、責任內化以及性別差異的理論進行討論。

3.1.1.1 Anderson 健康行為模式

Marc Lalonde（1974）指出了對個人疾病與死亡具有重要影響程度的四項決定因素有生活方式（Lifestyle）、環境因素（Environment）、生物學因素（Human Biology）、健康照護體系（Health Care System），其中又以生活方式和環境因素對健康的影響最大。Andersen（1995）認為民眾的健康狀況是由個人生活方式（如飲食、運動等）、家庭照料與醫療利用行為所造成的結果。

1960 年 Andersen 提出醫療服務利用模式，認為影響個人醫療利用的三大因素分別為傾向因素（Predisposing Component）、促進因素（Enabling Component）以及健康因素（Illness Component）。Aday & Andersen（1974）修正後發表了第二階段醫療服務利用擴充模式，強調醫療服務可用於維護及改善個人健康狀況，該模式強調外在決定因素影響健康行為，而健康行為影響著結果，與第一階段模式相比，最大的不同在於第二階段模式增加了健康結果層面。而影響健康行為的原始決定因素（Primary Determinants of Health Behavior）主要包括人口學特徵、健康照護系統及其他的外在環境因素（如家庭照料、社會關係等）。雖然這個模型在健康與醫療利用行為的相關研究中具有重要地位，至今仍有許多研究使用這個模型討論老年人健康與醫療利用影響因素，但是也有部分學者認為這個模型的變量過於複雜。因此，本書並不將此模型直接應用在

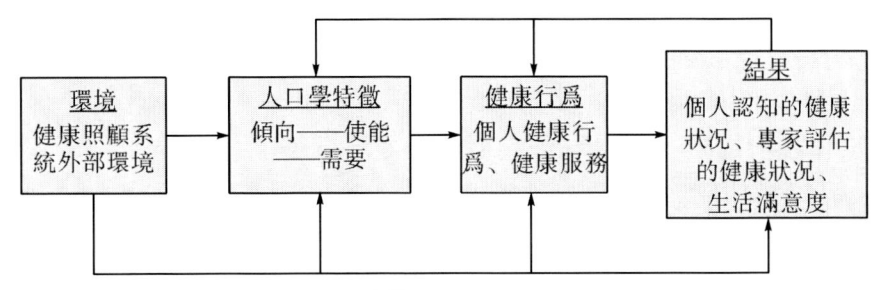

个人资源、家庭照料对健康老龄化的影响的分析上，而是以另一个社会环境脉络的角度去探讨老年人的医疗资源利用情形。因此，本书从个人资源与家庭照料对健康老龄化的主效应出发，然后拓展至作用机制，最后进一步讨论了文化情境对家庭照料的调节作用。

```
┌──────────┐   ┌──────────┐   ┌──────────┐   ┌──────────┐
│  环境    │→  │人口学特征│→  │健康行为  │→  │  结果    │
│健康照顾系│   │倾向——使能│   │个人健康行│   │个人认知的健康│
│统外部环境│   │  ——需要  │   │为、健康服务│  │状况、专家评估│
│          │   │          │   │          │   │的健康状况、  │
│          │   │          │   │          │   │生活满意度   │
└──────────┘   └──────────┘   └──────────┘   └──────────┘
```

图 3.1　第二阶段行为模式（The Model-Phase 2, 1970s）

3.1.1.2　社会因素——健康的关系：Berkman 模型

对社会环境与健康作用机制的探究可追溯至 19 世纪后期，Durkheim（1897）以社会整合（Social Integration）的观点，解释法国社会中的自杀现象及其社会成因，强调社会环境对健康的重要性。Kawachi, Kennedy, Lochner & Prothrow-Stith（1997）的研究发现，社会环境对个人健康风险具有显著影响，社会联结程度较弱群体的死亡率比社会联结程度强的群体相对较高。由此可知，人际网络、社会参与与支持性的社会关系对人们的健康具有积极影响。Coleman（1990）& Baker（2000）也认为社会环境中蕴藏着一种看不见的资源（hidden resource），帮助个人在工作、社区及其他领域获得发展，包括教育、就业、职业晋升、快乐感、健康与长寿。Veenstra（2002）认为个体的健康状况与社会关系的大小、质量之间有高度相关，社会联结程度较高、较积极投入社交活动者，更可能获得较好的健康状态。除此之外，Berkman, Glass, Brissette & Seeman（2000）以应用社会整合的概念探讨社会支持（Social Support）、社会网络（Social Networks）与社会凝聚（Social Cohesion）对健康的影响。

Berkman, Glass, Brissette & Seeman（2000）为了探讨联结社会因素与健康之关系，提出从总体社会结构因素到个人生理、心理健康的因果过程架构（图 3.2）。在此因果过程架构中，总体社会结构因素（文化、个人资源、政治、社会变迁）会限制或形塑家庭照料的结构与关系，而个人资源则提供机会建立个体的家庭照料（居住安排、代际支持等），此心理机制经由一些途径

(例如健康行為)影響人們的健康狀況。此外，在此架構中，社會因素通過健康行為途徑影響健康。Berkman 等人的理論基礎，在後續的社會流行病學、醫療經濟學與公共衛生的研究中，有大部分是以此作為基礎論述的。除此之外，Kone, Johri, Beland, Wolfson & Bergman (2004) 認為個人的健康狀況會受到環境因素的影響，在家庭照料與健康狀況之間，心理社會機制及個體途徑扮演關鍵角色，並將 Berkman, Glass, Brissette & Seeman (2000) 的聯結社會網絡與健康之關係結構進行簡化。從總體社會因子（包括個人資源、性別等）影響社會關係與社會參與的接觸頻率（如家庭、子女與親友的支持），進而傳導到心理社會機制（如抽菸、喝酒、運動等），而且其研究結果顯示，社會因素與個人自評健康之間存在因果關係，並且會通過心理社會機制影響自評健康。本書亦是以此作為後續實證分析的理論基礎，此理論架構為本書個人資源、家庭照料與健康老齡化之間關係提供一個可驗證的理論模式。

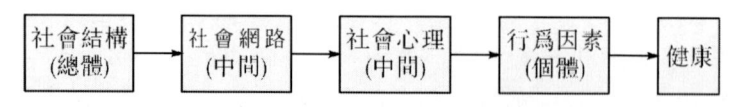

社會結構(總體) → 社會網路(中間) → 社會心理(中間) → 行為因素(個體) → 健康

圖 3.2　聯結社會網路與健康之關係結構

資料來源：Berkman, Glass, Brissette, & Seeman (2000：847)。

3.1.1.3　責任內化

家人或親屬是構成非正式支持體系的重要來源，也是老年人社會支持的主要來源。費孝通（1998）提出的差序格局理論認為，「每個人都以自己為中心結成網絡，就好像是一塊石頭扔進水裡，以這個石頭（個人）為中心，在周圍形成一圈一圈的波紋，波紋的遠近可以標示社會關係的親疏」。這個比喻實際上反應了中國非正式支持體系中所遵循的「近親—遠親—朋友—鄰居」的關係序列。在國外，Kahn 和 Antonucci（1981）指出在個人周圍存在著一個由動態的三個同心圓所形成的社會護航網絡，最內圈也就是與「自己」關係最密切和最重要的支持獲取來源（配偶、親近的家人或朋友）。依據動態的護航理論，每個人都是在社會護航隊伍的支持下走過其生命過程，而這個社會護航隊伍包含了親近朋友與家庭成員，例如父母、配偶、子女等。基於 Kahn 和 Antonucci 的三個同心圓理論，Chen（2005）進一步提出以親屬距離（Kinship Distance）為依據設計的護航網絡——戶基護航網絡，其網絡架構內兩圈是可以形成類似新式的擴大型家庭（Modified Extended Family）的概念，從而對家庭的定義有著更加廣泛的解釋，而不單單局限於共同生活，如此較符合當前的

社會變遷趨勢，然後依據這兩圈再往外增加常來往的親屬或朋友。戶基護航網絡包含了兩層含意：一是符合費孝通的差序格局理論，上述四圈依據親屬關係遠近而排序，各個層次的成員構成非常清晰；二是借鑑了 Kahn 和 Antonucci 的動態觀念，即個人的社會支持體系呈動態變化，這也與最近家庭照料研究中採取的生命歷程範式相吻合。

3.1.1.4 性別視角

由於不同性別的老年人在其個人資源、家庭照料以及社會保障政策中所處的位置等方面都存在著明顯差異，因此，在進行健康老齡化的研究時，我們需要引入性別視角進行分析。所謂性別視角，是指由於男女兩性在社會文化的建構下形成的性別特徵與差異，即社會文化所形成的對於男女兩性差異的理解，以及在現實社會生活中逐漸形成的屬於男性或女性的群體特徵、行為方式以及日常分工，是社會對兩性以及兩性關係的期待、要求與評價。從生理角度而言，女性的死亡率低於男性，表現為男性在整個生命階段的死亡率均高於女性（Wiliam C. Cockerham, 2000）。另外，性別間的患病頻率與死亡模式存在差異（Verbrugge, 1976），與男性相比，女性的患病率較高，而且更容易患多發性疾病和傷殘，但女性的健康損害比患有同樣疾病的男性要輕微且很少致命（Wiliam C. Cockerham, 2000）。因此，從性別角度看，患病與死亡呈現了相反的關係，即女性更容易患病但平均預期壽命較長，男性不易經常得病，但死亡率較高（Davis, 1981; Marshall, Gregorio & Walsh, 1982）。在身體功能和健康狀況方面，社會心理因素往往發揮著決定性的作用（Wiliam C. Cockerham, 2000）。性別差異表現在許多方面。首先，在教育程度、收入水準、社會保障等方面仍舊存在較大差異，而這些因素也正是掌握健康知識、購買醫療服務的主要影響因素（Bokemeier, 1987）。此外，女性往往承擔著更多的家務勞動與照料家人的重任，這也會影響她們的健康狀況（Auerbach, 1995）。

近年來，隨著中國社會經濟、醫療技術、社會保障等持續發展與完善，為老年人身體功能與健康狀況的改善提供了良好的保障。但是，男性與女性老年人之間的差異仍未消除，這種差異既包括生理屬性方面的日常活動能力差異，也包括個人資源、家庭照料等社會屬性以及生活方式方面的差異。

3.1.1.5 生命歷程：對連續與年齡的關注

歷經 30 餘年的發展，生命歷程範式逐漸成為學術界的新寵兒，成為主流研究範式。在研究老齡化方面的問題時，生命歷程理論也日益成為繞不開的主題之一（Atchley, 1991; Moody, 1998; Hooyman & Kiyak, 2005）。而不平等和

差異性分析是社會老年學（Social Gerontology）研究中另一個非常重要的主題，主要關注老年人在年齡、性別、教育以及居住地等不同維度上所呈現出的健康自評、身體功能、生活滿意度等各方面的差異。研究結果顯示，與其他年齡組人群相比，老年人的身體功能和健康分化相對更加嚴重（O'Rand, 1996; Settersten, 2006）。同時從生命歷程視角切入，研究老年人群體內部分化趨勢的研究也日益增多，例如，生命歷程早期的社會參與對女性老年人健康狀況的影響（Shadbolt, 1996）、關鍵生活事件對代際支持的影響（Hareven, 1996）以及教育對老年人健康的累積性效應（Ross & Wu, 1996）。

近年來，國內學術界對生命歷程範式的關注也日益增多，出現了一些翔實的介紹（李強等，1999；包蕾萍，2005），但是該範式還沒有用於探析健康老齡化問題。由於生命歷程所涵蓋的內容範圍非常廣泛，我們僅圍繞其關注的「關聯性」和「年齡」兩個核心概念展開研究，分析健康老齡化性別差異和教育梯度的形成機制與年齡軌跡。根據「生命歷程的連續性」觀點，「連續」而非「斷裂」的視角得到了充分彰顯，健康老齡化被放置到個體的整體生命跨度內而得到了更加豐富的詮釋。老年期僅僅是整體生命過程之中的一個階段而已，晚期的生命過程受到早期生命過程的影響。Dannefer（2003）的劣勢/優勢累積模型認為，隨著年齡的增長，系統化的結構性力量導致了「窮者越窮，富者越富」，意味著健康老齡化是縱貫整個生命歷程的優勢累積的結果，而非老年階段「一朝一夕」所形成的。

3.1.2 研究架構

本書的研究以 Anderson 健康行為模式為基礎，綜合 Berkman 模型與責任內化理論，嘗試性地構建了一個分析健康老齡化影響因素的理論框架。該框架包含以下幾個要素：①環境與個體特徵（Contextual and Individual Characteristics）維度，包括誘因性（Predisposing）因素（如性別、年齡、文化程度等人口學因素），賦能性（Enabling）因素（如養老保險等因素），需求性（Need）因素（如對晚年娛樂活動的需求等因素）；②健康行為（Health Behaviors）維度（如老年人日常體育鍛煉習慣等）；③效果（Outcomes）維度（如老年人自我評判的主觀幸福感等）。另外，Berkman 等（2000）提出從總體社會結構因素到個人生理、心理健康的因果過程架構，生活方式則與途徑因素的健康行為有關，為本書個人資源/家庭照料、生活方式與健康老齡化之間的關係提供一個可驗證的理論模式。因此，基於相關研究的匱乏，本書採用個人資源/家庭照

料與健康老齡化的理論模式，以實證方法從社會學的角度探討個人資源與家庭照料在生活方式與健康老齡化上，可能擔任的角色，並瞭解三者之關聯性，且進一步探討各變量的直接和間接影響效果及影響路徑。為此，本書試圖通過 Berkman 理論中關於社會環境因素→社會網絡→心理社會機制→健康行為途徑→健康的過程模式，以建構一個能涵蓋總體社會環境因素與個人心理社會變量的聯結個人資源/家庭照料、生活方式與健康老齡化的理論模型，並通過迴歸加以驗證，以期對影響健康老齡化的前因與結果變量有進一步的瞭解。

選用上述兩個模型作為本書分析框架基礎，有以下四方面原因：其一，該模型自 20 世紀 60 年代首次被提出以來，先後進行了多次修正，不斷改進，在美國及歐洲等國廣泛應用於健康研究、醫學社會學和公共衛生領域，用於測量與人們健康相關的決定因素；其二，將老年人的健康老齡化狀況作為一種衡量健康結果（Health Outcome）的指標是合理的，因為主觀幸福感是個體對其整體生活狀況的綜合判斷，能夠在一定程度上反應其自我感知到的健康狀態；其三，該模型將可能影響健康狀態的多種因素納入同一個相對成熟、簡練的分析框架內，將對接下來的實證分析起到引導性作用，同時這一嘗試對於進一步構建本土化的相關理論框架具有參考價值；其四，已有學者運用該模型進行相關研究並取得了較好的分析效果。

本書分析框架如圖 3.3 所示。

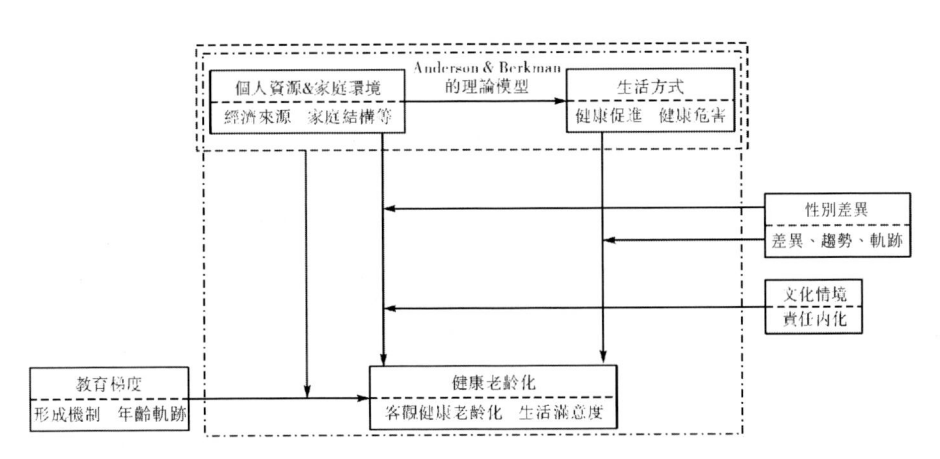

圖 3.3 本書分析框架

3.2 關鍵變量的概念建構與操作化

基於對健康老齡化和家庭照料等變量概念與維度的討論，本書認為健康老齡化應該包括客觀健康老齡化和主觀健康老齡化兩個維度，家庭照料則主要從家庭結構與家庭關係兩個維度進行測量。接下來我們將介紹主要概念的建構結果和相應的操作化方法。

3.2.1 健康老齡化

如何定義健康老齡化非常困難，到目前為止學術界還沒有任何理論或標準足以成為令人信服的規範，究其原因在於缺乏相關的實證支持，以及大多數研究以相對狹隘的方式定義健康老齡化，或偏重於某位研究者的想法，沒有具有連貫性的理論（Baltes & Carstensen, 1996; Rowe & Kahn, 1998）。雖然部分研究提出了有關健康老齡化的構成要素（Constituent），但是對於健康老齡化的各種研究結果，或稱為定義、模式，或界定為構成要素，彼此間常有相互混淆的現象（Bowling & Iliffe, 2006）。而健康老齡化的評斷標準更加莫衷一是，或以為應由個人所屬的文化與社會情境決定，或主張以老年人自身主觀感受為依據，生物醫學觀點認為應制定可測量的客觀標準，社會心理觀點則提倡以個人主觀幸福感作為健康老齡化的意涵（Smith et al., 2007; Torres, 2002; Inui, 2003）。SOC模式脫離傳統社會科學對健康老齡化的研究取徑，將焦點放在老年人達到目標的過程，而非結果、理想或統計等衡量常規，強調老年人如何在可預期的儲備能力衰退中，維持高度的活動能力。這種側重過程導向的取向（Process-Oriented Approach），對於健康老齡化的定義存在以下三項要點：以個人目標作為成功的結果，將焦點由結果轉向目標與策略，肯定老年人的損失與潛力（Baltes & Carstensen, 1996）。SOC模式強調老年人應面對生命中必然發生的得與失，如果能增加正面結果，減少負面結果，達到最小損失與最大收穫就是健康老齡化，並以主觀感受與生活滿意度作為衡量標準，整體而言偏重健康老齡化的主觀層面。Steverink提出SPF模式作為補充，認為以身體舒適與身心愉悅達到的身體幸福也是健康老齡化不可或缺的構成要素。Baltes & Carstensen（1996）、Freund & Baltes（1998）、Steverink（1998）也分別對SOC模式提供了相關補充。另一方面，Crowther et al.（2002）、Phelan et al.（2004）建議在Rowe & Kahn的評估標準之外，加上對生活質量的測量，也就是老年人

自評的幸福感或生活滿意度，才能具體反應老年人的生活狀況，呈現健康老齡化的完整維度。

綜上，健康老齡化狀況應主要從客觀指標和主觀指標兩方面來進行測量，其中客觀指標中應包括老年人的日常生活功能評價（主要包括 ADL 和 IADL）、認知功能和社會參與三個方面，而主觀健康老齡化指標主要是指老年人的生活滿意度水準（見圖 3.4）。以下分別就其操作型定義逐一說明：通過對國內外大量文獻分析，參照健康老齡化理論定義及維度研究進展，結合健康老齡化發展現狀，考慮到他評工具的特點借鑑反應老年人綜合健康狀況的成果和相關量表編製思路。

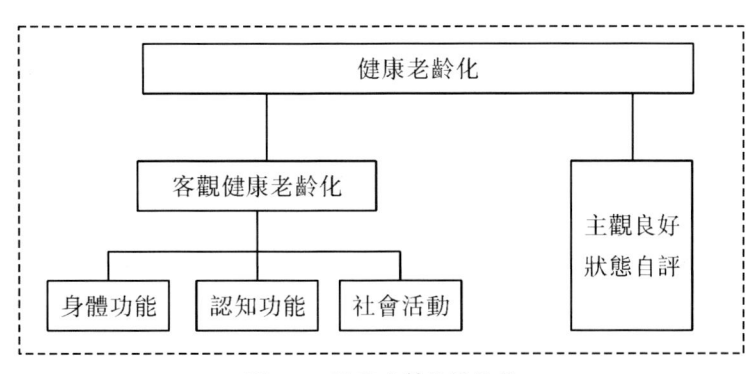

圖 3.4　健康老齡化操作化

3.2.1.1　客觀健康老齡化

Rowe & Kahn（1997）指出健康老齡化模式同時存在三項因素：避免疾病與失能；維持心智與身體功能；積極的社會參與。在此研究者將積極老齡化歸納為三點如下：本書的健康老齡化系指滿足其心理層面的生理需求及情感需求，努力地適應社會層面中的人與環境；積極地瞭解身體層面的構造與功能，將健康導向正向意義，也即不僅僅是沒有疾病而已。

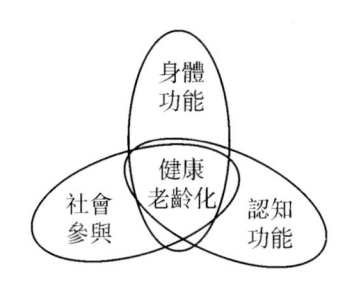

圖 3.5　健康老齡化模型

資料來源：Rowe & Kahn, 1997, 1998。

（1）身體功能

日常行動能力（Activities of Daily Living，ADL）是指老年人身體的活動及因疾病造成的相關疾病的處理，同時能夠適應並超越身體功能衰退的影響。日常行動能力包含了老年人在日常生活中所必須完成的動作，日常行動能力的喪失將會直接影響老年人的生活自理能力，進而影響老年人基本生活需要的滿足。有研究甚至認為，日常行動能力的喪失是老年人面臨的最主要的健康問題，縮短老年人晚年生活中不能自理的時間應該作為健康老齡化的最主要目標之一。日常行動量表產生於20世紀60年代，通過測量14項基本生活活動的自理程度對老年人的生活自理能力進行評估，日常生活自理能力分為基本日常生活自理能力（BADL）和應用社會設施的日常生活自理能力（IADL）兩部分。

日常生活自理能力（BADL）主要測定的是吃飯、洗澡、穿衣、上廁所、室內活動等指標，主要反應的是老年人基本生活的家庭功能。在日常生活活動能力方面則是利用Katz等在1963年發表的日常生活活動量表，用於判斷老年人是否有獨自生活於社區中的能力。這是受訪者在沒有人幫助也沒有工具輔助下，依據其困難程度（0分為沒有困難，可以獨立完成；1分為有些困難，需要他人幫忙；2分為很困難，需要他人幫忙）的日常生活自理能力。問卷中日常生活自理能力（BADL）量表包括以下幾項問題：「您洗澡時是否需要他人幫助」「您穿衣時是否需要他人幫助」「您上廁所大小便時是否需要他人幫助」「您室內活動時是否需要他人幫助」「您是否能控制大小便」「您吃飯時是否需要他人幫助」。

應用社會設施的日常生活自理能力（IADL）是工具性日常生活活動能力的測量使用工具性日常生活量表（Lawton & Brody，1969），主要針對老年人是否能夠獨立應付生活環境所需要完成的適應性工作，相對基本生活自理能力更加複雜，也需較高的能力與技巧才能完成。工具性日常生活活動包括以下8項內容：獨立外出串門、獨立外出買東西、獨立做飯、獨立洗衣服、連續走2千米路、提起5千克重的物品、連續蹲下站起3次、獨自乘公共交通。受訪者獨立完成工具性日常生活活動的困難程度可分為：0分為沒有困難、1分為有一定困難、2分為不能。

（2）心智能力

在身心功能維度上，主要通過日常生活能力狀況、簡易智能量表（MMSE）得分評估其認知功能狀況，以及採用自我報告形式評估其心理健康狀況。鑒於參與調查的所有老齡被試在入院前都通過了日常生活能力檢測，此

處不再測量。簡易智能量表（Mini-Mental State Examination，MMSE）是最具影響力的認知缺損工具之一。國內主要存在兩種中文修訂版本，本書所採用的是張明園教授修訂的版本。臨床上主要針對疑有認知缺損老年人（包括正常人及各類精神病人）的智力狀態及認知缺損程度進行檢查及診斷。該量表主要包括以下7個方面：時間定向力、地點定向力、即刻記憶、注意力及計算力、延遲記憶、語言、視空間。量表共30項題目，回答正確得1分，回答錯誤或答不知道評0分，總分範圍為0~30分。其判別標準為：24~30分為認知健全，18~23分為認知輕度缺損，10~17分為認知中度缺損，0~9分為認知嚴重缺損。在美國和歐洲，Folstein等人的簡易認知量表已廣為使用且幾乎成了一套標準的評定量表，該量表擁有較好的信效度。

（3）社會參與

Rowe & Kahn（1999）強調持續性地生活參與（Continuing Engagement with Life）是健康老齡化的三大基石之一。所謂生活參與，主要指兩個層面：生產性活動（Productive Activity）和維持人際關係（Interpersonal Relations）。生產性活動被定義為「能生產具經濟價值產物或服務的任何有償與無償的活動」（Kahn, 1986）。據此定義，工作、志願服務與家事管理皆符合其定義範圍，但休閒、玩樂、日常生活活動等缺乏產物或衍生服務，抑或是僅對自身造成效益價值的活動，則不在其考量範圍內。再者，學者認為人際關係一般通過社會情緒型互動（Socio-Emotional Transactions）或工具型互動（Instrumental Trasactions）維繫。工具型互動則牽涉到要達成特定目標，例如獲得某些資源，常發生在非同類或資源擁有不對等的人們之間，使得單方的付出與收穫可能不相符。Bukov, Maas & Lampertr（2002）依據資源共享的程度，將社會參與（Social Engagement）劃分為政治性參與、生產性參與和集體性參與。Menec（2003）根據活動的社交成分及活動目的，也將老年人的日常活動分為三類：集體性活動，包括訪友、打電話、團體型活動等；休閒性活動，即個人獨自進行的興趣，包括看電視、聽音樂或閱讀；生產性活動，包括工作、園藝、志願服務、做家務等。Hogras, Wilms & Baltes（1998）則將老年人的日常活動分為以下6類：基本的自我照顧、工具性日常行動能力（IADLs）、休閒活動、集體性活動、有工資的勞動、休息。其中基本自我照顧與工具性日常行動能力（IADLs）被認為是必須從事的，其餘除休息外，都是可以自由選擇（Discretionary）的活動。在Everard, Lach, Fisher & Baum共同編製的活動量表（Activity Checklist）中，他們將活動劃分為工具性活動（Instrumental Activities）、集體性活動、高度需求的休閒活動（High-Demand Leisure Activities）、低度需

求的休閒活動（Low-Demand Leisure Activities）。其中高需求的休閒活動指的是活動量較高的活動類型，例如，有工資勞動或園藝等；低需求的休閒活動則包括閱讀、看電視或聽音樂等。根據以往關於社會參與的定義與維度劃分，結合問卷中的調查內容，他們將老年人的社會參與劃分為以下三個維度：生產性活動、休閒娛樂活動和集體活動。其中生產性活動包括：「您是否繼續從事生產性活動」「您現在是否經常從事家務活動（做飯、帶小孩）」「您現在是否經常飼養家禽、家畜」；休閒娛樂活動包括：「您現在是否經常閱書讀報」「您現在是否經常看電視、聽廣播」「您現在是否經常種花、養鳥」「您現在是否經常進行個人的戶外活動」；集體活動包括：「您是否經常打牌或打麻將」「您是否經常參加社會活動（有組織的活動）」。

3.2.1.2 生活滿意度

歸納諸位學者的界定後，筆者在此提出本書對於生活滿意度的定義：老年人對目前生活的主觀評估過程，包括老年人對整體生活適應感到滿足快樂的程度，及其生命過程中期望目標和實際成就之間的一致程度，以瞭解老齡階段的生活質量，進而協助老年人成功地適應老齡化。

在生活滿意度測量方面存在單一層面和多層面兩種方式。認為生活滿意度是單一層面的學者，或直接用單一問題來訪問受試者，或使用多道題目的問卷來測量，並且將所有問題的答案加總起來，代表一個人的生活滿意程度。然而，認為生活滿意度是多層面的學者，則認為將所有題目加總成為單一概念是不恰當的測量方式。認為生活滿意度是單一層面的研究學者，有的使用多道題目得分加總來測量，例如Gregg（1996）以十道題目來表示生活滿意度的情形，並請受試者就每一道題目，以非常同意到非常不同意來表示自己的意見。根據這十道題目所得的總分，體現受試者的生活滿意程度，而不再將生活滿意度進行細分為不同層面。有部分國內外研究者支持生活滿意度多層維度測量方法，同時發展出生活滿意度多維度的測量指標。McKanzie & Campbell（1987）認為將所有題目加總成為單一概念是不恰當的測量方式。因此，支持生活滿意度是多層面概念的研究學者，即發展出多層面的問卷來測量生活滿意度，例如B. L. Neugarten, R. J. Havighurst & S. S. Tobin，在1961年針對92位50~90歲的老年人進行四回合的訪談，進而從訪談資料中抽取出可以測量的要素，以便發展出「生活滿意度量表A」（Life Satisfaction Index A, LSIA），將生活滿意度視為一個建構性的概念，包括5種心理滿意的層面：熱衷生活（是否能從日常生活中獲得快樂）、處事的態度、目標的一致性、自我概念（包含心理和社會方面）與情緒的狀態（Brandmeyer, 1987; Diaz, 1988）。Salamon & Conte

(1981)編製的老年人生活滿意度量表（Life Satisfaction in the Elderly Scale, LSES）則包含了以下 8 項指標：從日常活動中獲得樂趣、生活的意義、達成目標的程度、情緒狀態、自我概念、健康自評、經濟上的安全感以及社會參與程度。

國內外學者對於生活滿意度的測量究竟是一個單一層面還是多層面，仍存有爭議，但是比較之下我們認為生活滿意度的整體維度測量方法有著簡潔並且不複雜的優點，能夠簡單、精確地定義和測量，而且可以直指問題的核心。單一層面測量的方式通常是直接以一個單一的問題來訪問受訪者，或者使用多項指標的方式進行評價，然後將所有指標得分加總而成，其總分就是代表受訪者生活滿意的程度。基於上述原因，本書選擇整體維度的測量方式評估老年人的生活滿意度。

使用問卷中「生活滿意度量表」來測量生活滿意度量表共有 10 道題目，由受訪者自評一生生活狀況的看法或感覺，均採用李克特式（Likert Scale）5 點量表為其計分方式，選項分別是：完全不符合、不符合、普通、符合、完全符合。引用 LSIA（Life Satisfaction Index A）的態度問題發展出來的生活滿意度問卷 SWLS（Satisfaction with Life Scale）量表加以修訂而成簡短版（4 題）計分方式，計以 1 分至 5 分，將各問題得分累加得到生活滿意度得分，量表取值範圍為 4~20，總分越高表示老年人的生活滿意度越高。生活滿意度量表的 4 題問題如下：「您覺得您現在的生活怎麼樣」「無論遇到什麼事您總是能想得開」「您是不是喜歡把東西弄得乾淨、整潔」「您是不是覺得和年輕時一樣快樂」。量表 Alpha 信度系數為 0.82，表明樣本量表穩定性較高。

本書的主要結果變量為健康老齡化的狀況，要分析其變化有兩種方式：一是計算其測量分數變化，二是測量其各項功能問題有無。如果採用前者，老年人各項功能所得分數越多，在統計上顯得越有優勢，如果分數維持不變，其統計上的優勢顯得較差。然而實際狀況可能是某甲分數由 5 分進步至 10 分（假設滿分 100 分），某乙則持續維持 98 分，在健康老齡化觀點上，某乙的健康老齡化狀態比某甲好，但以變化量為結果變項測量的統計方式無法反應這一結果。如果採用第二類測量其各項功能問題有無時，可針對所有在初期無功能困難的個體進行追蹤測量，如果後續有問題出現則表示功能退化，此為一般老齡化過程；如果後續沒有問題出現則表示維持高度功能狀態，代表保持健康老齡化狀態。

3.2.2 家庭照料

根據 Umberson 的連帶理論，家庭照料主要包括兩個維度：一是功能連帶，

即家庭成員所提供的支持的類別，可分為照料支持、經濟支持和精神慰藉三種；二是結構連帶，家庭中成員的數量，老年人與其他家庭成員的關係等。因此，本書將家庭照料劃分為家庭結構與家庭關係兩個維度，除了是因為家庭關係與主客觀健康老齡化都具有積極促進效應（Amato，1994；Ellison，1990），也是因為近年來家庭關係經歷了巨大的變遷。隨著社會的快速變遷，家庭規模逐漸變小、家人之間居住的距離變遠，導致家庭成員之間相聚的時間變少，延伸的結果便是家人之間的情感較為疏離，家庭成員的互動頻率和質量都大幅下降，而且互動的內容從傳統的全面互動，轉移到親情義務、經濟供給與情緒慰藉等選擇性互動。如此巨大的家庭關係變遷，是本書選擇以家庭關係切入分析健康老齡化的重要原因。另外，近年來家庭關係轉變在某種程度上可以看作是家庭結構轉變延伸的結果，尤其在中國，家庭結構一直被認為是比西方社會更重要的家庭維度。近年來，也有相當一部分有關中國家庭的研究，將焦點放在現代社會的變遷現象如何影響家庭結構上。受到人口結構的變遷、市場化壓力、居住意願的變化等因素的影響，使得家庭結構發生了改變，例如家庭結構趨向小型化、家庭生育率逐年降低、晚婚或單身現象普遍、結婚率降低、離婚率升高等。

3.2.2.1 家庭結構

家庭結構（Family Construction）是指家庭成員的組成以及這些成員之間的身分與角色的關係。本書所定義的家庭結構是指家庭中的人員構成，成員之間的某種性質的聯繫和相互作用與影響的狀態，以及由於這種狀態而形成的家庭模式和類型。本書以家庭結構視角對家庭的類型進行劃分，在問卷中分為家庭規模（與老年人同住的其他家庭成員的數量）、居住安排、婚姻狀況、子女數量、家庭中16歲以下孩子數量、家庭中60歲以上老年人口比例共6項指標進行測量。

3.2.2.2 家庭關係

家庭關係是指在家庭的結構中，同代之間（主要指配偶之間），兩代以上之間的親子關係（如父母與子女的關係），以及祖孫三代之間的關係。家庭關係是一種以親情為基礎的人際關係，除了親子之情以外，更重視相互的尊重與溝通技巧，因此家庭關係逐漸成為非正式支持中的重要內容。在非正式的照顧體系中，家庭作為養老資源供給的基本單位，包含實質的支持，如金錢等方面的幫助、情緒支持及贍養照顧等，但由於工業化與城市化的影響，在社會經濟變遷之下，導致傳統以家庭為老年人的養老處所的現狀已漸有改變。另外，在家庭關係中，成員之間的支持是雙向的，其他成員會提供某些幫助或支持給某

人，作為回報某人也會提供某些幫助或支持，即每個成員是社會支持提供者，也是社會支持接受者（Antonucci & Akiyama, 1987; Antonucci & Jackson, 1990; Acitelli & Antonucci, 1994）。家庭成員提供與接受的社會支持都是影響其身心健康的重要因素，作為完全的接受幫助與支持者，長期下來可能會產生較深的依賴與無價值感；相反，如果僅單純地提供幫助與支持給其他成員，也可能會造成自己資源的流失（Albrecht, Burleson & Goldsmith, 1994）。有些研究認為非正式社會支持的來源也會對老年人健康產生差異化的影響，而非正式支持可以再區分為配偶、子女、其他親戚、朋友與鄰居（Siebert, Mutran & Reitzes, 1999）。相反，Thompson & Krause 則認為非正式社會支持的有無才是影響老年人生活的重點，相比而言，來源並不重要。

第一，家庭經濟支持中的經濟支持是一個相互的過程。我們將財富從子女流向父母的過程定義為供養，將財富從父母流向子女的過程定義為撫養。本書中的代際經濟支持是指成年子女對老年親代的經濟支持，主要通過子女對父母的財物支持這一指標體現，使用問卷調查中「子女們給的財物價值（直接填寫數目）」這一問題進行測量，為定距變量。在下文對代際經濟關係描述的過程中，為方便數據分析，本書將具體的數字按一定的標準進行了分類，更有利於展現子女對父母的經濟支持情況。第二，家庭照料支持中的代際照料關係主要是指子女在日常生活和生病期間對老齡父母的基本生活幫助，包括買菜、做飯、洗衣、做家務等基本活動。一般來講，隨著年齡的增高，老年人的健康問題日益突出，其對他人照料的依賴程度變高。第三，家庭情感支持主要是指老年人獲取情感慰藉的主要來源。家人對老年人情感支持的形式有很多種，比如打電話、面對面的交流等。傾訴是情感和心理交流的重要形式，家庭成員是老年人進行傾訴的主要對象。

3.2.3 生活方式

生活方式的基本概念和理論，最早由 Adler（1927）提出，他認為每個人的生活方式都受到其早期的生活態度、價值觀以及行為的影響。1977 年，韋氏大辭典對生活方式（Life Style）的解釋是由一個人的態度及其所表現出來的自我經常一致的樣子，是個體的生活情境和日常生活經驗的綜合性概念。我們採用 Pender（1996）的概念，即健康的生活方式可視為正向的生活行為模式，這種行為模式不僅可以避免疾病的發生，更能使人感到幸福滿足及自我實現，並且將生活方式劃分為健康促進行為和健康危害行為兩類。

本書所指的健康危害行為是指那些會對健康造成威脅或傷害的行為，其中

抽菸、喝酒等行為是一般人較常出現的生活習慣，並且它們對身體的危害作用早已確定，同時也是導致慢性病的重要因素。根據許多研究證實，經常性的吸菸和過量飲酒會造成致病率與死亡率的上升（Thomas & MacLennan, 1992）。因此，本書將喝酒、生活壓力作為對健康危害行為的指標。本書的健康促進行為是指在身體尚未出現疾病前所採取對健康有益的或預防性的行為，例如規律運動、營養飲食。

3.2.4 控制變量

為了較好地考察個人資源、家庭照料對健康老齡化的影響，本書在分析中引入了一些控制變量，主要包括人口統計學相關的特徵變量、生活方式的相關變量。

表 3.1　　　　　　　　　　相關變量說明

	變量名稱	定義	變量賦值
因變量	客觀健康老齡化	Rowe & Kahn 健康老齡化模式，包括身體行動能力、認知能力和社會參與三個維度	是 = 1　否 = 0
	生活滿意度	在適應老化過程中老年人對於過去和現在生活的滿意程度	根據量表得分 0～20
自變量 個人資源	教育	受訪老年人接受正規教育的年限	連續變量
	家庭收入	受訪老年人的家庭收入水準	連續變量
	獨立經濟來源	受訪老年人有沒有獨立的經濟來源	有 = 1　無 = 0
	經濟狀況滿足感	受訪老年人對自己當前經濟狀況的評價，即經濟收入是否夠用	夠用 = 1 不夠用 = 0
家庭照料 家庭結構	居住安排	受訪老年人是否與子女共同居住	是 = 1　否 = 0
	婚姻狀況	受訪老年人有無配偶	有 = 1　無 = 0
	子女數量	受訪老年人現在存活的子女數量	無 = 0　有 1～2 個 = 1　3 個及以上 = 2
	16 歲以下孩子的數量	與老年人共同居住的 16 歲以下孩子的數量	無 = 0　有 1～2 個 = 1　3 個及以上 = 2
	60+人口比例	家庭中 60 歲以上老年人口占共同居住人口的比例	連續變量
	家庭規模	與受訪老年人共同居住人數（包括受訪老年人）	連續變量

表3.1(續)

變量名稱		定義	變量賦值
家庭關係	日常照料獲取	受訪老年人獲取日常照料的主要來源	其他=0 配偶=1 子女=2
	精神慰藉獲取	受訪老年人獲取精神慰藉的主要來源	其他=0 配偶=1 子女=2
	給予子女經濟支持	受訪老年人給予子女的經濟支持情況	連續變量
	子女給予經濟支持	受訪老年人從子女處獲得的經濟支持情況	連續變量
控制變量	性別	受訪老年人的性別	男=1 女=0
	居住地	受訪老年人現在的居住地	城鎮=1 農村=0
	年齡	受訪老年人的實際年齡	連續變量

3.3 數據說明

3.3.1 數據來源

要考量個人資源、家庭照料對健康老齡化狀況的具體影響，就需要包括老年人的受教育狀況、經濟來源、家庭收入水準、居住安排、子女數量、照料資源獲取以及生活方式等具體情況的數據。目前，國內有關老年人具體健康狀況的調查也有不少，例如中國老年人長壽影響因素調查（CLHLS）、中國健康與養老跟蹤調查（CHARLS）、中國10個省（市）城市家庭的調查數據等。經過對比發現，中國老年人長壽影響因素調查（CLHLS）的樣本範圍相對廣泛，樣本的代表性也較高，收集到的數據信息質量較高，且包含了本書研究所需的居住模式、經濟來源、受教育程度、生活方式等具體數據，更重要的是提供了建構健康老齡化兩個維度所需要的所有變量，符合本書研究的需要，因此選擇使用CLHLS調查數據進行分析。

中國老年人長壽影響因素調查（CLHLS）是一項長期調查項目，最早開始於1998年，之後在2002年、2005年、2008年和2011年分別進行了追蹤調查。CLHLS採用多階段分層抽樣方法，在中國具有代表性的22個省、市、自治區中，隨機抽取了大約一半的縣、市或地區進行入戶問卷調查。該項目的最初調查對象主要是中國80歲以上的高齡老年人，但是從2002年起，調查對象擴展

到所有老年人群（60 歲以上）。調研內容主要包括老年人的日常行為能力、認知能力、居住模式、經濟來源、健康行為、家庭結構、人口社會學特徵以及生活滿意度等，同時，對受訪老年人進行了基本的健康體檢，提供受訪老人的客觀健康狀況（例如體重、身高、血壓、心跳、肢體活動能力以及患病史等）。所調查的內容幾乎涵蓋了用於老年人研究可能涉及的各項信息，並且在年齡申報、死亡和疾病評估等關鍵項目上，有著很高的準確性。顧大男、曾毅、柳玉芝（2006）等對調查數據進行了評估，認為調查數據在主要健康變量以及其他變量的內部一致性上表現出較高的質量。

本書採用中國老年人長壽影響因素調查（CLHLS）2002 年、2005 年、2008 年和 2011 年四期調查數據。其中，第 3 章、第 4 章、第 5 章（5.2、5.4）和第 6 章使用 2008 年調查數據。2008 年的入戶調查包括 3,321 個百歲以上老人，3,632 位 90~100 歲的老年人，4,210 位 80~90 歲的老年人，以及 4,894 位 65~79 歲的老年人。但是就樣本整體而言，高齡老年人的比重偏大，我們對此進行加權調整，以保證樣本的代表性。另外，我們將分析的樣本限制於社區居住的老年人，這是因為在養老院居住老年人的部分家庭結構是無效的，因此排除在外。

3.3.2　缺失值的處理

通常有以下幾種應對措施以處理調查數據中存在的缺失值：第一，直接刪除存在缺失值的樣本，雖然直接刪除會不可避免地損失部分有效信息，但是如果存在缺失值的樣本占總體的比例較小，那麼獲得的有效樣本與原樣本在統計量結果上不會存在顯著差異。第二，可以使用其他樣本的均值來代替缺失值，該方法的最大優勢在於不會對整個樣本的均值造成太大影響。由於均值替代的做法相對簡單易行，所以在實際研究過程中的應用範圍比較廣泛。第三，多重插補法，即使用某些對存在缺失值的變量具有顯著影響的變量，一般使用人口基本信息變量，利用迴歸分析的預測值對缺失值進行賦值。由於迴歸模型中通常放入的是影響缺失值的關鍵因素，所以多重插補法往往比直接賦予樣本平均值更加有效。

本書在進行健康老齡化及其影響因素的操作化過程中，對變量的缺失值進行了處理。獲得的中國老年人長壽影響因素調查（CLHLS）原始數據樣本量為 16,954 例。在健康老齡化客觀維度中一般能力、反應能力、注意力及計算能力、回憶能力和語言、理解與自我協調能力變量中存在 6 個樣本缺失值，因此，我們對存在缺失值的樣本採取了直接刪除的方法，保證模型中參數估計的

準確性。在生活滿意度量表中部分問題（1~2個問題）存在缺失值的樣本為319例，我們採取的方法是計算受訪老年人在生活滿意度量表其他問題的得分均值對缺失值進行替代。然而對於生活滿意度量表中問題缺失比較嚴重的樣本，我們根據年齡、性別、居住地和教育等變量對樣本進行分組，然後計算每個分組存在缺失值變量的均值進行替代，這樣賦值後得到樣本與原樣本不會出現顯著差異。在刪除因變量缺失的樣本後，有效樣本量為16,843例。家庭收入變量存在大量的缺失值。本書中共有704位受訪老年人的家庭收入變量為缺失值，我們選擇老年人的基本信息，包括年齡、居住地、家庭人均受教育水準、居住安排等變量對家庭收入進行迴歸，以迴歸的預測值作為家庭收入缺失值的替代值。

3.4 個人資源、家庭照料與客觀健康老齡化差異

在基本人口特性因素對身體功能障礙的影響上，從過去研究中我們發現多數的研究顯示老人的人口學特性與老人失能的情況顯著相關。文獻上被提及與老人身體功能狀態有統計顯著相關的人口學特徵有年齡、性別、教育、收入、體重、種族、職業等，本書將其分為三個部分，以卡方檢驗進行分析各變量間是否有顯著關係，分別說明如下：

3.4.1 人口社會變量與健康老齡化差異

卡方檢驗結果顯示，性別、年齡、教育程度、婚姻狀況、居住地與客觀健康老齡化及其各項指標都達到統計上的顯著差異，所有 p 值皆低於顯著水準 $p=0.001$。

為了解不同性別老年人在健康老齡化上的平均數是否存在顯著差異，以統計量方法檢定，進行平均數、標準偏差與 t 值的分析，得到結果如表3.2所示。男性在客觀健康老齡化及其各評估指標（身體功能、認知能力和社會參與）等方面都表現出明顯的優勢。在身體功能方面，男性老年人無障礙的比例約為44.1%，遠高於女性老年人的22.2%（$X^2=869.4$，$p=0.001$）；在認知能力方面，男性老年人無障礙的比例約為69.17%，女性僅為45.32%（$X^2=901.3$，$p=0.001$）；在社會參與方面，男性老年人的比例約為60.69%，而女性老年人僅為40.45%（$X^2=351.5$，$p=0.001$）；就總體健康老齡化而言，男性的健康老齡化比例約為38.24%，相比女性老年人僅為18.7%，也呈現出顯著

表 3.2 人口社會變量、個人資源與健康老齡化及評估指標的雙變量分析

變量		身體功能 N(%) 無障礙	身體功能 N(%) 有障礙	χ^2檢驗	認知功能 N(%) 無障礙	認知功能 N(%) 有障礙	χ^2檢驗	社會參與 N(%) 是	社會參與 N(%) 否	χ^2檢驗	健康老齡化 N(%) 是	健康老齡化 N(%) 否	χ^2檢驗
性別	男	3,007(44.10)	3,811(55.90)	$\chi^2=$ 869.4***	4,716(69.17)	2,102(30.83)	$\chi^2=$ 901.3***	4,138(60.69)	2,680(39.31)	$\chi^2=$ 351.5***	2,607(38.24)	4,211(61.76)	$\chi^2=$ 757.7***
	女	2,039(22.20)	7,145(77.80)		4,162(45.32)	5,022(54.68)		4,199(45.72)	4,985(54.28)		1,717(18.70)	7,467(81.30)	
居住地	城	981(30.76)	2,208(69.24)	$\chi^2=$ 22.97***	1,933(60.61)	1,256(39.39)	$\chi^2=$ 54.0***	1,958(61.40)	1,231(38.60)	$\chi^2=$ 143.5***	859(28.07)	2,294(71.93)	$\chi^2=$ 17.9***
	鎮	1,077(35.15)	1,987(64.85)		1,742(56.85)	1,322(43.15)		1,582(51.63)	1,482(48.37)		905(29.54)	2,159(7,046)	
	農村	2,988(30.65)	6,761(69.35)		5,203(53.37)	4,546(46.63)		4,797(49.21)	4,952(50.79)		2,524(25.89)	7,225(74.11)	
婚姻狀況	有配偶	3,056(58.76)	2,145(41.24)	$\chi^2=$ 2.6e+03***	4,145(79.70)	1,056(20.30)	$\chi^2=$ 1.8e+03***	3,344(64.30)	1,857(35.70)	$\chi^2=$ 459.2***	2,773(53.32)	2,428(46.68)	$\chi^2=$ 2.7e+03***
	無配偶	1,990(18.42)	8,811(81.58)		4,733(43.82)	6,068(56.18)		4,993(46.23)	5,808(53.77)		1,551(14.36)	9,250(85.64)	
年齡	60~64歲	222(95.69)	10(4.31)	$\chi^2=$ 6.0e+03***	230(99.14)	2(0.86)	$\chi^2=$ 3.6e+03***	156(67.24)	76(32.76)	$\chi^2=$ 1.0e+03***	220(94.83)	12(5.17)	$\chi^2=$ 6.2e+03***
	65~69歲	1,170(87.05)	174(12.95)		1,284(95.54)	60(4.46)		959(71.35)	385(28.65)		1,113(82.81)	231(17.19)	
	70~74歲	1,089(73.98)	383(26.02)		1,305(88.65)	167(11.35)		1,042(70.79)	430(29.21)		995(67.60)	477(32.40)	
	75~79歲	760(57.40)	564(42.60)		1,100(83.08)	224(16.92)		918(69.34)	406(30.66)		670(50.60)	654(49.40)	
	80~84歲	752(39.85)	1,135(60.15)		1,340(71.01)	547(28.99)		1,163(61.63)	724(38.37)		604(32.01)	1,283(67.99)	
	85歲及以上	1,053(10.81)	8,690(89.19)		3,619(37.14)	6,124(62.86)		4,099(42.07)	5,644(57.93)		722(7.41)	9,021(92.59)	
教育程度	沒上過學	2,063(20.61)	7,947(79.39)	$\chi^2=$ 1.5e+03***	4,301(42.97)	5,709(57.03)	$\chi^2=$ 1.8e+03***	4,451(44.47)	5,559(55.53)	$\chi^2=$ 660.0***	1,606(16.04)	8,404(83.96)	$\chi^2=$ 1.7e+03***
	小學	2,089(47.01)	2,355(52.99)		3,256(73.27)	1,188(26.73)		2,784(62.65)	1,660(37.35)		1,864(41.94)	2,580(58.06)	
	初中	492(59.49)	335(40.51)		707(85.49)	120(14.51)		580(70.13)	247(29.87)		467(56.47)	360(43.53)	
	高中	261(55.18)	212(44.82)		398(84.14)	75(15.86)		335(70.82)	138(29.18)		250(52.85)	223(47.15)	
	大學及以上	141(56.85)	107(43.15)		216(87.10)	32(12.90)		187(75.40)	61(24.60)		137(55.24)	111(44.76)	

表3.2（續）

	變量		身體功能 N(%)		X^2檢驗	認知功能 N(%)		X^2檢驗	社會參與 N(%)		X^2檢驗	健康老齡化 N(%)		X^2檢驗
			無障礙	有障礙		無障礙	有障礙		是	否		是	否	
個人資源水準	低收入	低收入	1,079(26.79)	2,949(73.21)	$X^2=$ 58.2***	1,944(48.26)	2,084(51.74)	$X^2=$ 156.6***	1,917(47.59)	2,111(52.41)	$X^2=$ 86.5***	891(22.12)	3,137(77.88)	$X^2=$ 69.2***
	中低收入		1,445(32.93)	2,943(67.07)		2,371(54.03)	2,017(45.97)		2,181(49.70)	2,207(50.30)		1,220(27.80)	3,168(72.20)	
	中高收入		1,502(33.88)	2,931(66.12)		2,687(60.61)	1,746(39.39)		2,467(55.65)	1,966(44.35)		1,312(29.60)	3,121(70.40)	
	高收入		1,020(32.35)	2,133(67.65)		1,876(59.50)	1,277(40.50)		1,772(56.20)	1,381(43.80)		901(28.58)	2,252(71.42)	
主觀經濟滿足	是		4,175(33.48)	8,295(66.52)	$X^2=$ 99.2***	7,251(58.15)	5,219(41.85)	$X^2=$ 163***	6,565(52.65)	5,905(47.35)	$X^2=$ 6.8**	3,597(28.85)	8,873(71.15)	$X^2=$ 95.3***
	否		871(24.66)	2,661(75.34)		1,627(46.06)	1,905(53.94)		1,772(50.17)	1,760(4.983)		727(20.58)	2,805(79.42)	
經濟來源	自己或配偶		2,577(58.25)	1,847(41.75)	$X^2=$ 2.0e+03***	3,614(81.69)	810(18.31)	$X^2=$ 1.7e+03***	3,137(70.91)	1,287(29.09)	$X^2=$ 885.7***	2,401(54.27)	2,023(45.73)	$X^2=$ 2.3e+03***
	子女		2,184(21.02)	8,207(78.98)		4,707(45.30)	5,684(54.70)		4,596(44.23)	5,795(55.77)		1,697(16.33)	8,694(83.67)	
	其他		285(24.01)	902(75.99)		557(46.93)	630(53.07)		604(50.88)	583(49.12)		226(19.04)	961(80.96)	

註：* $p<0.1$，** $p<0.05$，*** $p<0.001$。

優勢（$X^2=757.7$，$p=0.001$）。就性別與老年人健康老齡化的關係，一些相關研究指出兩者有顯著差異。就性別因素方面，與以往關於性別影響身體功能的衰弱及失能的關係相同，即男性身體功能較女性來說更好（Pinsky et al., 1987；Mor et al., 1989；Keil et al., 1989；Guralnik et al., 1993；Strawbridge et al., 1992；Beckett et al., 1996）。以上研究結果皆與本書的研究結果一致，可能的原因在於男性老年人在社會角色與選擇權上較不受拘束或限制，個人資源也較豐富，更可能有日常鍛煉的習慣，因此其健康老齡化概率比女性老年人高。

居住地為城、鎮的老年人健康老齡化水準顯著高於農村老年人。居住地為鎮的老年人在身體功能方面存在顯著優勢，無障礙比例約為35.15%，略高於城市和農村的30.75%和30.65%（$X^2=22.97$，$p=0.001$）；在認知能力方面，居住地為城市的老年人無認知障礙的比例約為60.61%，略高於居住地為鎮的老年人，但是遠高於居住地為農村的老年人（$X^2=54.0$，$p=0.001$）；在社會參與方面，居住地為城市的老年人具有顯著優勢，而鎮和農村之間的比例分別51.63%和49.21%，不存在明顯差異（$X^2=351.5$，$p=0.001$）；從健康老齡化總體評估指標來看，居住地為城鎮的老年人健康老齡化的比例分別為28.07%和29.54%，相對農村老年人的25.89%具有顯著差異（$X^2=17.9$，$p=0.001$）。

表3.2分析結果顯示，不同年齡段老年人的健康老齡化分佈具有顯著差異（$X^2=6.2e+03$，$p=0.001$），其中60~64歲低齡老年人健康老齡化的比例最高，達到94.83%，而75~79歲中齡老年人的健康老齡化比例約為50.60%，雖然遠低於低齡老年人，但高於高齡老年人80~84歲和85歲及以上老年人的32.01%和7.41%；健康老齡化各項指標在年齡的分佈上均呈現顯著差異，隨著年齡增長身體功能（$X^2=6.0e+03$，$p=0.001$）、認知能力（$X^2=3.6e+03$，$p=0.001$）和社會參與（$X^2=1.0e+03$，$p=0.001$）水準明顯下降。就年齡與老年人健康老齡化的關係，許多研究均指出兩者有顯著差異（Wolfe, 1990；Roos & Havens, 1991；Strawbridge, 1996）。以上這些研究結果均發現年齡與健康老齡化呈現負相關關係，年齡越小，健康老齡化的概率越高，與本書的研究結果相當一致。可能隨著年齡的增長，身體各方面的功能逐漸降低進而影響心理與社會層面，從而影響其健康老齡化的情形，因此年齡的不同與健康老齡化有顯著的差異。

3.4.2 社會經濟地位與健康老齡化差異

根據卡方檢驗分析結果，老年人受教育程度、個人資源收入水準、主觀經

濟狀況滿足感和主要經濟來源與健康老齡化總體及各項評估指標達到統計上的顯著差異，所有 p 值皆低於顯著水準 $p=0.001$。

表 3.2 的分析結果顯示，健康老齡化在不同受教育程度之間的分佈上存在顯著差異（$X^2=1.7e+03$，$p=0.001$），受教育程度越高的老年人健康老齡化的概率越高，其中受教育程度為初中的老年人健康老齡化的概率最高，約為 56.47%，受教育程度為高中或大學及以上的老年人健康老齡化的概率分別為 52.85% 和 55.24%，沒有上過學的老年人健康老齡化的概率最低，僅為 16.04%；就健康老齡化各項評估指標而言，認知能力（$X^2=1.8e+03$，$p=0.001$）和社會參與（$X^2=660.0$，$p=0.001$）的分佈也與受教育程度呈正相關關係，受教育程度為初中的老年人在身體功能方面具有顯著優勢（$X^2=1.5e+03$，$p=0.001$），身體功能無障礙的比例約為 59.49%，略高於受教育程度為高中和大學及以上的 55.18% 和 56.85%，但是遠高於沒有上過學和受教育程度為小學的 20.61% 和 47.01%。在教育對身體功能障礙的關係上，大部分的研究結果都發現所接受的教育程度越高，其功能退化的情況的概率越低（Pinsky et al.，1987；Keil et al.，1989；Brekman et al.，1993；Li cy et al.，1999）。另外，Guralnik et al.（1993）研究發現 65 歲受過 12 年以上教育的老人健康老齡化預期年限為 2.4～3.9 年，這些老人的健康老齡化預期年限比其他老人高。其中，Rowe & Kahn（1998）、Chou & Chi（2002）、Vaillant & Mukamal（2001）的研究均指出教育程度與健康老齡化有顯著差異，而且具有正相關關係，表示教育程度越高者，其健康老齡化的程度也越高，此結果與本書的研究基本相同。教育程度越高者，其接收信息的機會自然較容易，進而影響老年人的觀念與心態，在生活上遇到的限制自然較少。

表 3.2 的分析結果顯示，不同個人資源收入水準的老年人在健康老齡化的分佈上存在顯著差異（$X^2=86.5$，$p=0.001$），且個人資源收入水準與健康老齡化比例之間呈現正相關關係，低收入家庭老年人健康老齡化的比例僅為 22.12%，而中高收入和高收入家庭的這一比例分別達到 29.60% 和 28.58%；身體功能在不同家庭收入水準上雖然存在顯著差異（$X^2=58.2$，$p=0.001$），但是差異較小，低收入家庭老年人身體功能無障礙的比例最低，約為 26.79%，中高收入家庭老年人身體功能無障礙的比例最高，約為 33.88%，兩者差異僅為 7.09%；相對而言，認知能力（$X^2=156.6$，$p=0.001$）和社會參與（$X^2=86.5$，$p=0.001$）在不同收入水準之間的差異更加明顯。Palmore et al.（1985）從對老人社區十年的追蹤研究中亦發現有較少經濟能力問題者，其心理、身體和日常生活活動功能皆能維持適當且良好的健康狀態，其研究中並證明個人資

源狀況與身體功能有顯著關聯。Berkman et al.（1993）的研究中也顯示身體功能較差的老年人收入水準較低。

表 3.2 的分析結果顯示，主觀經濟狀況較好的老年人在健康老齡化及各項評估指標上表現出顯著優勢。在身體功能方面，主觀經濟狀況較好的老年人無障礙的比例約為 33.48%，高於主觀經濟狀況較差老年人的 24.66%（$X^2 = 99.2$, $p = 0.001$）；在認知能力方面，主觀經濟狀況的差異更加明顯（$X^2 = 163$, $p = 0.001$），兩者相差約 12.09 個百分比；社會參與在主觀經濟滿足感的分佈上存在顯著卻不明顯的差異（$X^2 = 6.8$, $p = 0.05$）。

表 3.2 的分析結果顯示，健康老齡化在不同主要經濟來源的分佈上呈現顯著差異（$X^2 = 2.3e+03$, $p = 0.001$），其中，自己或配偶具有獨立經濟來源的老年人健康老齡化的比例最高，達到 54.27%，而主要經濟來源為子女和其他親屬之間並無明顯差異，分別為 16.33% 和 19.04%。在身體功能、認知能力和社會參與上也呈現上述特徵。

3.4.3 家庭照料與健康老齡化差異

卡方檢驗結果顯示（見表 3.3），老年人居住安排、家庭規模、家庭中老年人比例和 16 歲以下兒童數量在健康老齡化分佈上存在顯著差異，所有 p 值皆低於顯著水準 $p = 0.01$。在健康老齡化各項評估指標上，僅有家庭中 16 歲以下兒童數量與認知能力（$X^2 = 4.2$, $p = 0.121$）和社會參與水準（$X^2 = 3.8$, $p = 0.153$）沒有達到統計上的顯著差異。

表 3.3 的分析結果顯示，健康老齡化在老年人居住安排的分佈上存在顯著差異，與子女同住老年人健康老齡化的比例較低，約為 18.37%，低於空巢家庭老年人的 37.07%（$X^2 = 704.8$, $p = 0.001$）；健康老齡化各評估指標在不同居住安排方式的分佈上呈現與健康老齡化相似的特徵。根據表 3.3 的分析結果，健康老齡化在家庭規模的分佈上存在顯著差異（$X^2 = 522.7$, $p = 0.001$），其中 1~2 人的小規模家庭結構有利於老年人健康老齡化，比例約為 36.03%，其次是 5~6 人的家庭結構，健康老齡化的比例約為 25.65%，3~4 人的家庭規模老年人健康老齡化的比例最低，僅為 18.29%；就健康老齡化各項評估指標在家庭規模的分佈分析而言，1~2 人的小型家庭結構有利老年人保持較高的身體功能（41.67%）、認知能力（64.17%）和社會參與程度（59.55%），而 3~4 人、5~6 人和 7 人及以上三種家庭結構之間的差異相對較小。表 3.3 的分析結果顯示，健康老齡化在不同老年人比例的家庭上存在顯著差異（$X^2 = 522.7$, $p = 0.001$），其中生活於家庭中 60 歲及以上人口所占比例較高的老年人健康老

表 3.3 家庭照料與客觀健康老齡化及評估指標的雙變量分析

變量		身體功能 N(%)			認知功能 N(%)			社會參與 N(%)			健康老齡化 N(%)		
		無障礙	有障礙	χ^2檢驗	無障礙	有障礙	χ^2檢驗	是	否	χ^2檢驗	是	否	χ^2檢驗
與子女同住	是	1,890(21.98)	6,709(78.02)	$\chi^2=$ 785.9 ***	4,024(46.80)	4,575(53.20)	$\chi^2=$ 567.5 ***	4,011(46.64)	4,588(53.36)	$\chi^2=$ 221.6 ***	1,580(18.37)	7,019(81.63)	$\chi^2=$ 704.8 ***
	否	3,156(42.63)	4,247(57.37)		4,854(65.57)	2,549(34.43)		4,326(58.44)	3,077(41.56)		2,744(37.07)	4,659(62.93)	
家庭規模	1~2人	2,768(41.67)	3,874(58.33)	$\chi^2=$ 599.4 ***	4,262(64.17)	2,380(35.83)	$\chi^2=$ 387.5 ***	3,955(59.55)	2,687(40.45)	$\chi^2=$ 253.5 ***	2,393(36.03)	4,249(63.97)	$\chi^2=$ 522.7 ***
	3~4人	1,190(21.75)	4,282(78.25)		2,592(47.37)	2,880(52.63)		2,540(46.42)	2,932(53.58)		1,001(18.29)	4,471(81.71)	
	5~6人	883(29.72)	2,088(70.28)		1,606(54.06)	1,365(45.94)		1,416(47.66)	1,555(52.34)		762(25.65)	2,209(74.35)	
	7個人及以上	205(22.36)	712(77.64)		418(45.58)	499(54.42)		426(46.46)	491(53.54)		168(18.32)	749(81.98)	
老年人比例	低	819(27.68)	2,140(72.32)	$\chi^2=$ 152.7 ***	1,630(55.09)	1,329(44.91)	$\chi^2=$ 33.5 ***	1,488(50.29)	1,471(49.71)	$\chi^2=$ 39.0 ***	668(22.58)	2,291(77.42)	$\chi^2=$ 119.6 ***
	中	1,380(26.73)	3,783(73.27)		2,709(52.47)	2,454(47.53)		2,548(49.35)	2,615(50.65)		1,221(23.65)	3,942(76.35)	
	高	2,847(36.13)	5,033(63.87)		4,539(57.60)	3,341(42.40)		4,301(54.58)	3,579(45.42)		2,435(30.90)	5,445(69.10)	
16歲以下兒童數量	沒有	3,890(30.94)	8,682(69.06)	$\chi^2=$ 10.2 **	6,922(55.06)	5,650(44.98)	$\chi^2=4.2$ 0.121	6,576(52.31)	5,996(47.69)	$\chi^2=3.8$ 0.153	3,312(26.34)	9,260(73.66)	$\chi^2=$ 13.8 ***
	1~2個	1,106(33.85)	2,161(66.15)		1,863(57.02)	1,404(42.98)		1,667(51.03)	1,600(48.97)		966(29.57)	2,301(70.43)	
	3個及以上	50(30.67)	113(69.33)		93(57.06)	70(42.94)		94(57.67)	69(42.33)		46(28.22)	117(71.78)	
精神慰藉來源	配偶	2,581(60.74)	1,668(39.26)	$\chi^2=$ 2.3e+03 ***	3,463(81.50)	786(18.50)	$\chi^2=$ 1.6e+03 ***	2,794(65.76)	1,455(34.24)	$\chi^2=$ 440.2 ***	2,349(55.28)	1,900(44.72)	$\chi^2=$ 2.3e+03 ***
	子女	1,976(20.79)	7,528(79.21)		4,431(46.62)	5,073(53.38)		4,542(47.79)	4,962(52.21)		1,576(16.58)	7,928(83.42)	
	其他	489(21.74)	1,760(78.26)		984(43.75)	1,265(56.25)		1,001(44.51)	1,248(55.49)		399(17.74)	1,850(82.26)	
日常照料來源	配偶	2,325(64.80)	1,263(35.20)	$\chi^2=$ 2.4e+03 ***	2,991(83.36)	597(16.64)	$\chi^2=$ 1.5e+03 ***	2,407(67.08)	1,181(32.92)	$\chi^2=$ 422.9 ***	2,131(59.39)	1,457(40.61)	$\chi^2=$ 2.5e+03 ***
	子女	2,281(22.34)	7,930(77.66)		4,864(47.63)	5,347(52.37)		4,933(48.31)	5,278(51.69)		1,839(18.01)	8,372(81.99)	
	其他	440(9.97)	1,763(80.03)		1,023(46.44)	1,180(53.56)		997(45.26)	1,206(54.74)		354(16.07)	1,849(83.93)	

表3.3（續）

變量		身體功能 N(%)		χ^2檢驗	認知功能 N(%)		χ^2檢驗	社會參與 N(%)		χ^2檢驗	健康老齡化 N(%)		χ^2檢驗
		無障礙	有障礙		無障礙	有障礙		是	否		是	否	
獲得子女經濟支持	低	1,487(36.65)	2,570(63.35)	$\chi^2=$ 113.9***	2,359(58.15)	1,698(41.85)	$\chi^2=$ 30.5***	2,109(51.98)	1,948(48.02)	$\chi^2=4.3$ 0.229	1,286(31.70)	2,771(68.30)	$\chi^2=$ 90.2***
	中低	1,481(31.82)	3,173(68.18)		2,634(56.60)	2,020(43.40)		2,478(53.24)	2,176(4,676)		1,260(27.07)	3,394(72.93)	
	中高	1,167(31.61)	2,525(68.39)		1,999(54.14)	1,693(45.86)		1,883(51.00)	1,809(49.00)		984(26.65)	2,708(73.35)	
	高	911(25.31)	2,688(74.69)		1,886(52.40)	1,713(47.60)		1,867(51.88)	1,732(48.12)		794(22.06)	2,805(77.94)	
給子女經濟支持	有	1,555(47.67)	1,707(52.33)	$\chi^2=$ 494.2***	2,440(74.80)	822(25.20)	$\chi^2=$ 619.2***	2,139(65.57)	1,123(34.43)	$\chi^2=$ 298.0***	1,454(44.57)	1,808(55.43)	$\chi^2=$ 640.1***
	無	3,491(27.40)	9,249(72.60)		6,438(50.53)	6,302(4,947)		6,198(48.65)	6,542(5,135)		2,870(22.53)	9,870(77.47)	
	中低	1,120(30.94)	2,500(69.06)		1,571(43.40)	2,049(5,660)		1,982(54.75)	1,638(45.25)		975(26.93)	2,645(73.07)	
	中高	837(27.75)	2,179(72.25)		1,447(47.98)	1,569(52.02)		1,470(48.74)	1,546(51.26)		696(23.08)	2,320(76.92)	
	高	186(24.87)	562(75.13)		365(48.80)	383(51.20)		348(46.52)	400(53.48)		151(20.19)	597(79.81)	

註：* $p<0.1$，** $p<0.05$，*** $p<0.001$。

齡化比例最高，約為30.9%；健康老齡化各評估指標在不同家庭類型的分佈上也表現出類似特徵。

表3.2的分析結果顯示，有配偶老年人在健康老齡化及其各項評估指標上均表現出顯著優勢。在老年人身體功能方面，有配偶老年人無障礙的比例為58.76%，遠高於無配偶老年人的18.42，兩者差異顯著（$\chi^2 = 2.6e+03$，$p = 0.001$）；從認知功能來看，有配偶老年人無障礙的比例大約為79.70%，相對於無配偶老年人的43.82%存在明顯優勢（$\chi^2 = 1.8e+03$，$p = 0.001$）；有配偶老年人社會參與的積極性明顯較高（$\chi^2 = 757.7$，$p = 0.001$），約為53.32%；從健康老齡化的總體評價指標來看，有配偶老年人符合健康老齡化標準的比例約為53.32%，遠高於無配偶老年人的14.36%（$\chi^2 = 6.2e+03$，$p = 0.001$）。就婚姻狀況與老年人健康老齡化的關係，一些研究指出有顯著差異（Roos & Havens, 1991；Vaillant & Mukamal, 2001）。Roos & Havens（1991）的研究顯示喪偶老年人的健康老齡化比率較低；另外Vaillant & Mukamal（2001）的研究也指出穩定的婚姻狀況對健康老齡化有顯著的促進效應。配偶在老年的生活中，扮演著相當重要的角色，老年期有人相伴以及擁有情感支持對健康老齡化具有顯著影響。卡方檢驗結果顯示（見表3.3），老年人精神慰藉來源、日常照料來源、經濟支持來源和給予子女經濟支持狀況在健康老齡化分佈上存在顯著差異，所有p值皆低於顯著水準$p=0.01$。在健康老齡化各項評估指標上，僅老年人獲得子女經濟支持與社會參與（$\chi^2 = 4.3$，$p = 0.229$）沒有達到統計上的顯著差異。

3.5 個人資源、家庭照料與生活滿意度的差異

本節主要探討老年人家庭結構、家庭關係與生活滿意度的狀況及不同背景變項上的差異以初步驗證研究假設。以平均數差異考驗（t-test）及單因子方差分析（One-Way ANOVA）的統計方法分析老年人的個人背景變項、家庭結構、家庭關係與生活滿意度是否達顯著差異，並通過費氏事後考驗（Scheffe Test）做分析，分述如下：

3.5.1 人口社會變量與生活滿意度差異

為了瞭解老年人是否因為個人社會特徵的不同，而有不同程度的生活滿意度，在此將以獨立樣本t-test與單因素方差分析方法，比較不同性別、年齡、

居住地的老年人在生活滿意度上的差異,其分析結果如表 3.4 和表 3.5 所示。

表 3.4 人口社會變量、個人資源變量與生活滿意度的平均數差異分析

變量		平均數(M)	標準差(SD)	差異來源	自由度(df)	平方和(SS)	均方(MS)	F 值顯著性	Scheffe 事後檢驗
年齡	60~64 歲	15.31	1.95	組間	5	29,313	5,862.7	387.3***	1>3,4,5,6 2>3,4,5,6 3>5,6 4>5,6 5>6
	65~69 歲	14.90	2.30	組內	15,803	239,212	15.1		
	70~74 歲	14.38	2.67	總和	15,808	2,368,526	16.1		
	75~79 歲	14.25	2.62	—					
	80~84 歲	13.66	3.13	—					
	85 歲及以上	11.57	4.50	—					
受教育水準	沒上過學	11.91	4.34	組間	4	15,032	3,758.0	234.29***	5>1,2,3,4 4>1,2,3
	小學	13.64	3.45	組內	15,804	253,493	16.0		
	初中	14.48	2.89	總和	15,808	268,525	17.0		
	高中	14.41	3.36	—					
	大學及以上	14.67	3.42	—					
個人資源水準	低收入	11.91	4.22	組間	3	3,835	1,278.6	76.35***	4>1,2 3>1,2 2>1
	中低收入	12.52	4.13	組內	15,805	264,689	16.75		
	中高收入	13.04	4.04	總和	15,808	268,525	16.99		
	高收入	13.19	3.96	—					
經濟來源	自己或配偶	14.28	3.12	組間	2	16,410	8,205	514.42***	1>2,3 2>3
	子女	12.04	4.24	組內	15,806	252,114	15.95		
	其他	11.73	4.60	總和	15,808	268,525	16.99		

註:* p<0.05,** p<0.01,*** p<0.001。

表 3.5 性別、居住地、婚姻狀況和經濟狀況滿足感與生活滿意度平均數差異分析

變量		平均數(M)	標準差(SD)	t 值	顯著性
性別	男	13.37	4.35	-19.52	***
	女	12.09	3.67		
居住地	城鎮	6,194	4.19	-11.41	***
	農村	9,615	3.96		

表3.5(續)

變量		平均數（M）	標準差（SD）	t值	顯著性
婚姻狀況	有配偶	14.06	4.36	−31.06	***
	無配偶	11.95	3.15		
主觀經濟滿足	夠用	12.97	4.22	−18.88	***
	不夠用	11.49	4.04		

註：* $p<0.05$，** $p<0.01$，*** $p<0.001$。

由表3.4的分析結果中可看出，60~64歲老年人的生活滿意度平均數為15.31，65~69歲老年人的生活滿意度平均數為14.90，70~74歲老年人的滿意度平均數約為14.38，75~79歲老年人的生活滿意度得分均值為14.25，85歲以上老年人的生活滿意度平均數最低僅為11.57，據此可知，60~64歲與65~69歲年齡組老年人的生活滿意度得分是最高的，並且F檢驗的結果顯示，各年齡組老年人生活滿意度得分的均值在0.001的水準上顯著，亦即不同年齡組老年人的生活滿意度得分存在差異。為了進一步瞭解不同年齡組生活滿意度得分的具體差異，以Scheffe進行事後比較分析，結果顯示：60~64歲和65~69歲兩個年齡組老年人的生活滿意度水準顯著高於其他年齡組，但是這兩個年齡組之間並不存在顯著差異。因此，受訪老年人在主觀健康老齡化上，會因為年齡的不同而有顯著的差異，即年齡較輕的受試者其生活滿意度水準較高。這一研究結果與Belloc等（1991）、Crimmins & Saito（1994）的研究結果一致。但也有部分研究結果持不同看法，如Brown & McCreedy（1986）就發現老年人比年輕人更加注重身心的健康。Johnson（1991）的研究結果也顯示高齡老年人的生活滿意度較好。這些研究與本書的研究結果不一致，其原因可能為隨著年齡的增長，老年人罹患慢性病的概率上升，因而更為積極地改善其健康行為，增加身心的健康水準，進而邁向健康老齡化。然而本書的研究的結果卻發現年齡越大，受訪者的主觀健康老齡化狀況也越差，其原因可能是年齡越大，易伴隨而來生理機能的退化或疾病造成相關的症狀，活動機會減少，進而影響其心理狀態及其社會關係。

性別與老年人生活滿意度差異分析了不同性別的受訪者在生活滿意度水準上是否具有顯著差異，表3.5獨立樣本t檢驗的結果發現，不同性別老年人在生活滿意度上的差異達到顯著水準（$t=-19.52$，$p<0.001$），代表不同性別的中老年人在生活滿意度上的得分上具有顯著差異，且男性（$M=13.37$）的生

活滿意度水準較女性（$M=12.09$）較高。此項研究結果與 Guralnik（1993）和 Strawbridge（1993）的研究結果大致符合。可能是因為即便進入老齡期，男主外、女主內的角色劃分依然存在。

3.5.2 社會經濟地位與生活滿意度差異

本書將受訪老年人的受教育程度劃分為以下五組：沒有上過學、小學、初中、高中以及大學及以上，不同受教育程度老年人的生活滿意度得分是否存在差異，首先以單因子方差分析（One-Way ANOVA）進行檢驗，如果 F 值達到 0.05 以上的顯著水準時，再以 Scheffes 法進行事後比較。由表 3.4 分析結果可知，不同教育程度的受訪老年人在生活滿意度差異達顯著水準（$F=234.29$，$p<0.001$），為了解差異的具體情況，以 Scheffe 法進行事後比較分析，結果說明如下：本書的研究結果顯示教育程度在大學及以上（$M=14.67$）、高中（$M=14.41$）的老年人在生活滿意度水準上顯著高於沒有上過學（$M=11.91$）、小學（$M=13.64$）的老年人。結果發現，教育程度越高，生活滿意度狀況越好，其原因可能是在生活上較有自主性，對於自己身心方面的健康較為注重，更能尋求較好的醫療質量，增進心智的能力，穩定情緒，延緩老化的速度，進而影響其健康老齡化狀況。在經濟狀況滿足感方面，不同經濟狀況滿足感的老年人在生活滿意度的差異上達到顯著水準（$t=-18.88$，$p<0.001$），經濟狀況滿足感選擇「夠用」的老年人（$M=12.97$）生活滿意度得分顯著高於經濟狀況「不夠」的老年人（$M=11.49$）。在個人資源水準方面，表 3.4 的單因素方差分析結果顯示，不同家庭收入水準之間的老年人生活滿意度得分存在顯著差異（$F=76.35$，$p<0.001$），在此基礎上利用 Scheffe 法進行事後分析，結果顯示家庭收入水準為中高（$M=13.04$）和高收入（$M=13.14$）的老年人生活滿意度顯著高於中低（12.52）和低收入家庭（$M=11.91$）老年人。在經濟來源方面，表 3.4 的單因素方差分析結果顯示，不同經濟來源老年人之間的生活滿意度得分存在顯著差異（$F=514.42$，$p<0.001$），用 Scheffe 法進行事後分析結果證明，自己或配偶具有獨立經濟來源的老年人的生活滿意度水準（$M=14.28$）顯著高於以子女（$M=12.04$）或其他（$M=11.73$）為經濟來源的老年人。

由此可見，經濟狀況越好，老年人的生活滿意度水準越高，究其原因，經濟狀況較好的老年人較有安全感，不擔心疾病潛在的威脅，並且在經濟支配方面能夠自己做主，更能夠有餘力追求自我的成長與生活的目標，在生活上適應較好，也樂於參與有益健康的活動，增加自己新知與生活經驗，可維持較好的精神狀態。

3.5.3 家庭照料與生活滿意度差異

根據表 3.5 和表 3.6 的分析結果顯示,在家庭結構方面,婚姻狀況、居住安排、家庭規模、家庭中 60 歲以上老年人口比例等均會導致老年人生活滿意度差異。

在老年人居住安排方面,由表 3.6 中的平均數結果可看出,子女在附近居住的老年人的生活滿意度得分最高($M = 13.53$),與子女同住老年人的生活滿意度得分相對較低($M = 11.93$),根據單因素方差的分析結果($F = 284.30$)顯示,不同居住安排老年人的生活滿意度得分的均值在 $p < 0.001$ 的水準上顯著,亦即老年人的生活滿意度水準會因為居住安排的不同而有所差異。經過 Scheffe 事後檢驗法,獨居和子女在附近居住的老年人在生活滿意度方面顯著高於與子女同住的老年人。

表 3.6　　　　家庭結構和生活滿意度的平均數差異分析

變量		平均數 (M)	標準差 (SD)	差異來源	自由度 (df)	平方和 (SS)	均方 (MS)	F 值顯著性	Scheffe 事後檢驗
居住安排	與子女同住	11.93	4.34	組間	2	9,324	4,662	284.30 ***	2>1 3>1
	子女在附近	13.53	3.49	組內	15,806	259,201	16.40		
	獨居	13.39	3.94	總和	15,808	268,525	16.99		
家庭規模	1~2 人	13.42	3.74	組間	3	7,475	2,491	150.87 ***	1>2,3,4 3>2 3>4
	3~4 人	11.89	4.46	組內	15,805	261,049	16.52		
	5~6 人	12.49	3.99	總和	15,808	268,525	16.99		
	7 個人及以上	11.98	4.12						
老年人比例	低	12.44	3.96	組間	2	1,268	634.24	37.51 ***	3>1,2 1>2
	中	12.32	4.20	組內	15,806	267,257	16.91		
	高	12.93	4.11	總和	15,808	268,525	16.99		
16 歲以下兒童數量	沒有	12.67	4.16	組間	2	65.95	32.97	1.94 0.143,5	—
	1~2 個	12.55	3.97	組內	15,806	268,459	16.98		
	3 個及以上	12.22	4.21	總和	15,808	268,525	16.99		

註:*$p < 0.05$,**$p < 0.01$,*** $p < 0.001$。

由表 3.5 的分析結果可知，不同婚姻狀況的老年人在生活滿意度水準上，達到顯著水準（$t = -31.06$，$p<0.001$），即老年人婚姻狀況的不同會在生活滿意度水準上存在顯著差異。此研究結果與 Pender（1988）& Waite（1999）的研究相符，喪偶者的生活滿意度水準較低，會有較不健康的生活，這不僅直接影響罹病的概率，也會有快速老齡化的現象產生，對其健康老齡化有重大的影響。上述的研究結果指出婚姻狀況的不同，在健康老齡化上有顯著的差異，即喪偶者的健康老齡化狀況更差。其原因可能是喪偶的受試者，不易走出失去配偶的陰影，在生活上缺乏安適的狀態，或是因外在環境的改變，原來的生活目標有所改變，造成心理失衡，進一步影響其健康的身心，導致生活功能失衡，對其健康老齡化有不利的影響。

在家庭規模方面，表 3.6 的平均數結果顯示，不同家庭規模老年人的生活滿意度水準存在顯著差異（$F = 150.87$，$p<0.001$），以 Scheffe 事後檢驗法對上述差異做進一步分析，結果顯示，家庭規模為 1~2 人的老年人生活滿意度水準（$M = 13.42$）顯著高於其他家庭規模的老年人，其次是家庭規模為 5~6 人的老年人（$M = 12.49$），生活滿意度水準顯著高於家庭規模 3~4 人（$M = 11.89$）和 7 人及以上（$M = 11.98$）的老年人。

表 3.7 的分析結果發現，受訪老年人的家庭關係與生活滿意度有顯著正相關關係，無論是獲取日常照料的主要來源、精神慰藉的主要來源還是給予子女經濟支持都與生活滿意度水準存在顯著的正相關關係，這意味著老年人從家庭獲得支持越多，其生活滿意度水準越高。但是，老年人獲得子女經濟支持方面不存在顯著生活滿意度差異。與以往的研究結果一致，家庭關係的不同維度與生活滿意度有著顯著不同的關聯，某些家庭關係維度與生活滿意度之間存有顯著關聯，有些家庭關係維度則沒有顯著關聯（Adams et al., 1996；Lee, 2006）。

表 3.7 的平均數分析顯示，不同精神慰藉來源的老年人之間的生活滿意度水準存在顯著差異（$F = 463.86$，$p<0.001$），經過 Scheffe 事後檢驗法分析，以配偶為主要精神慰藉來源的老年人生活滿意度水準最高（$M = 14.20$），其生活滿意度得分顯著高於以子女（$M = 12.21$）和其他（$M = 11.52$）為主要來源的老年人，其中以其他為精神慰藉來源的老年人生活滿意度水準最低。

表 3.8 對給予子女經濟支持與老年人生活滿意度得分差異進行分析，結果顯示，給予子女經濟支持的老年人的生活滿意度得分為 14.14，而沒有給予子女經濟支持的老年人的生活滿意度得分僅為 12.26，比前者低了大約 1.9，而且在 0.001 的水準上顯著。

表 3.7　　　　　家庭關係和生活滿意度的平均數差異分析

變量		平均數 (M)	標準差 (SD)	差異分析				F 值 顯著性	Scheffe 事後檢驗
				差異來源	自由度 (df)	平方和 (SS)	均方 (MS)		
精神慰藉來源	配偶	14.20	3.02	組間	2	14,887	7,443	463.86 ***	1>2,3 2>3
	子女	12.21	4.22	組內	15,806	253,638	16.05		
	其他	11.52	4.68	總和	15,808	268,525	16.99		
日常照料來源	配偶	14.27	2.96	組間	2	12,182	6,091	375.58 ***	1>2,3
	子女	12.16	4.30	組內	15,806	256,343	16.22		
	其他	12.19	4.25	總和	15,808	268,525	16.99		
獲得子女經濟支持	低	12.74	3.92	組間	3	97.31	32.44	1.91 0.125, 6	—
	中低	12.66	3.98	組內	15,805	268,428	16.98		
	中高	12.63	4.12	總和	15,808	268,525	16.99		
	高	12.52	4.51						

註：* $p<0.05$，** $p<0.01$，*** $p<0.001$。

表 3.8　　　　給予子女經濟支持狀況與老年人生活滿意度差異分析

變量		樣本數 (N)	平均數 (M)	標準差 (SD)	t 值	顯著性
給予子女經濟支持	有		14.14	4.21	−23.63	***
	無		12.26	3.36		

註：* $p<0.05$，** $p<0.01$，*** $p<0.001$。

3.6　小結

下面就本章的主要工作總結如下：

基於國內外研究現狀，我們首先對健康老齡化、家庭照料的概念進行界定並對其維度進行辨識，完成對上述概念的操作化。本書認為健康老齡化可以具體劃分為客觀和主觀兩個維度，其中客觀維度包括日常行動能力、認知能力和社會參與三個方面。然後據此設計了一套測量健康老齡化的指標體系，完成了對健康老齡化的操作化。以建構的健康老齡化的概念為基礎，我們對個人資源、家庭照料的健康老齡化差異進行統計分析。研究發現，健康老齡化的兩個維度在個人資源、家庭照料等方面存在顯著差異。

4 個人資源、家庭照料與健康老齡化：影響與作用機制

自 20 世紀 50 年代以來，個人資源、家庭照料與健康老齡化之間的關係的主效應與仲介作用便開始受到研究者的關注。但是到目前為止，關於上述問題的討論多數針對發達國家的樣本，針對發展中國家尤其是中國的健康老齡化研究更是不足。本書的主題是將個人資源和家庭照料設定為自變量，生活方式為仲介變量，健康老齡化為因變量，依據 Berkman、Glass、Brissette 和 Seeman (2000) 社會關係與健康之關係的架構，從老年人個體和家庭雙重視角出發，探討個人資源和家庭照料如何影響健康老齡化，並結合中國獨特的文化情境，從本土化的視角對中國老年人健康老齡化的影響因素與機制進行思考與詮釋。分別運用 Logistic 和 OLS 迴歸對 2008 年全國老年人健康長壽影響因素調查數據進行深入分析。

4.1 研究內容、假設與方法

4.1.1 研究內容

本章是本書的核心部分之一，目的在於通過利用中國老年人健康長壽影響因素調查（CLHLS）2008 年的調查數據對分析框架中的主效應與作用機制進行驗證。家庭長期以來承擔了養老的基本功能，伴隨社會發展、政策變動、觀念轉變，家庭結構與關係發生了巨大的變化，家庭結構向核心化、小型化方向發展，代際關係重心下移、代際互動減少，家庭養老功能持續弱化，強烈影響

和衝擊了傳統的家庭養老方式。由於健康老齡化的概念是多維的、複雜的，難有統一定義，本書將從客觀健康老齡化和生活滿意度兩個方面來測量健康老齡化，進而考察個人資源、家庭照料對這兩個方面的影響。

基於上述分析，本章擬對下面幾個問題進行實證檢驗：在其他條件一樣的情況下，個人資源和家庭照料能否顯著影響健康老齡化；在年齡這個調節變量的作用下，個人資源、家庭照料與健康老齡化的關係會不會發生顯著變化；個人資源、家庭照料影響健康老齡化是直接傳遞的還是通過生活方式這個仲介變量傳導的，仲介效應是否顯著；家庭照料對健康老齡化的影響是否受到文化情境—責任內化的調節。

4.1.2　研究思路

社會經濟地位、家庭照料與生活方式直接影響健康老齡化的後果，社會經濟地位也可以通過影響家庭照料和生活壓力對健康老齡化產生間接影響。自從推行社會主義市場經濟體制改革以來，中國居民的社會經濟地位不斷分化，生活壓力不斷分化，家庭照料也日益多樣化。然而相比於社會經濟地位與健康老齡化關係的檢驗，將家庭照料和生活壓力作為中間機制，研究社會經濟地位、家庭照料與健康老齡化關係的研究要匱乏得多。現有文獻尚未通過實證數據檢驗家庭照料對健康老齡化的影響機制。對這一問題的回答，可以使政府對老年人的民生關懷更為有的放矢。

生活方式並不只是個人行動選擇的結果，不可避免地受到社會環境的制約作用，即生活方式在不同社會群體中的分佈往往存在差異。那麼生活方式能否成為個人資源、家庭照料影響健康老齡化後果的解釋機制，是本章研究關注的核心問題。構建社會經濟地位、家庭照料和生活方式與健康老齡化後果之間關係的「直接—間接雙重效應」作用路徑框架，不僅研究個人資源、家庭照料、生活壓力對健康老齡化的直接影響，而且研究個人資源、家庭照料是否通過影響生活方式的選擇從而對健康老齡化產生間接影響。據此研究思路，提出本章的分析框架，該框架是對整體分析框架中家庭養老模式對健康老齡化影響機制分析部分的細化。

此外，構建「結構—生活方式—健康差異」的研究路徑。早期社會流行病學研究將焦點放在影響人們健康的行為因素，反而不太關注社會結構因素對健康的作用，並沒有認識到健康行為或健康生活方式在不同社會結構下的分佈形態是不同的。而在社會科學領域，研究者又將著重點轉移到社會結構因素對健康差異的影響，或者重點分析收入、教育程度、職業、城鄉等某一個因素與

健康差異的關係，或者分析多個結構因素對健康的影響，但都是直接從「社會結構」到「健康差異」，從而忽略了中間的行為因素。根據「風險因素模型」，社會結構是最遠端的因素，與健康相關的生活方式及行為，例如吸菸、飲酒、飲食和運動等則是影響健康的近端因素。國際上的相關研究雖然開始關注社會因素與健康之間的醫療、飲食、鍛煉、吸菸飲酒、壓力、社區鄰里關係等仲介機制的作用，但研究對象幾乎是限於發達國家。國內的相關研究仍然較少，只有王甫勤（2012）和黃潔萍、夏思君（2010、2013）等人對此有所研究，但王甫勤的研究僅以「日常鍛煉」單個行為作為生活方式代理變量，黃潔萍、夏思君在研究中僅通過參數估計的方法進行檢驗，研究仍然不夠完善。

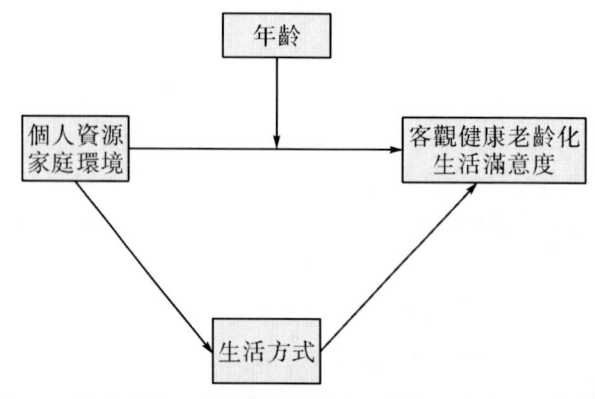

圖 4.1　個人資源、家庭照料對健康老齡化的影響與作用機制

4.1.3　研究假設

根據圖 4.1 三項因素之間的因果關係，本章提出以下幾項研究假設：

4.1.3.1　個人資源主效應假設

假設 1：個人資源狀況越好，老年人健康老齡化的狀況也越好。

對個人資源與健康老齡化之間關係的討論由來已久，許多研究也證明個人資源狀況是健康的重要決定因素，但是迄今為止，研究結論不僅尚未形成一致，反而呈現多樣化趨勢。以往關於個人資源與健康老齡化關係的研究主要集中在對健康狀況的探討上，採用單一指標的測量方法，使用健康、死亡率、日常行動能力（ADLs）等。在 Black 提出的四種觀點中，健康選擇論和社會因果論雖然都解釋了社會經濟地位與人們健康水準之間的相關關係，但是因果方向卻恰恰相反，所以關於這兩種觀點之間的爭論最多。在爭論中，社會因果論一直處於優勢。因此，許多研究者認為，個人資源狀況是影響個人健康狀況和期

望壽命的最具決定性的因素。另外，人們的個人資源與他們的健康狀況之間存在穩健和持續的關係，即個人資源同人們的健康狀況之間的相關關係很少受到其他因素的影響。

4.1.3.2 家庭照料主效應假設

假設2：整體而言，家庭結構與家庭關係對健康老齡化具有顯著的促進作用。

相關研究結果表明，家庭結構對老年人健康的作用具有統計學意義，那些獨居、沒有配偶、家庭不和諧、長期不能得到家人關愛、無法和家人正常溝通的老年人的健康狀況相對較差。中國的研究也發現，居住安排與老年人的健康、生存質量的關係呈現出複雜性，即「雙刃劍」的效應：與子女同居既有可能改善老年人的健康和生存質量，也可能增加死亡與患病的風險（Li, Zhang & Liang, 2009）。

4.1.3.3 生活方式主效應假設

假設3：越是經常發生健康促進行為（如日常鍛煉、營養狀況）的老年人，其健康老齡化的狀況越好；相反，越是經常發生健康危害行為（如過度飲酒、生活壓力）的老年人，其健康老齡化的狀況越差。

基於多重病原論及社會流行病學對於生活方式的研究，相關健康行為是人們維持健康或產生疾病的最近端的影響因素。生活方式的不同對於老年人的健康而言也會具有不同的影響。健康的生活方式將會對老年人的主觀自評健康產生積極的作用，那些長期參加體育鍛煉的老年人更有可能做出樂觀的主觀健康自評，而較多參與社會活動的老年人由於長期與社會接觸，他們的生活態度也可能相對更加樂觀。

4.1.3.4 生活方式的仲介效應假設

假設4a：個人資源通過生活方式影響老年人的健康老齡化狀況。

假設4b：家庭結構與家庭關係通過生活方式影響健康老齡化。

自從House et al.（1988）提出社會關係是構成健康風險（Risk Factor）的主要因素後，生活方式已經占據了聯結社會關係與健康狀況之間的關鍵位置（Repetti et al., 2002；Uchino, 2004）。社會支持包括經濟支持、照料支持、精神慰藉都可能通過增強健康促進行為（Uchino, 2004）、壓力緩衝（Cohen et al., 2004）或符號意義（Call & Mortimer, 2001），從而改善身體功能和生活滿意度。社會流行病學也認為對離個人最近的（Proximal）、行為的和生物醫學因素的直接干預將會從總體上提高人口的健康水準，然而生活方式並不只是個人行動選擇的結果，更受到社會環境的形塑。那麼，生活方式能否成為個人資

源、家庭照料影響健康老齡化的解釋機制？具體說來，個人資源與家庭照料的差異導致生活方式有明顯不同。就健康促進行為而言，個人資源與家庭照料狀況越好的老年人越傾向於產生和維護有利於健康的生活方式。再結合個人資源和家庭照料主效應的觀點，便可形成一條個人資源和家庭照料通過影響老年人的生活方式（中間機制）來影響健康老齡化的因果路徑。

4.1.3.5 缺失的本土化視角

假設 5：責任內化對居住安排與健康老齡化關係的調節效應。

由於社會制度及經濟發展水準的不同，西方國家的老年人的養老更多依靠於政府的正式支持。加之個人主義的文化因素影響，更重視鄰居與朋友提供的個性化關懷和照料。而基於中國傳統家庭文化的影響，特別是「孝」文化的影響，中國老年人則比較看重家庭成員尤其是子女的支持，而且來自家庭成員的支持比來自社會的支持更重要。毋庸置疑，源於西方的個人資源、社會關係與健康關係的理論為我們理解中國老年人健康老齡化影響因素的研究提供了諸多啟示，但是直接應用西方的理論建立研究假設，並以此研究中國老年人的健康老齡化可能有失偏頗至少是不全面的。因為健康老齡化除了受家庭照料的直接影響外，它還可能會因為文化情境的不同而存在差異。因此，本書認為對中國家庭與健康老齡化的研究，需要在借鑑西方相關理論的基礎上，結合本土文化對其做出詮釋。

4.1.4 方法與模型

本書的研究目的是考察個人資源和家庭照料對中國老年人健康老齡化兩個維度的影響和作用機制。在具體模型的估計方面，對於二分類變量的客觀健康老齡化指標，採用 Logit 模型估計；對於連續型的生活滿意度指標，則採用 OLS 來估計生活滿意度的模型。

4.1.4.1 個人資源、家庭照料與客觀健康老齡化關係的實證模型

由於本書所選擇的因變量之一——客觀健康老齡化是二分類變量，即當老年人滿足客觀健康老齡化標準時為「1」，如果不能達到標準則用「0」表示，因此用二元 Logistic 迴歸模型來進行分析效果最為理想。在對老年人客觀健康老齡化狀況進行綜合分析的基礎上，建立客觀健康老齡化影響因素的 Logistic 迴歸模型：本模型用於驗證個人資源、家庭照料與生活方式對客觀健康老齡化影響的主效應假設實證模型如下：

$$\text{Log}(Y) = \text{Ln}(\frac{P}{1-P}) = \beta_0 + \beta X_1 + \theta X_2 + \gamma X_3 + \lambda X_4 + \kappa X_5 + \varepsilon \quad （公式 4.1）$$

其中，Y為被解釋變量，即老年人的客觀健康老齡化狀況；X_1為老年人個人資源特徵，包括受教育狀況、獨立經濟來源、經濟狀況主觀滿足感和家庭收入水準等內容；X_2為老年人的家庭照料中的家庭結構維度，包括居住安排、婚姻狀況、家庭中60歲以上人口比例、子女數量等內容；X_3為家庭關係特徵，包括獲取日常照料的來源、代際經濟支持狀況等內容；X_4為生活方式變量，包括營養狀況、日常鍛煉、過度飲酒等健康促進和健康危害行為；X_5為控制變量。ε為干擾項，α為常數項。

在上面的方程中，P代表的是受訪老年人客觀健康老齡化的概率，β是估計的模型迴歸系數，其具體含義是，在其他因素保持一定的條件下，當X_1改變一個單位，客觀健康老齡化與非健康老齡化的優勢比（健康老齡化概率與非健康老齡化概率的比值）的對數值將改變$\exp(\beta)$個單位，換句話說，當自變量發生變化以後，客觀健康老齡化與非健康老齡化的優勢比將是變化前的$\exp(\beta)$倍。

4.1.4.2 OLS迴歸模型

當估計個人資源、家庭照料對主觀健康老齡化的主效應時，我們則通過OLS迴歸模型來實現。

$$Y = \beta_0 + \beta X_1 + \theta X_2 + \gamma X_3 + \lambda X_4 + \kappa X_5 + \varepsilon \qquad (公式4.2)$$

在假設誤差為正態分佈時，最小二乘法具有無偏性和有效性等優良性質，但當出現異方差、線性相關等問題時，其穩健性通常得不到保證，導致在應用時難以得到無偏、有效的參數估計值。為避免微觀橫截面數據迴歸中異方差對於統計推斷所造成的影響，研究應用了White（1980）穩健型估計標準誤。在完整模型的基礎上，我們將測算出不同的個人資源、家庭結構與家庭關係的老年人生活滿意度得分，並以此為基礎畫出個人資源、家庭照料與生活滿意度水準的年齡軌跡圖，以直觀的形式反應不同個人資源和家庭照料老年人的生活滿意度隨年齡變化的趨勢。

4.1.4.3 仲介效應分析

本書主要研究個人資源、家庭照料與健康老齡化，生活方式與健康老齡化以及個人資源、家庭照料通過生活方式的仲介傳導效應。根據Imai等（2010、2011）提出的因果關係仲介效應的識別、推斷與敏感性分析方法，我們構建以下方程來研究生活方式的仲介效應：

$$\text{Logit}(Y_{Successful}) = \beta_0 + \beta_1 X_{Person/family} + \beta_2 X_{control} + \cdots a \qquad (公式4.3)$$

$$\text{Logit}(Y_{Lifestyle}) = \beta_0 + \beta_1 X_{Person/family} + \beta_2 X_{control} + \cdots a \qquad (公式4.4)$$

$$\text{Logit}(Y_{Successful}) = \beta_0 + \beta_1 X_{Person/family} + \beta_3 X_{Lifestyle} + \beta_2 X_{control} \cdots a \qquad (公式4.5)$$

接下來以我們的研究問題為例說明仲介變量（Mediator）的概念和仲介效應檢驗，如圖4.1及公式4.3、公式4.4、公式4.5所示，當我們考慮個人資源或家庭照料對健康老齡化的影響時，如果某項個人資源或家庭照料的代理變量通過生活方式來影響健康老齡化，則我們稱生活方式為該代理變量的仲介變量，如果顯著，則意味著生活方式的仲介效應顯著。對於仲介效應，Sobel、Goodman 提出相應的檢驗程序，本書以此程序對生活方式的仲介效應進行檢驗。

4.2　個人資源、家庭照料與客觀健康老齡化的 Logit 迴歸

為了進一步考察個人資源、家庭照料對健康老齡化的影響及其作用機制，以健康老齡化為因變量，以個人資源、家庭照料和生活方式為關鍵自變量，以性別、居住地等為控制變量進行迴歸分析，結果見表4.1。本節建立了5個分析模型：模型1為個人資源，僅僅納入了老年人的人口特徵和個人資源，包括性別、居住地、年齡、受教育狀況、主要經濟來源等變量；模型2為家庭結構模型，重點考察在控制了人口社會經濟特徵後，居住安排、家庭規模、子女數量、家庭中60歲以上人口比例和家庭中16歲以下兒童數量與健康老齡化的關係；模型3為家庭關係模型，主要目的在於分析精神慰藉、照料支持和代際間經濟互動對健康老齡化的影響；模型4為完全模型，同時納入了個人資源、家庭照料的兩個維度，重點考察在分別控制了家庭結構和家庭關係之後，兩者與健康老齡化關係的輕微變化；模型5在完全模型的基礎上加入了代表生活方式的營養狀況、日常鍛煉、飲酒狀況和生活壓力等變量，一方面分析生活方式對健康老齡化的直接影響，同時考察在加入生活方式之後，個人資源、家庭照料與健康老齡化關係的變化。

4.2.1　個人資源特徵的主效應估計

考慮到本節的一項重要內容是考察老年人的個人資源特徵對客觀健康老齡化的影響，我們將採取兩步分析策略。首先，在模型1中僅納入老年人個人資源特徵（主要從四個方面進行檢驗：家庭成員平均受教育年限、家庭人均收入對數、老年人或配偶有無獨立經濟來源以及主觀經濟狀況的滿足感）和人口社會背景變量進行估計；然後，在模型1的基礎上加入老年人家庭結構、家

表 4.1 個人資源、家庭照料與客觀健康老齡化的 Logit 迴歸

		模型 1		模型 2		模型 3		模型 4		模型 5	
		β	Std. Error	β	Std. Error	β	Std. Error	β	Std. Error	β	Std. Error
人口社會因素	性別（女性）	0.570***	9.91	0.747***	14.25	0.737***	13.98	0.547***	9.39	0.598***	9.84
	居住地（城市）										
	鎮	0.499***	5.97	0.110	1.42	0.246***	3.13	0.490***	5.79	0.639***	7.29
	農村	0.327***	4.36	-0.196***	-3.05	-0.028	-0.43	0.324***	4.24	0.501***	6.24
	婚姻狀況（無配偶）	0.153***	2.73	0.586***	7.31	0.240**	2.55	0.514***	4.89	0.564***	5.26
	年齡	-0.112***	-8.82	-0.147***	-11.89	-0.134***	-10.89	-0.121***	-9.41	-0.130***	-9.97
	年齡平方	-0.001***	-3.63	-0.000	-0.97	-0.001**	-2.41	-0.001	-2.19	-0.000	-1.49
個人資源	受教育年限	0.072***	3.84					0.066***	3.48	0.056***	2.92
	受教育年限平方	-0.003**	-2.04					-0.003	-1.95	-0.003*	-1.72
	家庭人均收入對數	0.069***	2.87					0.045*	1.82	-0.047*	-1.80
	主觀經濟狀況滿足（否）	0.485***	7.55					0.472***	7.22	0.427***	6.42
	獨立經濟來源（否）	0.569***	9.50					0.539***	8.50	0.507***	7.84
家庭結構	與子女同住（否）			-0.261***	-2.93			-0.317***	-3.42	-0.322***	-3.44
	家庭規模			-0.129**	-1.99			-0.143**	-2.16	-0.181***	-2.70
	家庭規模平方			0.011*	1.74			0.013*	1.95	0.015**	2.23
	子女數量（2 個及以上子女）										

表4.1(續1)

		模型 1		模型 2		模型 3		模型 4		模型 5	
		β	Std. Error	β	Std. Error	β	Std. Error	β	Std. Error	β	Std. Error
家庭結構	無子女			-0.462***	-2.60			0.020	0.10	-0.029*	-0.15
	1個子女			0.006	0.06			0.064	0.64	0.069	0.68
	家庭中老年人比例			-1.063***	-6.38			-1.181***	-6.78	-1.178***	-6.67
	家庭中16歲以下兒童數量（2個及以上）										
	無16歲以下兒童			-0.411***	-3.05			-0.469***	-3.43	-0.439***	-3.18
	1個16歲以下兒童			-0.260**	-2.06			-0.309**	-2.41	-0.292**	-2.26
家庭關係	日常照料（其他）										
	配偶					0.296***	2.62	0.382***	3.28	0.375***	3.16
	子女					0.198**	2.16	0.318***	3.32	0.300***	3.07
	精神慰藉（其他）										
	配偶					-0.023	-0.19	0.077	0.62	-0.008	-0.06
	子女					0.133*	1.48	0.214**	2.28	0.178*	1.86
	經濟支持										
	給子女錢對數					0.094***	9.28	0.062***	5.78	0.054***	4.89
	子女給錢對數					-0.024**	-2.16	-0.003	-0.22	0.001	0.08

表4.1(續2)

		模型1 β	模型1 Std. Error	模型2 β	模型2 Std. Error	模型3 β	模型3 Std. Error	模型4 β	模型4 Std. Error	模型5 β	模型5 Std. Error
生活方式	日常鍛煉（否）									0.622***	10.89
	營養（否）									0.280***	5.08
	飲酒（否）									-0.388***	6.02
	生活壓力									-0.628***	-8.42
	_cons	0.282	1.11	2.987***	13.79	1.678***	10.07	0.898***	2.73	1.489***	4.31
	N	14,936		14,936		14,936		14,936		14,936	
	R²	0.411,8		0.403,1		0.403,3		0.420,9		0.436,8	
	Log likelihood	-5,150.47		-5,226.74		-5,225.15		-5,070.41		-4,931.26	

註：(1) 括號內為參照項；(2) * $p<0.1$，** $p<0.05$，*** $p<0.01$（雙尾檢驗）。

4 個人資源、家庭照料與健康老齡化：影響與作用機制 | 77

庭關係等變量，形成模型4。最後，通過比較模型1和模型4的估計結果，以確定個人資源特徵影響客觀健康老齡化是否具有穩定性（見表4.1）。

模型1納入了老年人個人資源與個人背景變量，結果顯示，個人資源能夠有效預測客觀健康老齡化（$F=28.48$, $p<0.001$）。模型的僞R^2為0.411,8。從分析結果可以看出，衡量老年人個人資源特徵的各項內容與老年人健康老齡化概率之間均存在顯著的影響，而且四個變量皆對健康老齡化具有積極的促進效應。這一結果基本證實了個人資源特徵的主效應增益假設。模型4在模型1的基礎上加入了老年人的家庭結構和家庭關係變量，結果發現，個人資源特徵的四個變量的估計值雖然有不同程度的減小，但是作用方向並沒有發生改變，而且依然具有統計上的顯著性。這表明個人資源特徵對客觀健康老齡化的影響相當穩定。我們首先以模型1系數估計來說明個人資源特徵對客觀健康老齡化的影響效應。第一，老年人的受教育程度每增加1年，其客觀健康老齡化的發生比（OR）大約提高了7.47%（$e^{0.072}-1\approx0.074,7$），這一結果也支持了個人資源主效應增益作用的假設，即老年人的受教育程度越高，其客觀健康老齡化的可能性越大；另外，受教育年限的平方項為負，而且在5%的水準上顯著，這一結果表明，受教育程度與客觀健康老齡化水準之間存在倒「U」型曲線關係，即受教育程度越高，客觀健康老齡化的狀況越好，但是卻經歷了一個邊際效應遞減的過程。在教育對身體功能障礙的關係上，大部分的研究結果發現，教育程度對健康老齡化來說是一個重要的變項，所接受的教育程度越高，其發生功能退化的概率越低，即老年人的受教育水準越高，越容易實現健康老齡化（Pinsky et al., 1987; Keil et al., 1989; Brekman et al., 1993; Li cy et al., 1999）。另外，Guralnik et al.（1993）發現受過12年以上教育的65歲以上的老年人的平均健康預期壽命約為2.4~3.9年，明顯高於其他老年人。麥克阿瑟基金會分別於1988年和1991年針對70~79歲的老年人進行健康老齡化縱貫性研究，結果發現教育程度與健康老齡化之間存在顯著的正向影響（Rowe & Kahn, 1998）。Li et al.（1999）認為這主要是因為教育程度的高低會間接地影響老年人的收入、職業以及暴露於危險環境的時間等因素所導致的。

第二，家庭人均收入水準對健康老齡化也具有顯著的促進作用，分析結果顯示，家庭人均收入每增加1%，客觀健康老齡化的發生比大約可以提高7.14%（$e^{0.069}-1\approx0.071,4$）。這一結果也支持了個人資源的主效應增益作用假設，即家庭人均收入水準越高，老年人客觀健康老齡化的可能性越大。根據模型4的分析結果顯示，在考慮了老年人的家庭結構、家庭關係等變量後，家庭人均收入對客觀健康老齡化依然具有顯著的正向影響（$\beta=0.045$, $p<0.1$），但

是影響力下降了34.78%。

第三，根據模型1的分析結果顯示，老年人的主觀經濟狀況滿足感也對客觀健康老齡化具有顯著的正向影響（$\beta=0.485$, $p<0.01$）。相對於主觀經濟狀況滿足感較差的老年人，主觀經濟狀況較好的老年人其客觀健康老齡化的發生比將大約提高62.42%（$e^{0.485}-1\approx0.624,2$）。在考慮老年人家庭結構與家庭關係諸變量之後，主觀經濟狀況滿足感與客觀健康老齡化之間仍然存在顯著的正向關係，而且作用力也僅僅發生了微小的變動（$\beta=0.472$, $p<0.01$），因此，老年人主觀經濟狀況滿足感對客觀健康老齡化的影響保持了穩定。

第四，老年人具有獨立的經濟來源也對客觀健康老齡化具有顯著的正向影響（$\beta=0.569$, $p<0.01$）。相對於沒有獨立經濟來源的老年人，具有獨立經濟來源的老年人健康老齡化的概率高出了大約76.65%（$e^{0.569}-1\approx76.65$）。根據模型4的分析結果顯示，在納入了老年人的家庭結構與家庭關係等變量之後，獨立經濟來源對客觀健康老齡化仍然具有顯著的正向影響，而且估計系數僅僅減小了5.27%，這說明老年人獨立經濟來源對老年人客觀健康老齡化的影響保持了穩定。

為驗證個人資源對健康老齡化的影響是否會隨著年齡的變化而變化，本書主要採用基礎模型加入個人資源和年齡交互項的方法，並以作圖方式圖解個人資源影響健康老齡化的年齡模式。圖4.2反應的是不同個人資源老年人在客觀健康老齡化方面的差異隨年齡變動的趨勢。雖然迴歸結果顯示，個人資源對健康老齡化的影響較小，但各因素與年齡的交互項是顯著的，這說明在客觀健康老齡化方面，不同個人資源的老年人存在差異，而這種差異在不同年齡階段又不相同。從圖4.2來看，不同個人資源狀況老年人的客觀健康老齡化差異在中低齡階段（60~85歲）存在顯著差異，到了高齡階段差異逐漸縮小，個人資源的客觀健康老齡化隨著年齡增長呈現「收斂」效應。

客觀健康老齡化的收斂效應可以從以下兩個方面進行解釋：一是客觀健康老齡化差異逐漸縮小的趨勢反應了隨著年齡增長，生物性因素對客觀老化的影響逐漸占據了主要作用；二是存活效應也縮小了不同個人資源老年人之間的客觀健康老齡化差異，即能存活到80歲以上的高齡老年人具有一定的健康選擇性。從教育、經濟狀況滿足感、獨立經濟來源與家庭收入對客觀健康老齡化的影響來看，在除了85歲以上的高齡之外的各個年齡組中，上述變量對客觀健康老齡化的影響均是顯著的。

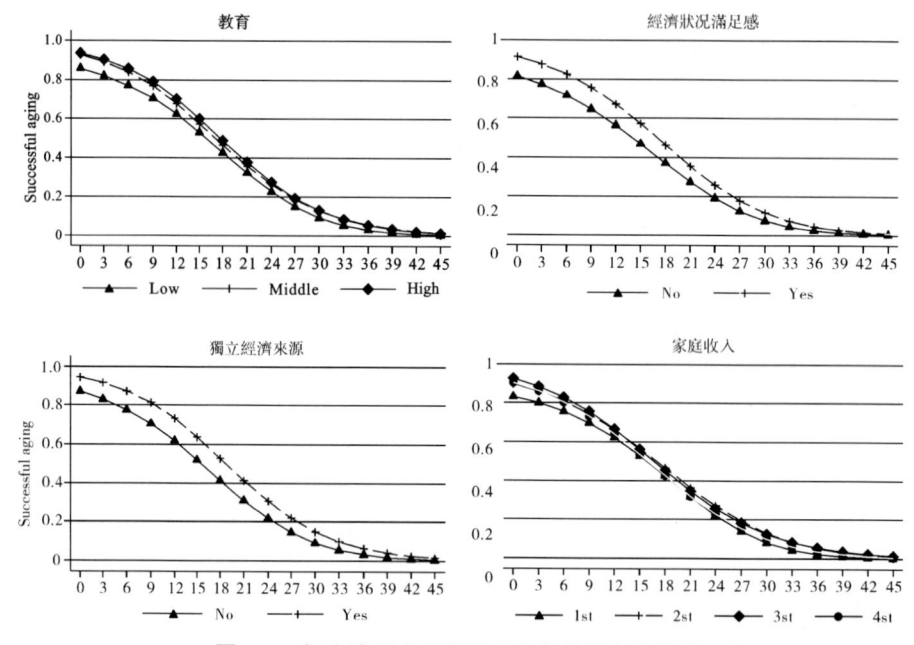

图 4.2　个人资源与客观健康老龄化的年龄轨迹

4.2.2　家庭结构的主效应估计

与老年人个人资源特征的主效应估计策略相同，对家庭结构与客观健康老龄化关系的分析也采取两步策略。模型 2 中只纳入了代表老年人家庭结构（主要包括居住安排、家庭规模、存活子女数量、家庭中 60 岁以上老年人比例以及 16 岁以下儿童数量五个方面）与人口社会背景变量进行估计，然后与模型 4 的估计系数进行比较，以确定家庭结构因素影响客观健康老龄化效应的稳定性（见表 4.1）。

根据模型 2 的迴归结果显示，控制了老年人的人口社会变量之后，家庭结构诸因素能够有效地预测客观健康老龄化的水准，模型的伪 R^2 达到 0.403,1，而且模型的整体拟合效果较好（Log likelihood = -5,226.74，$p<0.001$）。在纳入了老年人个人资源特征、家庭关系等变量之后，模型的整体拟合效果进一步得到改善（Log likelihood = -5,070.41，$p<0.001$），伪 R^2 达到 0.420,9，这意味著对客观健康老龄化的解释率增加了 4.42%。以迴归系数来看，衡量家庭结构对客观健康老龄化影响的四个变量均达到统计显著性，而且四个变量均对客观健康老龄化具有负向影响。这一结果也部分验证了家庭结构的主效应增益作用假设。模型 4 在模型 2 的基础上纳入了代表老年人家庭照料的全部变量，结果

發現家庭結構因素的四個變量的估計值沒有發生方向性變化，而且作用力也僅僅發生了細微的變動，只有子女數量的影響不再顯著。這表明家庭結構與客觀健康老齡化之間的關係相當穩定。我們以模型 2 的估計系數來說明家庭結構對老年人客觀健康老齡化的影響效應。

第一，相對於空巢老年人，與子女同住老年人的客觀健康老齡化概率較低，僅為前者的 77.03%（$e^{-0.261} \approx 0.770,3$），這一結果否定了家庭結構主效應增益假設，即與子女同住老年人的客觀健康老齡化的可能性較低。在考慮了家庭照料的所有因素之後，居住安排對客觀健康老齡化的影響依然顯著為負（$\beta = -0.317$, $p<0.01$），但是估計系數值增加了 21.46%，這其中可能的原因是與子女同住老年人在個人資源特徵和家庭關係等方面具有優勢，因此，在模型 2 中低估了與子女同住對客觀健康老齡化的消極效應。

為了更好地說明居住安排對客觀健康老齡化的作用，基於表 4.1 中模型 5 的估計結果，我們按照不同的居住安排預測了老年人客觀健康老齡化的發展軌跡。圖 4.3 顯示，居住安排對客觀健康老齡化的影響在不同年齡階段存在差異。雖然空巢家庭老年人的客觀健康老齡化初始概率較高，但是進入中高齡階段之後，空巢老年人客觀健康老齡化的概率下降得更快，進入高齡階段後，空巢老年人的優勢再次顯現出來。這說明，雖然空巢家庭老年人的客觀健康老齡化概率更高，但是隨著年齡增長，與子女同住對老年人的保護作用逐漸顯現出來，進入高齡階段後與子女同住對客觀健康老齡化的積極效應逐漸消失，這可能是由於居住安排中的選擇作用造成的。

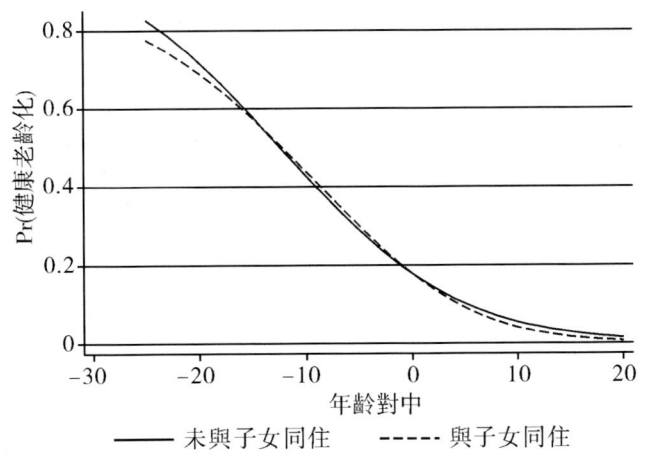

圖 4.3 不同居住安排狀況的老年人客觀健康老齡化的年齡軌跡

第二，家庭成員的增加並不意味著老年人可獲取資源的提升，相反很可能成為老年人的負擔，這在一定程度上阻礙了老年人客觀健康老齡化的實現。根據模型2的分析結果顯示，家庭規模每增加1人，老年人客觀健康老齡化的發生比大約降低12.1%（$e^{-0.129}-1\approx 0.012,1$）。這一結果否定了家庭結構的主效應增益作用假設，即老年人所生活的家庭規模越大，其客觀健康老齡化的概率越低。另外，模型2還加入了家庭規模的平方項，結果顯示家庭規模平方項的估計系數為正（$\beta=0.011$，$p<0.1$），即家庭規模與客觀健康老齡化水準之間呈「U」型曲線關係，即隨著家庭規模逐漸增大，健康老齡化水準經歷了一個先降後升的過程。這可能是因為，與子女同住會降低客觀健康老齡化水準，但是與孫子女同住卻能很好地改善老年人健康老齡化狀態。在加入了代表老年人家庭照料的其他兩個維度的變量之後，家庭規模與健康老齡化之間的關係依然顯著為負（$\beta=-0.143$，$p<0.05$），而且估計系數值也沒有發生明顯的變化，因此，家庭規模與客觀健康老齡化之間的關係基本穩定。

為了進一步考察家庭規模對老年人客觀健康老齡化的影響，基於表4.1中模型5的估計結果預測了不同家庭規模老年人客觀健康老齡化的發展軌跡。圖4.4顯示，一是雖然生活在小型家庭（1~2人）中老年人的客觀健康老齡化的初始水準更低，但是隨著年齡的增長，尤其是進入中高齡階段之後，小型家庭中老年人的客觀健康老齡化概率的下降較慢；二是與生活在小型家庭中的老年人相比，生活在大型家庭中的老年人客觀健康老齡化的初始概率雖然較高，但是隨著年齡的增長後者客觀健康老齡化概率的下降更加陡峭；三是在進入高齡階段以後，除了小型家庭以外，其他不同家庭規模之間客觀健康老齡化概率的

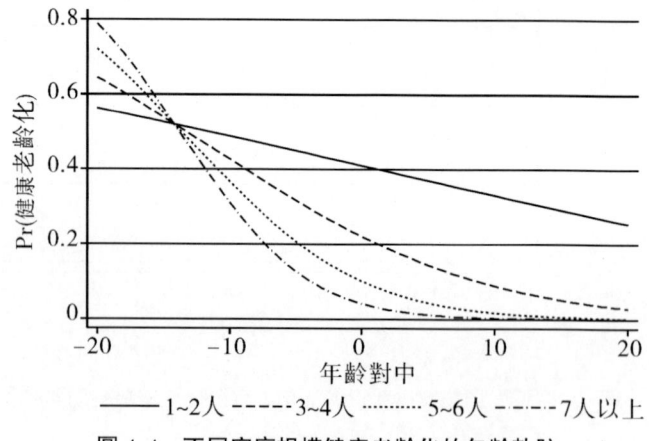

圖4.4 不同家庭規模健康老齡化的年齡軌跡

差異逐漸縮小甚至消失。這說明家庭規模作為老年人的資源效應僅存在於低齡階段，進入中高齡階段之後家庭規模逐漸成為老年人的負擔，對客觀健康老齡化產生消極效應。

第三，存活子女數量對客觀健康老齡化具有顯著的正向影響，且呈現明顯的門檻效應。根據模型2的迴歸結果顯示，無子女老年人的健康老齡化狀況堪憂，僅為有2個及以上子女老年人健康老齡化發生比的63%（$e^{-0.462} \approx 0.63$）。但是與多子女老年人相比，僅有1個子女的老年人並沒有在健康老齡化方面表現出劣勢，甚至估計系數為正，雖然在10%的水準上沒有通過顯著性檢驗（$\beta=0.006$，$p>0.1$）。存活子女數量是影響老年人客觀健康老齡化的重要因素，而且兩者關係呈現出明顯的門檻效應（Threshold Effect）。但是根據模型4的估計系數顯示，在控制了老年人家庭照料的其他兩個維度的相關因素後，無子女老年人與多子女老年人之間不存在顯著差異（$\beta=0.02$，$p>0.1$），而且僅有1個子女家庭老年人的客觀健康老齡化的優勢更加明顯，雖然這一優勢並不顯著（$\beta=0.064$，$p>0.1$）。子女數量與客觀健康老齡化之間的關係相對不穩定，究其原因主要在於多子女家庭主要通過改善老年人的經濟狀況和家庭關係資源的質量促進客觀健康老齡化。

為了進一步考察子女數量對老年人客觀健康老齡化的影響，基於表4.1中模型5的估計結果預測了不同子女數老年人客觀健康老齡化的發展軌跡。圖4.5顯示，無子女老年人客觀健康老齡化的初始概率較低，有1個子女和2個及以上子女老年人的客觀健康老齡化無明顯差異，但是進入中高齡階段之後，兩者客觀健康老齡化的概率急遽下降，與無子女老年人之間的差異大大降低了。

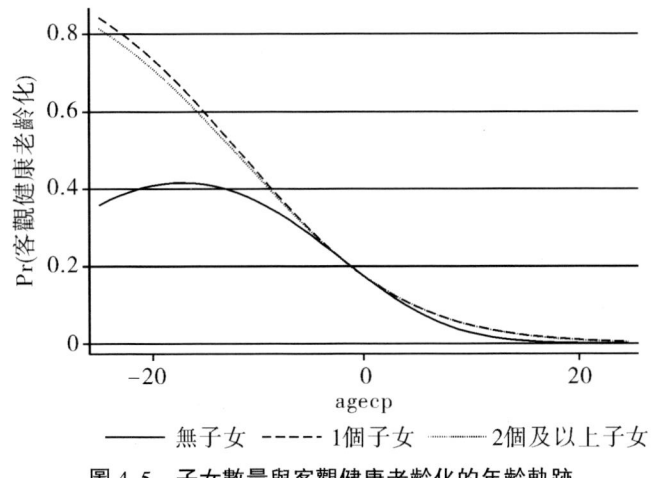

圖4.5　子女數量與客觀健康老齡化的年齡軌跡

這說明子女數量對客觀健康老齡化的影響主要存在於低齡階段，隨著年齡的增長，子女對客觀健康老齡化的積極效應逐漸降低。

第四，家庭中 60 歲以上老年人的比例對客觀健康老齡化具有顯著的消極影響。根據模型 2 的迴歸結果顯示，家庭中 60 歲以上老年人的比例每增加 1%，客觀健康老齡化的發生比降低 65.46%（$e^{-0.462} \approx -0.654,6$）。這一結果否定了家庭結構主效應增益作用的假設，即家庭中 60 歲以上老年人比例的增加並沒有提升家庭中對老年人的認同感，相反資源競爭論得到支持，家庭中老年人比例的增加意味著個體成員獲取資源的水準下降了，導致客觀健康老齡化受損。根據模型 4 的估計系數顯示，加入了家庭照料的其他兩個維度之後，家庭中 60 歲以上老年人比例與客觀健康老齡化之間的關係基本保持穩定（$\beta = -1.181$，$p<0.01$）。

為了進一步考察家庭中 60 歲以上老年人的比例對客觀健康老齡化的影響，基於表 4.1 中模型 5 的估計結果預測了不同老年人比例家庭的客觀健康老齡化發展軌跡。圖 4.6 顯示，在家庭中 60 歲以上老年人口比例與客觀健康老齡化的關係中，年齡的調節作用顯著。對於低齡老年人（75 歲以下）而言，家庭中 60 歲以上人口比例越高，其客觀健康老齡化的優勢越明顯，家庭中老年人口比例的上升意味著老年人在家庭中的認同感增強了。但是隨著年齡的增長，資源競爭效應逐漸顯現，即家庭中 60 歲以上人口所占比例越高，客觀健康老齡化的發生比越低。

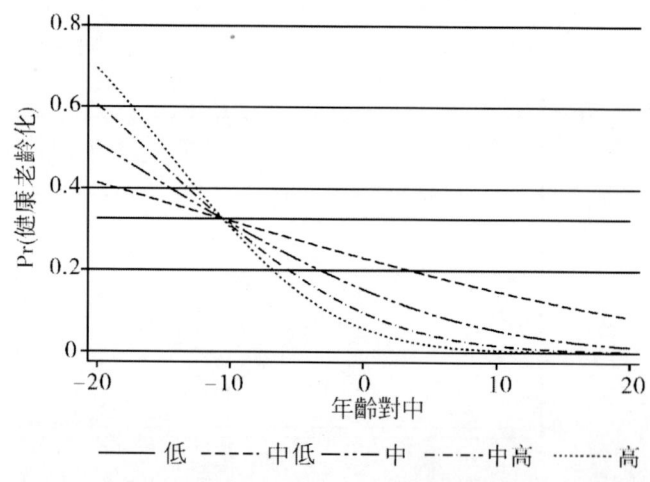

圖 4.6 家庭中 60 歲以上老年人比例與健康老齡化的年齡軌跡

第五，家庭中 16 歲以下兒童數量對客觀健康老齡化呈現顯著的正向影響。模型 2 的迴歸結果顯示，無 16 歲以下兒童家庭老年人的客觀健康老齡化的發生比最低，僅為有 2 個及以上 16 歲兒童家庭的 66.3%（$e^{-0.411} \approx -0.663$），有 1 個 16 歲以下兒童家庭的老年人健康老齡化發生比約為前者的 77.1%（$e^{-0.26} \approx -0.771$），這一結果支持了家庭結構主效應增益作用假設。根據模型 4 的估計係數顯示，家庭中 16 歲以下兒童數量與客觀健康老齡化之間的關係基本穩定。圖 4.7 進一步考察了家庭中 16 歲以下孩子數量對客觀健康老齡化的影響隨年齡的變動情況。結果顯示，家庭中有兩個及以上 16 歲以下孩子對低齡老年人的客觀成功具有明顯的促進效應，但是這一積極效應隨著年齡增長逐漸縮小，到了高齡階段（85 歲以上）甚至消失。

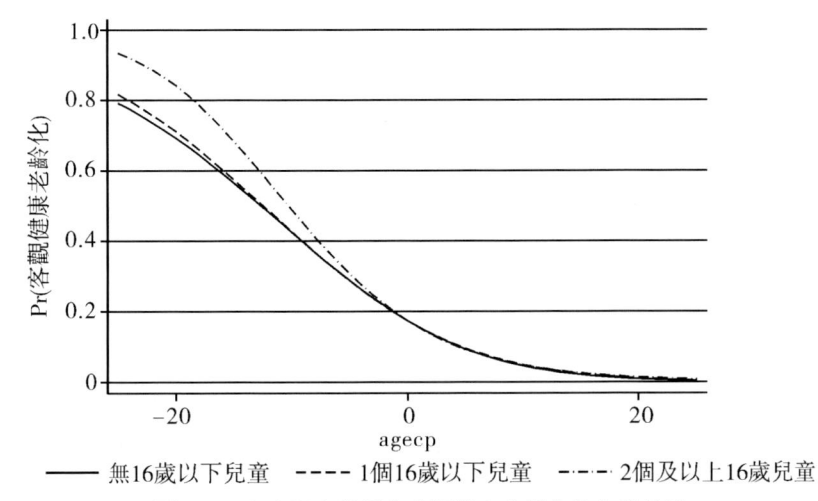

圖 4.7　家庭兒童數量與客觀健康老齡化的年齡軌跡

第六，在關於婚姻狀況影響老年人健康老齡化的相關研究中，指出婚姻狀況對健康老齡化是一個重要的變項。根據表 4.1 的結果顯示，婚姻狀況變量（$\beta=0.151$，$p<0.001$）對客觀健康老齡化具有正向顯著效應，即有配偶老年人健康老齡化的概率約為無配偶老年人的 1.16（$e^{0.151}=1.16$）倍。就婚姻狀況與老年人健康老齡化的關係來說，一些研究指出兩者有顯著差異（Roos & Havens, 1991; Vaillant & Mukamal, 2001），Vaillant & Mukamal（2001）則指出穩定的婚姻狀況對健康老齡化有顯著的促進效果，Roos & Havens（1991）的研究也發現喪偶老年人的健康老齡化比率較低。T. A. Glass et al. 於 1999 年把生產力活動依功能分成高、中、低三組，並將高功能定義為健康老齡化，結果顯示老年人的婚姻狀況對健康老齡化具有顯著影響。婚姻和健康狀況存在聯

繫，婚姻狀況會對老年人的照護方式產生影響，例如有配偶的老年人不健康時往往可以得到配偶的照顧，但如果老年人喪偶，當他們生活不能自理時就需要子女或其他社會養老服務的幫助。根據2010年的人口普查數據顯示，在有配偶的老年人中，大約50%的老年人自評為健康，自評為基本健康的比例為38%，兩者合計比例達到88%，而大約有28%未婚與喪偶的老年人自評為不健康。但在Von Faber et al. (2001) 的研究中卻發現老年人的婚姻狀況與健康老齡化之間並無顯著關聯。

圖4.8詳細考察了不同婚姻狀況老年人客觀健康老齡化的年齡軌跡，結果顯示，在整個老年期有配偶老年人都表現出明顯的優勢，即年齡的調節效應不明顯。具體來說，婚姻狀況與客觀健康老齡化之間的關係既不像個人資源、家庭中16歲以下孩子數量呈明顯的「收斂趨勢」，也不同於家庭規模和家庭中60歲以上老年人比例的「發散趨勢」，而是呈現了「持久效應」，即在老齡期的所有階段，相對於無配偶老年人，有配偶老年人客觀健康老齡化的優勢始終存在，且兩者之間的差異保持基本穩定。

圖4.8 婚姻狀況與客觀健康老齡化的年齡軌跡

4.2.3 家庭關係的主效應估計

模型3估計了家庭關係對客觀健康老齡化的影響，僅納入了家庭關係和年齡、性別、居住地等控制變量，偽R^2達到了0.403,3，家庭關係是解釋健康老齡化的有效變量，且模型整體擬合效果較好（Log likelihood＝－5,225.15，$p<0.001$）。總體而言，除了「家庭成員的精神慰藉」之外，其餘家庭關係變量

與客觀健康老齡化之間均有著顯著影響。其中，從子女處獲得經濟支持對數儘管對客觀健康老齡化影響微弱，但結論仍具有統計學意義。而且，在所有顯著的變量中，除了從子女處獲得經濟支持的對數外，其他家庭關係因素均對健康老齡化具有正向影響，這一結論也基本支持了家庭照料的主效應假設。黃曉霞、顏豔（2009）的研究發現，家庭成員的經濟支持和日常照料對老年人的身體健康有著積極影響，老年人接受來自家庭成員的支持能夠有效改善老年人的健康狀況。

　　模型 4 納入了個人資源與家庭照料三個維度的所有變量，結果顯示，模型的偽 R^2 達到了 0.420,9，而且整體擬合效果進一步改善（Log likelihood = −5,070.41，$p<0.001$）。根據模型 4 的迴歸結果顯示，家庭關係四個變量對健康老齡化的影響沒有發生方向性的改變，在顯著性方面僅從子女處獲得經濟支持的對數不再顯著，其他變量依然具有統計顯著性。因此，家庭關係對健康老齡化的影響基本穩定。我們以模型 3 的系數估計來說明家庭關係對客觀健康老齡化的影響效果。

　　首先，家庭日常照料對客觀健康老齡化的估計值分別為 0.296（$p<0.01$）和 0.198（$p<0.01$），說明從家庭成員獲得日常照料有利於老年人客觀健康老齡化。具體來說，與以其他人為主要照料來源的老年人相比，以配偶為主要日常照料來源的老年人客觀健康老齡化的發生比將提高 34.45%（$e^{0.296}-1 \approx 0.344,5$），以子女為主要日常照料獲取來源的老年人客觀健康老齡化的發生比將提高 21.9%（$e^{0.198}-1 \approx 0.219$）。這一結果支持了家庭關係主效應增益作用的假設，同時也證明了日常照料—客觀健康老齡化關係中存在明顯的責任內化。為了更好地說明家庭關係與客觀健康老齡化之間的關係，基於表 4.1 中模型 5 的估計結果，我們按照不同照料支持獲取來源預測了老年人客觀健康老齡化概率的發展軌跡。圖 4.9 顯示，第一，雖然以配偶為日常照料獲取來源的老年人的客觀健康老齡化概率較高，但是進入中高齡階段之後，以配偶為主要照料來源的老年人客觀健康老齡化概率下降得更快，進入高齡階段後其優勢再次顯現；第二，與以其他人為主要照料來源的老年人相比，以子女為主要照料來源的老年人的客觀健康老齡化初始概率更高，但是隨著年齡的增長，兩者之間的差異逐漸縮小甚至消失；第三，總體而言，與我們預期的結果不一致，隨著年齡的增加，家庭照料支持對客觀健康老齡化的促進作用漸漸弱化甚至消失。

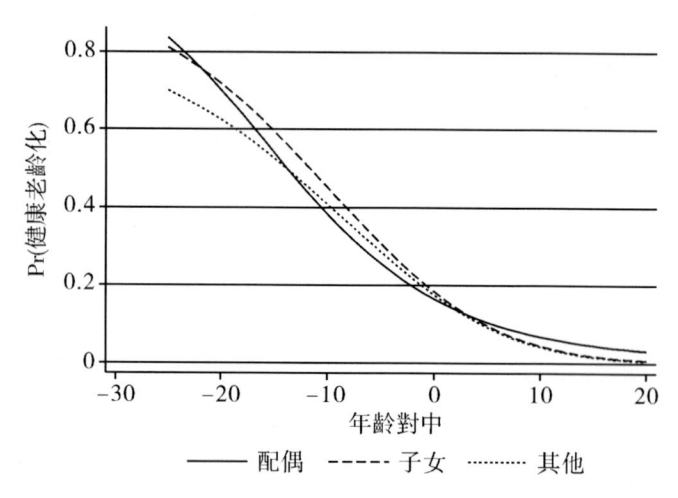

圖 4.9　家庭照料支持獲取來源與客觀健康老齡化的年齡軌跡

其次，對於精神慰藉獲取來源與健康老齡化之間的關係，研究發現，與以其他人為精神慰藉主要來源的老年人相比，以配偶（$\beta=0.296$，$p<0.001$）和子女（$\beta=0.198$，$p<0.001$）為主要來源提高了老年人客觀健康老齡化的發生比。宋璐（2006）等考察了家庭關係對老年人健康自評的影響，在老年人需求得到滿足的前提下，雙向的經濟支持以及代際之間的情感交流對其健康自評具有積極影響，而子女對老年人的照料則與老年人健康自評具有負向關係。在家庭成員中能夠獲得情感支持對客觀健康老齡化具有積極正面的影響。為了更好地說明家庭精神支持與客觀健康老齡化之間的關係，基於表4.1中模型5的估計結果，我們按照不同精神支持獲取來源預測了老年人客觀健康老齡化概率的發展軌跡。圖4.10顯示，第一，以配偶為主要精神慰藉來源的老年人的客觀健康老齡化概率更高，雖然在進入中高年齡階段後其優勢呈逐漸弱化趨勢，但是進入高齡階段後其積極效應再度顯現；第二，相對於以其他人為主要精神慰藉來源，以子女為主要精神慰藉來源的客觀健康老齡化概率更高，而且這一優勢不受年齡的影響。這說明，家庭精神慰藉支持對客觀健康老齡化具有顯著的積極效應。

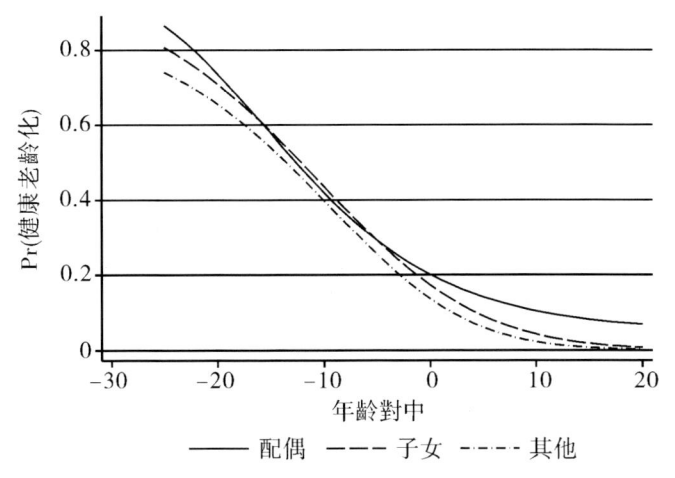

图4.10 精神慰藉來源與客觀健康老齡化的年齡軌跡

雖然中國政府所倡導建立的現代居家養老的責任主體包括家庭、政府以及社會機構，但是，相關研究結果卻表明長期以來老年人大都依賴家庭尤其是子女為其提供主要的養老資源；主要依靠家庭成員提供生活照料和精神慰藉，親屬尤其是配偶和子女承擔著主要責任（王莉莉，2013；劉婕、樓瑋群，2012）。由於中國目前還未建立健全社區服務機制和老年人服務機構，因此，老年人在照料資源獲取方面更加依賴家人，尤其是進入中高齡階段的老年人在日常生活中所獲得的照料資源主要來自子女（劉晶，2014）。

4.2.4 生活方式的主效應估計

模型5是完全模型，在控制了老年人性別、年齡、居住地等人口社會變量、家庭照料變量的情況下考察生活方式因素對客觀健康老齡化的影響。研究發現，良好生活方式的選擇與客觀健康老齡化有關，所謂良好的生活方式包括健康的行為與習慣（營養狀況、日常鍛煉、生活壓力較小和無經常飲酒情況）。測量老年人生活方式的四個變量均具有統計顯著性，而且健康促進行為（日常鍛煉和營養狀況）對客觀健康老齡化具有正向影響，相對應的，健康損害行為（日常飲酒和生活壓力）阻礙了客觀健康老齡化，這一結果也支持了生活方式主效應增益假設。老年人若有健康促進行為，具有防止身體功能障礙的功效，此與過去研究的看法基本一致（Brekman et al., 1993；LaCroix et al., 1993；Backett et al., 1996；Wu et al., 1999；George, Gar & Dilip, 2006）。根據Rowe & Kahn（1998）的研究，良好生活方式的選擇與健康老齡化有關，通過生活方式的選擇可延緩或削弱疾病，這對健康老齡化來說是相當重要的。另

外，George et al. 的研究證實了基因、生活方式與態度影響了老年人的身體健康。基於多重病原論及社會流行病學對於生活方式的研究，相關健康行為是人們維持健康或產生疾病的最近端的影響因素。

具體而言，相對於沒有日常鍛煉習慣的老年人，經常參加體育鍛煉能夠極大地提高客觀健康老齡化的發生比，客觀健康老齡化的發生比達到近 86.26%（$e^{0.622}-1≈0.862,6$）。較好的營養狀況也是促進健康老齡化的重要因素之一，客觀健康老齡化的發生比大約提高了 32.31%（$e^{0.28}-1≈0.323,1$）。此外，飲酒習慣對客觀健康老齡化的影響是消極的，相對於沒有飲酒習慣的老年人，飲酒習慣降低了客觀健康老齡化的發生比約 20.44%（$e^{-0.388}≈-0.204,4$）。這一迴歸結果支持了生活方式主效應假設，也與以往相關研究達成一致。

4.2.5 控制變量的影響效應估計

由表 4.1 的研究結果顯示，模型 1 的迴歸分析，人口社會因素變量性別（$β=0.570$，$p<0.001$）對於老年人的健康老齡化是顯著的預測變量，即男性老年人健康老齡化的概率顯著高於女性，約為後者的 1.77（$e^{0.570}=1.77$）倍。探討性別與老年人健康老齡化關係的研究，大多指出性別是影響健康老齡化的重要因素。在 Roos & Havens（1991）針對加拿大的老年人進行大規模長達 10 年的縱貫性研究調查中，發現性別對 65~74 歲的老年人的健康老齡化並沒有顯著的差異，而在 75~84 歲的老年人中卻發現男性健康老齡化比例高於女性。由上述研究可知，在性別變項上，研究結果未盡一致；有的指出性別與健康老齡化有相關，但亦有研究顯示出性別對健康老齡化並沒有顯著影響。這可能是由於研究定義、測量的不同，造成研究結果的不一致性。

年齡（Age）的系數都為負（$β=-0.112$，$p<0.001$），在四個模型中系數變化不大，且都在 $p<0.001$ 的水準上顯著，即年齡對於健康老齡化有顯著的負影響。這是因為健康存量會隨著年齡的增長而加速折舊，而對健康投資的回報率也會隨著年齡增長而減小，故而年齡越大健康需求越小。在年齡對身體功能障礙的影響上，大部分的研究（Katz et al., 1983; Pinsky et al., 1987; Harris et al., 1989; Guralnik et al., 1989; Strawbridge et al., 1992; Crimmins et al., 1994; Beckett et al., 1996; Li cyet al., 1999）皆顯示老年人年齡與失能功能狀況有統計上的顯著，並且與身體功能成負相關關係，也就是說老人年齡越大，易伴隨而來的是生理機能退化與身體功能的障礙，進而造成身體失能無法自我獨立的狀況。年齡是研究者皆納入影響老年人失能的主要顯著因素。Muurinen（1982）提出健康折舊分為年齡相關的折舊與利用相關的折舊，而年

齡相關的折舊率會隨著年齡的增長而上升，按照這些理論年齡的平方項系數應該為負，這與以上模型迴歸的結果一致（$\beta=-0.001$，$p<0.001$）。

4.2.6 文化情境對居住安排—客觀健康老齡化的調節作用

在居住安排與老年人健康關係方面，與家庭成員同住是否影響了老年人的健康狀況或者身體功能，當前學界尚未對此達成一致結論，歸納起來，主要存在以下三種觀點：第一種觀點認為老年人與家庭成員同住能得到來自家庭成員的支持，從而增進了老年人福利，對其身心健康起到積極作用。第二種觀點認為與不同家庭成員共同居住對老年人健康或身體功能的影響不同，與配偶同住對老年人的健康具有積極影響，但是與成年子女同住的老年人並未在健康上表現出明顯優勢，與子女同住或者增加了老年人疾病的發病風險，或者在同住情形下，由於空間的狹小、見面頻率的增多，引發了更多的代際關係緊張問題，從而給老年人的身心健康帶來負面效應。第三種觀點認為居住安排與老年人的健康無關。以往關於居住安排與老年人身體功能的研究結論不一致，究其原因可能與變量的操作化差異有關，但更可能體現了居住安排的健康選擇性，即身體功能狀況比較差的老年人更可能選擇與某些家庭成員共同居住從而便於獲得照料。這種「基於需求的選擇」導致對居住安排與身體功能的關係的估計出現偏差。張震（2002）採用追蹤數據對兩者之間的關係進行考察，在一定程度上解決了兩者之間存在的內生性，但仍沒有從根本上解決內生性問題。因此，本書採用傾向值加權的方法，在控制一些人口社會等變量的基礎上，考察老年人居住安排與健康老齡化之間的關係。

表4.2 居住安排與客觀健康老齡化：基於文化情境與傾向值的分析

居住安排	匹配前		匹配後	
	β	S.E	β	S.E
僅配偶	0.185*	1.35	0.157*	0.94
僅子女	−0.215	−1.55	−0.225	−1.28
配偶+子女	0.158**	1.06	0.142*	0.77
(…)	(…)	(…)	(…)	(…)
R^2	0.43		0.41	

註：* $p<0.1$，** $p<0.05$，*** $p<0.01$（雙尾檢驗）。

結合以往研究中影響老年人居住安排因素的結論，我們利用年齡、性別、婚姻狀況、居住地、教育狀況、獨立經濟來源和家庭收入水準7個變量對居住

安排變量做 Logit 迴歸，得到相應的傾向值，然後做加權後的迴歸分析。通過對比加權前後樣本的分佈，我們可以看到加權後的樣本得到了平衡。根據表 4.2 的迴歸結果顯示，加權後的迴歸系數在方向和顯著性方面沒有明顯變化，但是作用力的變化相對明顯。根據匹配後的迴歸系數顯示，僅與子女同住降低了客觀健康老齡化的發生比，其中可能的原因有：分別對比幾種居住安排發現，中國老年人大多缺乏養老保障，在軀體機能允許的條件下，通過向子女提供家務勞動、照顧孫輩等方式和成年兒女進行經濟上的資源交換。而同時這類家務本身極有可能會造成老年人機體的疲勞或者機能的下降。相對於獨居老人，與子女共同居住的老年人一般要承擔更多的家務勞動，因此這一部分老年人的身體機能下降得更快，這一結果與國外相關研究結果一致；另外，按照生物體本身的反應，獨居有可能會促使老年人的軀體機能盡可能保持自立狀態；最後，中國老年人中的獨居群體本身就是一種軀體機能良好的「選擇性結果」，一般只有那些生活能夠自理的老年人才會選擇獨居或與配偶、子女以外的其他人共同居住，一旦老年人軀體機能受損了，就只好選擇與子女共同居住了，因此和子女同住這一形式本身就是一種軀體機能「缺陷」的「選擇性結果」。

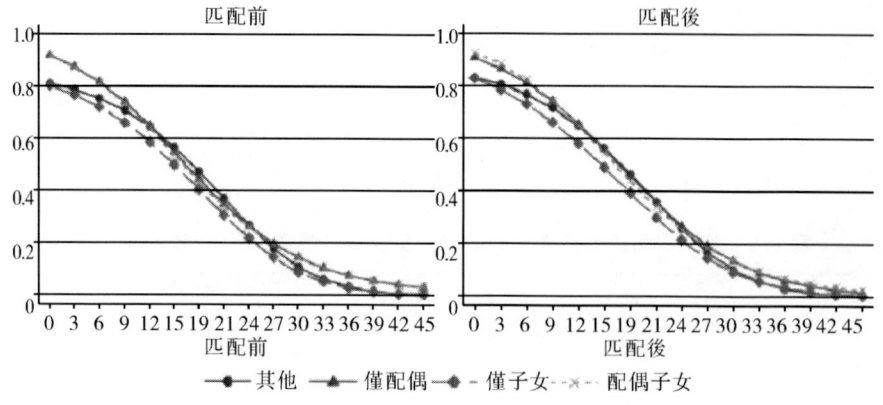

圖 4.11　匹配前與匹配後不同居住安排狀況老年人客觀健康老齡化的年齡軌跡

4.3　個人資源、家庭照料與生活滿意度的 OLS 迴歸

生活滿意度一直是老人生活質量的外在指標，除此之外也是瞭解老年人是否可以成功適應老齡化的重要指標（Liang, 1982；Henry, 1989）。因此，在我

們關心健康老齡化時，老年人的生活適應與感受也就成為我們關注的焦點。為了協助老年人能更適應老年生活，許多學者不斷地嘗試著尋找與老年人生活滿意度相關的因素，並期待發揮整合的功能（Henry, 1989; Meeks & Murrell, 2001）。在經過將個人資源、家庭照料與生活滿意度進行雙變量分析後，我們發現性別、婚姻狀況、教育程度、家庭收入、居住安排、工具性支持、情感性支持等皆與生活滿意度有顯著差異，因此針對這些有顯著差異的變量進行多變量迴歸分析，用以解釋老年人的生活滿意度狀況。在進行迴歸分析時需要注意共線性（Collinarity）的問題。所謂共線性指的是自變量間的相關太高，而干擾迴歸分析的結果。因此，本書在進行迴歸分析前，先進行了共線性的診斷，經資料分析得知變異數波動因素（VIF）介於1.069~1.644之間，皆小於10，而且條件指數（CI）介於1.000~27.613之間，皆小於30，因此，自變量之間不存在嚴重的多重共線性。同4.2節一樣，個人資源、家庭照料對生活滿意度影響的研究也分別從五個模型進行分析，同樣採取兩步分析策略。

4.3.1 個人資源特徵影響效應的估計

模型1控制老年人的性別、年齡、居住地等人口社會背景因素，重點考察個人資源特徵對生活滿意度的影響。迴歸結果顯示，個人資源特徵能夠有效預測生活滿意度（$F = 336.251$, $p < 0.001$），即控制變量和個人資源特徵能夠解釋20.1%的變異量，模型整體擬合效果較好。以迴歸係數來看，受教育年限（$\beta = 0.128$, $p < 0.01$）、家庭人均收入對數（$\beta = 0.213$, $p < 0.01$）、老年人個人資源狀況主觀滿足感（$\beta = 1.147$, $p < 0.01$）和獨立經濟來源（$\beta = 0.36$, $p < 0.01$）對老年人的生活滿意度是顯著預測變量，而且對生活滿意度也都具有正向影響。這一結果支持了個人資源生活滿意度主效應增益作用假設，亦即老年人的個人資源狀況越好，生活滿意度越高。幾乎所有的研究結果都認為個人資源與生活滿意度間有正相關關係（Markides & Martin, 1979; Liang, 1982）。探求其原因，可能是因為當老年人的經濟狀況好時，他們不需要向兒女開口要求金錢資助，更不用擔心生活中出現由於錢不夠用而無法安排自己生活方式的情況，或是無法實踐自己想做的事情，完成未實現的理想與願望，因經濟的問題在生活當中受到限制，如此一來，老年人才在生活當中更可感受自己受到尊重，同時不需要依賴子女。模型4在模型1的基礎上納入了家庭結構、家庭關係變量，結果發現，在個人資源特徵的四個變量中只有獨立經濟來源的估計值變動較大，而且仍然具有統計顯著性，這說明個人資源特徵對生活滿意度的影響相當穩定。我們以模型1的估計係數來說明個人資源特徵對生活滿意度的影

響效應。

　　第一，受教育程度每增加1年，老年人生活滿意度得分增加0.128，即受教育程度越高，老年人的生活滿意度越高。一方面，高教育水準的老年人可能較能掌控自己的生活，在各方面也有較多的學習成長空間，可以繼續實現未完成的理想與夢想，因此能擁有較好的生活質量。另一方面，受教育程度較高的老人，在處理生活事務方面也可能更知道如何尋求資源，所擁有的資源相對較多，對於生活各方面的適應及要求也可能較具彈性，生活滿意度也因此而提高。反觀受教育程度較低的老年人，比較不知道如何尋求資源協助，所擁有的協助相對減少許多，對生活挫折與無力感也較多，相較之下可能因此呈現較低的生活滿意度。

　　第二，家庭人均收入對數對老年人生活滿意度也表現出正向影響。家庭人均收入每增加1%，生活滿意度得分增加0.213。在經濟狀況方面，研究結果顯示老年人的經濟狀況好，生活滿意度就高，這可能是因為經濟狀況好，生活壓力就會減輕。特別是老年人進入退休階段後，如果他們擁有較好的經濟狀況，老年人便可以繼續完成未實現的理想與計劃，從事自己想要的退休生活等，不需要煩惱經濟狀況不好所面臨的困頓，不用向子女開口要錢，更不用擔心自己造成子女經濟上的負擔，與家人的關係也不會因為經濟傷了和氣，讓自己的老齡生活變得精彩並有尊嚴，因此生活滿意度水準才會得到提升。

　　第三，主觀經濟狀況滿足感也對老年人的生活滿意度具有顯著的促進作用。相對於經濟狀況沒有達到滿足的老年人，經濟狀況滿足提高了生活滿意得分1.147（$p<0.01$）。幾乎所有的研究結果都是社會經濟狀況與生活滿意度間有正相關關係（Markides & Martin, 1979; Liang, 1982）。Langner & Michael (1963) 的研究發現，對社會經濟狀況的擔憂是導致心理疾病的重要因素之一，對於經濟的匱乏或經濟資源的流失所導致的經濟壓力，如果經調適後仍沒有產生積極的效果，將會造成長期的心理負擔，從而影響心理健康。

　　第四，為了檢驗獨立經濟來源對老年人生活滿意度的主效應，我們採取了兩步分析的策略。首先，根據模型1的分析結果顯示，具有獨立的經濟來源對老年人生活滿意度有顯著的促進效果（$\beta=0.36$, $p<0.001$），在模型中納入了家庭照料變量後，結果顯示，獨立經濟來源的估計系數變小了，但是依然具有統計顯著性。這說明雖然獨立經濟來源對生活滿意度的促進作用中有相當部分是通過老年人對家庭結構與家庭關係的選擇發揮作用的，但獨立經濟來源對生活滿意度影響也具有不可忽視的直接影響，這個結果也符合「依賴—自主」理論。老年人自身所擁有的資源越少，依賴下一代的程度就越高，依賴感會影

響老年人的自尊和心理調適。與李建新（2009）的研究結果一致，以家人和其他為經濟來源的老年人可能會做出更為消極的主觀健康自評，而獨立的經濟來源對老年人的精神健康則會有更多積極的效應。然而，郭志剛等人（2007）的研究結論與此不同，他們認為對於經濟上得到滿足的老年人來說，經濟供養的具體來源並不是他們關心的重點，不論是自己獨立獲得、核心家人或者是其他親屬提供還是政府社會資助都不會對老年人的生活滿意度造成影響。

　　圖4.12顯示的是在控制其他變量的條件下，不同個人資源老年人的生活滿意度差異隨年齡變化而變化的趨勢。教育程度對生活滿意度的影響在85歲以上高齡老年人群體中差異最明顯，其次是60～65歲的低齡老年人，但是對於中齡老年人而言不同教育水準之間則不存在明顯差異。這一變動趨勢顯示不同教育水準老年人生活滿意度差異由大變小甚至消失，再逐漸增大的狀態，即發散效應。獨立經濟來源與家庭收入水準對老年人生活滿意度的影響在除了低齡老年人以外的其他群體內均存在顯著差異，並且這一差異呈逐漸增大的趨勢。與以往的研究結果相同，不同個人資源老年人的生活滿意度差異有隨年齡增長而擴大的趨勢，不同個人資源老年人的生活滿意度差異在高齡老年人組中仍然顯著存在。

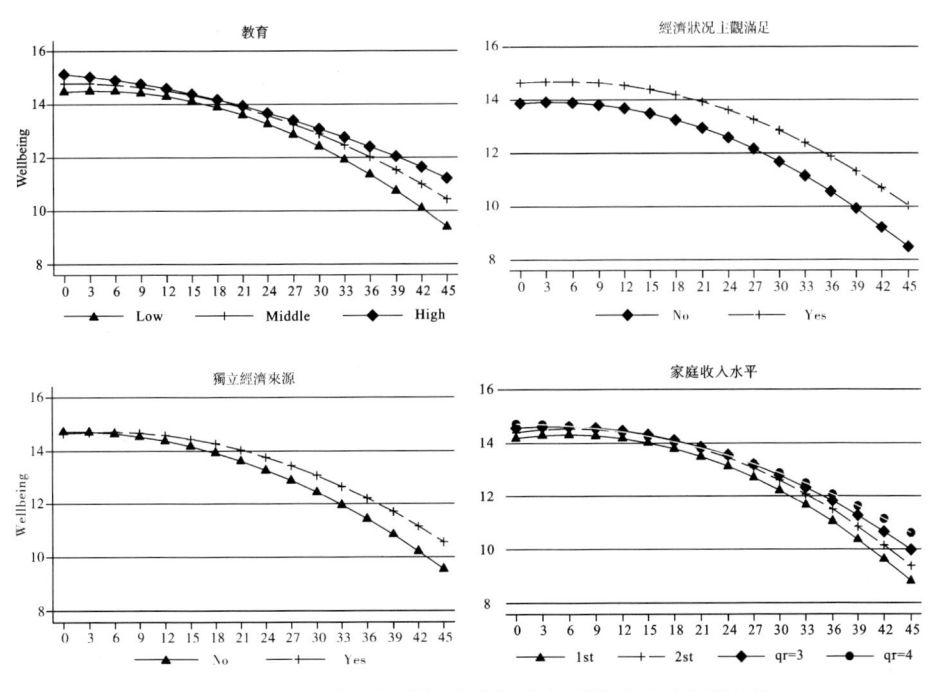

圖4.12　不同個人資源狀況與老年人生活滿意度的年齡軌跡

4.3.2 家庭結構影響的主效應估計

模型 2 估計了家庭結構對老年人生活滿意度的影響。迴歸結果顯示，家庭結構與控制變量能夠預測老年人生活滿意度有解釋 18.5% 的變異量，而且模型的整體擬合效果較好（$F=238.394$，$p<0.001$）。模型 4 在模型 2 的基礎上納入了個人資源與家庭關係變量，結果發現，家庭結構中僅有子女數量這一變量不再顯著，其餘四個變量的估計值幾乎沒有發生明顯變化，家庭結構與生活滿意度的關係較穩定。另外，家庭結構五個變量的影響效果存在差異。接下來以模型 2 的估計系數來說明家庭結構對生活滿意度的影響效果。

首先，與子女同住對老年人生活滿意度具有顯著的負向影響，相比獨居老年人生活滿意度得分降低了 0.612。與預期假說相反的是與子女居住的居住安排方式對老人心理健康的影響在統計水準上呈現出負的顯著性，這說明相對於獨居老人而言與子女居住在一起的老年人生活滿意度反而更加惡化。與曾憲新（2011）、郭志剛等（2007）的研究結果不一致，他們認為獨居方式可能使老年人的生活滿意度大幅下降，而同核心家人一起居住的老年人比那些只和其他人一起居住的老年人對生活有著更為積極的評價。可能的原因在於與子女同住將會加劇老年人的緊張感與代際衝突，老年人晚年身體健康大不如前與子女、孫子女在生活習慣與價值觀念上存在比較嚴重的衝突，這往往會加深老年人的不中用感。

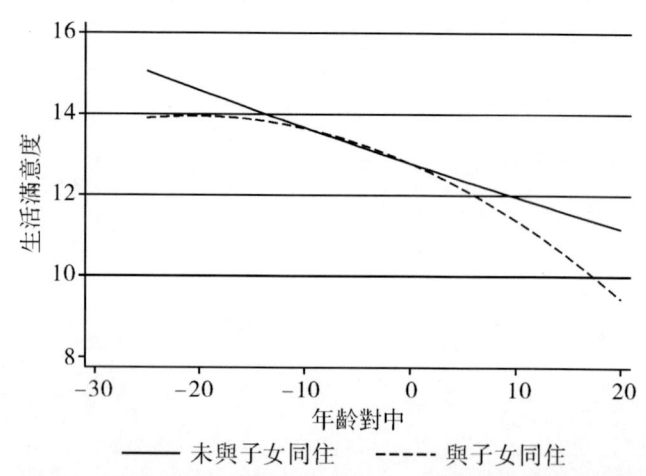

圖 4.13 不同居住安排狀況下老年人生活滿意度的年齡軌跡

為了更好地考察居住安排與老年人生活滿意度之間的關係，我們以表 4.3 中的模型 5 為基礎分別預測了不同居住安排老年人生活滿意度的發展軌跡。與

空巢家庭老年人相比，與子女同住老年人的初始生活滿意度更高，隨著年齡的增長，兩者之間的差異先呈現逐漸彌合的趨勢繼而發散。我們認為之所以會出現這樣的年齡軌跡主要是因為，與子女同住會影響低齡老年人的生活自主感，增加與子女之間的代際衝突，而到了高齡階段，則主要是由於長期、繁重的日常照料使老年人感覺自己成為子女的累贅，從而帶來了失落感。

其次，根據模型2的迴歸結果，家庭規模每增加1人，生活滿意度得分減少0.271。另外，家庭規模的平方項為正亞且顯著（$\beta = 0.034$，$p<0.01$），這意味著家庭規模與老年人生活滿意度兩者之間存在「U」型曲線關係，隨著家庭規模增大，老年人生活滿意度呈現先降後增的過程。究其原因可能在於，在所有居住安排類別中，均表現出老年人與配偶同住是過得最好的狀態。這類老年人幸福感較強，對自己生活滿意度較高。單獨生活的老齡夫婦幸福感和生活滿意度最佳。生活在三代家庭中的老齡夫婦類別與獨立生活老齡夫婦類別相比，兩者在情感健康方面沒有明顯的差別。但只與成年子女同住而沒有孫子女的老年人類別幸福感和生活滿意度較低，抑鬱程度較高。這說明只與成年子女同住會降低老年人的情感健康，孫子女的介入則可以降低這一負面效應（任強、唐啓明，2014）。

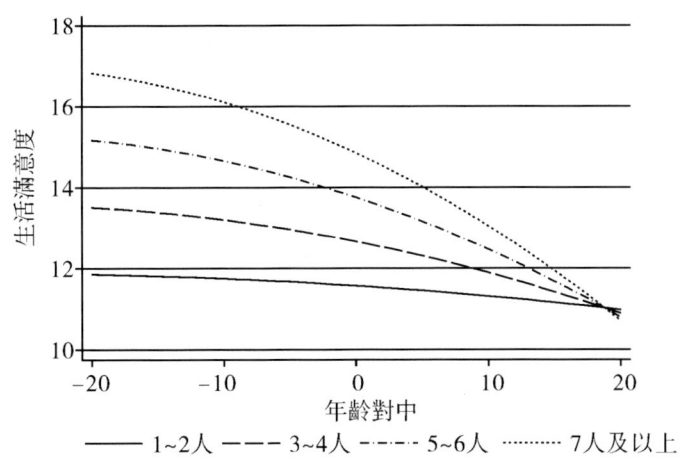

圖4.14 不同家庭規模下老年人生活滿意度的年齡軌跡

為了更好地考察家庭規模與老年人生活滿意度之間的關係，我們以表4.3中的模型5為基礎分別預測了不同家庭規模老年人生活滿意度的發展軌跡。一是生活在大規模家庭（7人及以上）中的老年人的初始生活滿意度較高，但是隨著年齡增長，其對生活滿意度的積極作用逐漸弱化，生活滿意度水準經歷了一個較陡峭的下降過程；二是家庭規模越大老年人生活滿意度得分越高，但是

表 4.3 個人資源、家庭照料與生活滿意度的 OLS 迴歸

		模型 1 β	模型 1 Std. Error	模型 2 β	模型 2 Std. Error	模型 3 β	模型 3 Std. Error	模型 4 β	模型 4 Std. Error	模型 5 β	模型 5 Std. Error
人口社會因素	性別（女性）	0.232***	3.24	0.464***	7.01	0.456***	6.89	0.192***	2.71	0.215***	2.97
	居住地（城市）鎮	-0.077	-0.76	-0.463***	-4.76	-0.258***	-2.64	-0.096	-0.96	0.079	0.79
	農村	-0.298***	-3.37	-0.914***	-11.59	-0.645***	-8.08	-0.311***	-3.53	-0.114	-1.29
	婚姻狀況（無配偶）	0.147*	1.80	0.207**	2.09	-0.002	-0.02	0.109	0.79	0.111	0.81
	年齡	0.023*	1.88	-0.014	-1.15	0.005	0.45	0.015	1.24	0.015	1.20
	年齡平方	-0.003***	-12.30	-0.002***	-9.07	-0.003***	-11.32	-0.002***	-10.56	-0.002***	-10.12
個人資源	受教育年限	0.128***	5.04					0.113***	4.51	0.098***	3.93
	受教育年限平方	-0.006***	-3.11					-0.006***	-2.99	-0.006***	-2.89
	家庭人均收入對數	0.213***	7.25					0.161***	5.47	0.104***	3.41
	主觀經濟狀況滿足（否）	1.147***	15.32					1.104***	14.76	1.055***	14.21
	獨立經濟來源（否）	0.360***	4.22					0.195**	2.22	0.120	1.38
家庭結構	與子女同住（否）			-0.612***	-6.43			-0.692***	-7.12	-0.710***	-7.37
	家庭規模			-0.271***	-3.75			-0.299***	-4.21	-0.303***	-4.28
	家庭規模平方			0.034***	4.56			0.035***	4.81	0.035***	4.90
	子女數量（2 個及以上子女）										

表 4.3（续 1）

		模型 1		模型 2		模型 3		模型 4		模型 5	
		β	Std. Error	β	Std. Error	β	Std. Error	β	Std. Error	β	Std. Error
家庭结构	无子女			−0.913***	−5.09			−0.221	−1.16	−0.221	−1.16
	1 个子女			−0.212**	−2.05			−0.055	−0.54	−0.046	−0.45
	家庭中老年人比例			−0.488***	−3.22			−0.573***	−3.78	−0.535***	−3.57
	家庭中 16 岁以下儿童数量（2 个及以上）										
	无 16 岁以下儿童			0.292*	1.79			0.206*	1.29	0.266*	1.67
	1 个 16 岁以下儿童			0.292*	1.89			0.232*	1.54	0.266*	1.77
家庭关系	日常照料（其他）										
	配偶					0.459***	3.06	0.313***	2.08	0.336**	2.26
	子女					0.493***	4.85	0.234**	2.22	0.281***	2.69
	精神慰藉（其他）										
	配偶					0.918***	5.57	0.901***	5.50	0.837***	5.15
	子女					0.834***	8.13	0.931***	8.94	0.919***	8.89
	经济支持										
	给子女钱对数					0.178***	13.09	0.146***	10.61	0.134***	9.81
	子女给钱对数					0.007	0.50	−0.006	−0.39	−0.003	−0.20

表4.3（續2）

		模型 1		模型 2		模型 3		模型 4		模型 5	
		β	Std. Error	β	Std. Error	β	Std. Error	β	Std. Error	β	Std. Error
生活方式	日常鍛煉（否）									0.903***	12.58
	營養（否）									0.551***	8.83
	飲酒（否）									-0.241***	-2.72
	生活壓力									-0.225***	-3.38
	截距項	11.574***	37.08	15.855***	61.76	14.262***	70.06	12.058***	31.14	11.867***	29.93
	N	14,758		14,758		14,758		14,758		14,758	
	R^2	0.201		0.185		0.189		0.220		0.234	
	F	336.251		238.394		286.732		165.862		154.794	

註：(1) 括號內為參照項；(2) * $p<0.1$，** $p<0.05$，*** $p<0.01$（雙尾檢驗）。

受到年齡槓桿效應的影響，不同家庭規模之間的老年人生活滿意度差異經歷了一個逐漸縮小的過程。

第三，根據模型 2 的迴歸結果顯示，子女數量對生活滿意度具有顯著的積極影響，與有 2 個及以上子女的老年人相比，無子女和僅有 1 個子女老年人的生活滿意度得分分別降低了 0.913 和 0.212，但是在模型 4 中納入了個人資源與家庭關係變量後，子女數量對生活滿意度的促進作用明顯減小了，而且統計上不再顯著。子女數多的家庭較懂得為老年人爭取所需要的社會福利資源，另外，家人的關心越多越容易分擔照顧的責任。已有研究發現，成年子女傾向於對父母提供照料和支持，甚至在必要的時候與父母共同居住，而且有更多子女的父母越可能獲取更多的支持和幫助，而無子女的老年人擁有較少的社會關係和更孤獨的風險。有學者從子女數量對代際支持的影響來探討其對老年人生活質量的影響，構建了「老年人養老資源供給『填補』理論」的研究框架，認為子女提供的支持資源與子女數之間沒有明顯的相關關係（桂世勛、倪波，1995），而有學者則提出存活子女數量和性別是影響高齡老年人生活及養老狀況的重要因素，並提出養老狀況的好壞並不完全取決於子女的多少，還在於子女是否孝順，是否願意提供支持的義務和責任這一觀點（劉晶，2004）。在模型 5 的基礎上，我們對不同子女數家庭老年人生活滿意度的年齡軌跡進行預測，結果顯示，在進入老年期的絕大多數階段，子女對老年人的生活滿意度都具有顯著的增益效應，尤其在低齡和超高齡階段的增益效應尤其明顯。另外，對於低齡老年人而言，有 1 個子女的老年人的生活滿意度得分最高，在進入超高齡階段後，有 2 個及以上子女家庭老年人的生活滿意度表現出明顯優勢，這

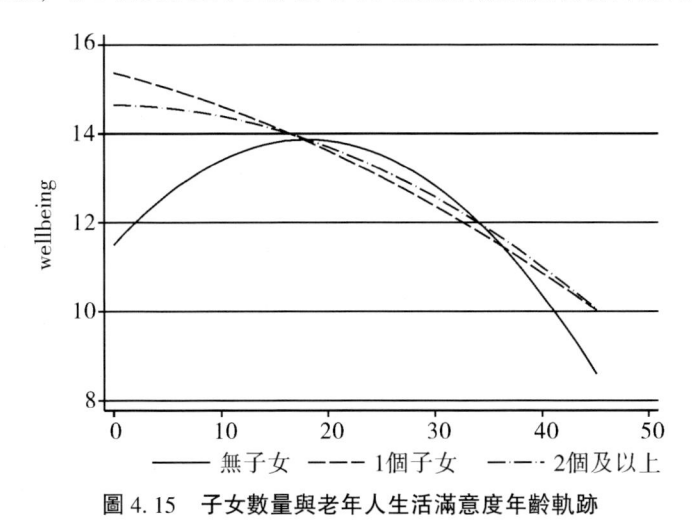

圖 4.15　子女數量與老年人生活滿意度年齡軌跡

說明「填補理論」和「數量優勢」在老年不同階段得到了體現。

第四，根據模型 2 的迴歸結果，家庭中 60 歲以上老年人比例對生活滿意度的影響顯著為負（$\beta=-0.488$，$p<0.01$），家庭中 60 歲以上老年人比例每增加 1 個百分點，生活滿意度得分降低 0.488。在模型 4 中納入了個人資源與家庭關係變量後，老年人比例的消極作用反而增強了，而且在統計上依然具有顯著性。目前，中國老年人中有經濟來源的比例較低，而且社會養老保險的覆蓋面較低，子女或其他親屬仍然是老年人獲取資源的主要來源，因此，老年人比例增加在更多情況下意味著「資源競爭」，家庭中老年人的比例越高，每個老年人能夠獲得的資源就越少。圖 4.16 是在模型 5 的基礎上預測的不同老年人比例家庭中老年人生活滿意度得分的年齡軌跡，分析結果也從側面支持了資源競爭理論。在中低齡階段，老年人的身體健康狀況較好，家庭中老年人比例較高能夠使其獲得更多的認同，但是隨著年齡增長，生活在老年人比例較高家庭中的老年人面臨著養老資源匱乏的情況，養老需求逐漸得不到滿足，因此，家庭中老年人比例較高反而降低了老年人的生活滿意度。

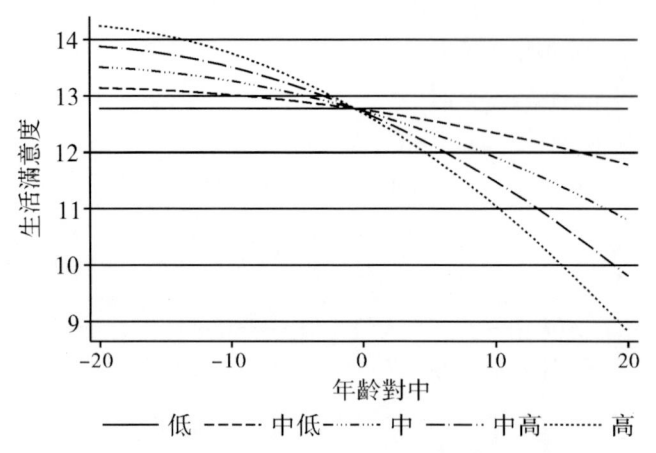

圖 4.16　家庭中 60 歲以上老年人比例與生活滿意度水準的年齡軌跡

第五，模型 2 的迴歸結果顯示，與孫子女同住對老年人的生活滿意度存在顯著增益作用，與沒有 16 歲以下孩子家庭的老年人相比，家庭中有 1 個和 2 個及以上孩子的老年人生活滿意度分別提高了 0.292 和 0.318。在納入了個人資源與家庭關係變量後，家庭中 16 歲以下孩子對生活滿意度的促進效應保持了基本穩定，而且在統計上仍具有顯著性。儘管祖父母照料孫子女在中國尤其是在農村地區還比較普遍，但是相關研究還比較缺乏，而且已有研究結果也並不一致（Silverstein & Giarrusso, 2010）。在傳統文化中，「光耀門楣」是一個核

心的家庭觀念，因此老年人都會盡最大可能為其子孫將來的生活付出努力，以期實現其人生價值，與此同時照料孫子女也能讓老年人盡享天倫之樂，進而提高生活滿意度。大多數老年人都可以從照料孫子女的活動中獲得成就感、自我效能和自豪感（Goodman & Silverstein, 2010）。Silverstein, Cong & Li（2006）的研究顯示，中國安徽省農村老年人居住在三代家庭或與孫子同居的隔代家庭，比單一世代的老年人有較好的生活滿意度。圖4.17進一步考察了家庭中兒童數量與生活滿意度的關係，分別預測了不同兒童數量的家庭中老年人生活滿意度的發展軌跡。一是家庭中有2個及以上16歲以下兒童的老年人雖然具有較高的初始生活滿意度，但是在步入中高齡階段後經歷了一個急遽下降的過程，最終生活滿意度遠低於家庭中僅有1個或沒有16歲以下兒童家庭的老年人；二是與家庭中沒有16歲以下兒童的老年人相比，僅有1個16歲以下兒童的老年人雖然初始生活滿意度較高，但是隨著年齡增長，後者的生活滿意度的下降軌跡更加陡峭。這說明「含飴弄孫之樂」僅存在於低齡老年人之中，對於高齡老年人而言，家庭中16歲以下兒童的增加更多地體現了「資源競爭效應」。另外，照料孫子女與老年人生活滿意度的效用後果之間是一種非線性的關係（Coall & Hertwig, 2011），對於低齡老年人而言，照料孫子女屬於低強度的活動，既是代際之間的一種交換形式，也是一項智力和體力活動。根據「用進廢退」理論，照料孫子女會對低齡老年人的生活滿意度產生積極效應。但是，步入中齡階段後，照料孫子女的積極效應逐漸消失了，而在高齡階段後，照料孫子女反而變成了高強度的任務從而損害了老年人的生活滿意度（Baker & Silverstein, 2008；Hughes et al., 2007）。

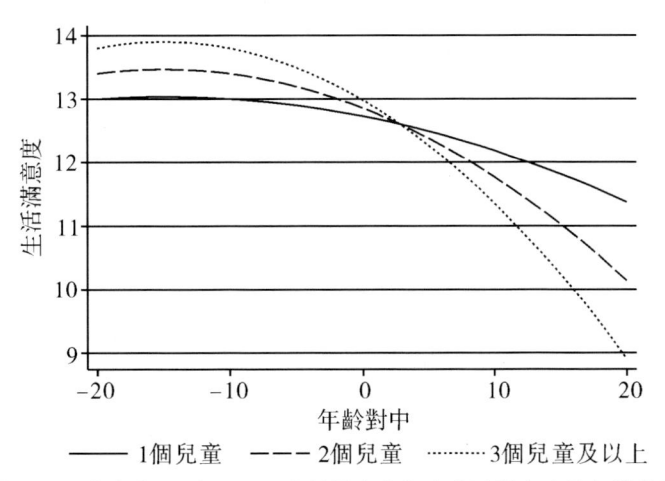

圖4.17 家庭中16歲以下兒童數量與老年人生活滿意度的年齡軌跡

第六，模型2估計了婚姻狀況對老年人生活滿意度的影響，結果顯示，有配偶老年人的生活滿意度水準顯著好於沒有配偶的老年人（$\beta = 0.207$，$p < 0.001$），這一結果也支持了婚姻對老年人保護作用的假設。但是在納入了老年人的個人資源與家庭關係變量後有配偶對生活滿意度的促進效應變小了，而且在統計上不顯著了。究其原因，可能是因為有配偶的老年人無論是在生活上還是精神上都能獲得另一半的支持與相互扶持，再加上工作已到退休階段，不會為此感到孤單或是生活沒有了重心，也就不需要事事依賴子女。為了更好地說明婚姻狀況對老年人生活滿意度的作用，基於表4.3中模型2的迴歸結果，我們按照不同婚姻狀況對老年人生活滿意度的年齡軌跡進行了預測，圖4.18顯示：雖然有配偶老年人在低齡階段的生活滿意度較高，但是在進入中齡階段後，有配偶老年人的生活滿意度下降加快；在進入高齡階段後，婚姻對老年人生活滿意度的積極效應再次顯現出來，而且隨著年齡增長其積極效應越來越明顯。

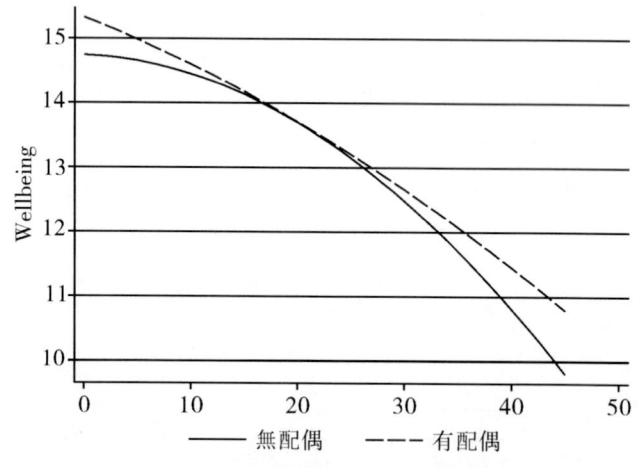

圖4.18 不同婚姻狀況老年人生活滿意度的年齡軌跡

4.3.3 家庭關係影響生活滿意度的主效應估計

模型3的目的在於檢驗家庭關係對老年人生活滿意度的影響，根據兩步分析策略，首先在模型3中納入家庭關係和控制變量，進行估計，然後在模型3的基礎上加入個人資源與家庭結構變量，形成模型4。最後通過對模型3和模型4的估計系數進行比較，以確定家庭關係對生活滿意度影響的穩定性（見表4.3）。

模型3只納入了家庭關係因素和性別、年齡、居住地等控制變量，能夠預

測老年人生活滿意度有解釋18.9%的變異量,而且模型的整體擬合效果較好(F=286.732,p<0.001)。從分析結果可以看出,測量家庭關係的4個變量中,除了從子女處獲得經濟支持的對數變量不顯著外,其他3個關鍵變量均達到了統計顯著性,而且3個統計顯著變量對生活滿意度的影響都為正,這一結果也基本證實了家庭關係主效應增益作用。模型4在模型1的基礎上納入了家庭照料的全部變量,結果發現家庭關係的4個變量估計值沒有發生明顯變動,而且3個變量的影響仍然顯著。這表明家庭關係對老年人生活滿意度的影響相當穩定。接下來,我們以模型3的估計系數來說明家庭關係各變量對生活滿意度的影響效應。

首先,與預期結果一致,核心家庭為老年人獲取日常照料資源最主要途徑提高了老年人生活滿意度得分,日常照料資源為配偶和子女分別提高老年人生活滿意度得分為0.459和0.493。隨著年齡的增長,老年人的軀體功能會慢慢出現障礙,此時配偶、子女提供的家務起居幫助對老年人的生活滿意度會有顯著影響。隨著年齡增長,老年人為家人所提供的照料資源、情感慰藉將逐漸減少,反而更加依賴家人或朋友提供養老資源。國外的研究結果發現,來自朋友的支持對老年人的心理健康或生活滿意度水準具有顯著的促進作用,但是來自家庭成員的支持卻對老年人的心理健康不存在顯著影響。為了更好地瞭解日常照料來源對老年人生活滿意度的影響,基於表4.3中模型3的估計結果,我們按照獲取日常照料的不同來源預測了老年人生活滿意度的年齡軌跡。圖4.19的結果顯示,在整個老年期,從配偶或子女等核心家庭成員處獲取照料資源都能夠明顯改善老年人的生活滿意度,而且受到責任內化文化的影響,老年人生

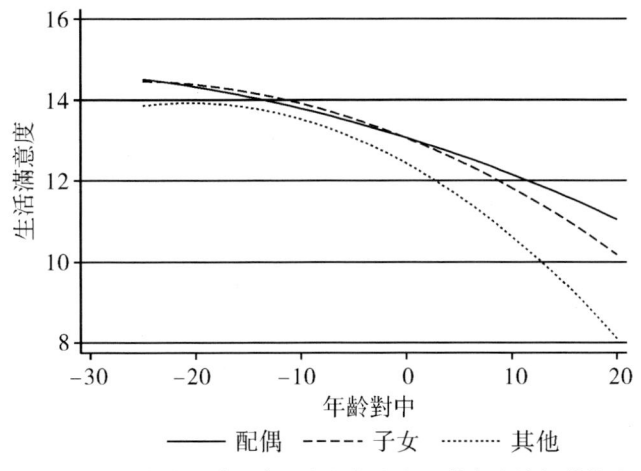

圖4.19 日常照料獲取來源與老年人生活滿意度的年齡軌跡

活滿意度呈現明顯的「差序格局」特徵，即「配偶—子女—其他」。這顯示中國責任內化文化仍具約束力，強調家庭所發揮的社會支持對老年人生活有全面性的影響。

其次，模型 3 也估計了精神慰藉來源對老年人生活滿意度的作用。結果顯示，從家庭獲取精神慰藉對老年人生活滿意度具有顯著的促進效應，具體而言，精神慰藉的主要途徑為配偶和子女分別提高了生活滿意度得分 0.918 和 0.834，在模型 4 中納入了老年人的個人資源與家庭結構變量後，家庭的精神支持對老年人生活滿意度的估計系數僅發生了較小的變化，並且依然具有統計顯著性，因此家庭關係主效應增益作用也得到了驗證。在模型 3 的基礎上，我們預測了不同精神慰藉來源老年人生活滿意度的年齡軌跡。與國外的研究結果不同，老年人以其他親屬、朋友、鄰居為精神慰藉來源似乎比核心家庭更能增加信心，更有利於老年人排遣內心的孤獨寂寞，因為在大多數情況下這使老年人與其他人的交往更加自由（Gottlieb & Benjamin, 1983）。但是圖 4.20 的結果顯示，在所有年齡階段，家庭的精神支持對老年人生活滿意度都具有明顯的積極作用，這可能與不同於西方的家庭觀念有關；另一個可能的原因在於，樣本中受訪老年人多數是 80 歲以上的高齡老年人，外出活動受到很大限制，所以情感性慰藉還是來自子女、來自配偶更重要，即來自家庭核心成員的支持更重要。另外，大部分年齡階段，精神慰藉來源與生活滿意度之間的關係都遵循了責任內化原則——「配偶—子女—其他」。

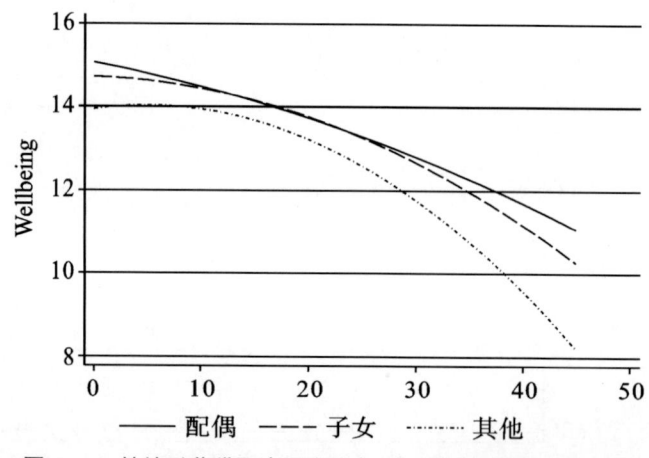

圖 4.20　精神慰藉獲取來源與老年人生活滿意度的年齡軌跡

最後，模型 3 還考察了代際經濟支持對老年人生活滿意度的作用。結果顯示，給予子女經濟支持對老年人的生活滿意度具有顯著的促進效應（$\beta = $

0.178, $p<0.001$），但是，接受子女經濟支持對老年人生活滿意度的影響較小並且在統計上不顯著（$\beta=0.007$, $p=0.136$）。在納入了老年人的個人資源與家庭結構變量後，代際經濟支持變量對生活滿意度的作用力和顯著性都沒有明顯變化。

4.3.4 生活方式主效應

模型5估計了生活方式對老年人生活滿意度的影響效應，迴歸結果顯示，健康促進行為對生活滿意度具有顯著的積極影響，具體而言，日常鍛煉和營養狀況分別提高了生活滿意度得分0.903和0.551，以經常飲酒和生活壓力為代表的健康損害行為則分別降低了生活滿意度得分0.241和0.225。假設3得到驗證。谷琳、喬曉春發現，經常參加鍛煉的老年人有更積極的健康自評，而且在統計上非常顯著，說明鍛煉能帶給老年人身心愉悅；參加社會活動的老年人有著積極的健康自評，這部分老人經常與社會接觸，能釋放心裡的孤獨和壓力，生活更為積極。另外，適當吸菸、喝酒的老年人健康自評並不消極。劉恒等人的研究也認為，老年人生活方式對其健康自評也有一定的影響，適當抽菸、喝酒以及經常參加鍛煉對老年人的健康有較好的促進作用。

4.3.5 控制變量與生活滿意度

許多研究發現，低年齡組的老年人的心理健康狀況顯著優於高年齡組的老年人，生活滿意度隨著年齡增長而降低（Nehrk et al., 1980; Bowling, 1990; Asakawa, Koyano & Ando, 2000）。這是因為隨著年齡的增長，罹患疾病會隨之惡化，老化過程也讓身體功能與日常生活功能衰退與喪失，從而影響了老齡生活滿意與健康狀態。這可能是因為隨著年齡的增加，老年人的體力逐漸衰退、行動慢慢不便，與親戚朋友鄰居的交往頻率減少，人際關係範圍縮小導致高齡老人的抑鬱情緒高於低齡老人。

4.3.6 責任內化對家庭結構—生活滿意度的調節效應

利用4.2節對居住安排的匹配樣本，我們進一步分析責任內化對居住安排—生活滿意度的調節作用。表4.4的迴歸結果與我們的預期存在一定的差異。根據責任內化的規範要求，居住安排對生活滿意度的影回應該表現出差序格局的特徵，即「配偶—子女—其他」，但是根據匹配後的樣本的迴歸結果顯示，與配偶同住顯著提高了老年人的生活滿意度水準，但是僅與子女同住卻顯著降低了老年人的生活滿意度。為了更好地理解責任內化對居住安排—生活滿

意度之間關係的調節作用，圖 4.21 分別以匹配前和匹配後的迴歸模型為基礎預測了老年人生活滿意度的年齡軌跡，結果顯示，在老年期的大部分階段，僅與配偶同住表現出明顯的促進作用，而與子女同住卻處於明顯劣勢地位，在匹配後的樣本中與子女同住的劣勢更加明顯。

表 4.4　　匹配前與匹配後的居住安排與生活滿意度迴歸

居住安排	匹配前 β	匹配前 S.E	匹配後 β	匹配後 S.E
僅配偶	0.473***	3.20	0.380**	2.50
僅子女	−0.418***	−2.84	−0.675***	−4.58
子女+配偶	−0.182	−1.11	−0.566**	−2.52
(…)	(…)	(…)	(…)	(…)
R^2	0.199		0.174	

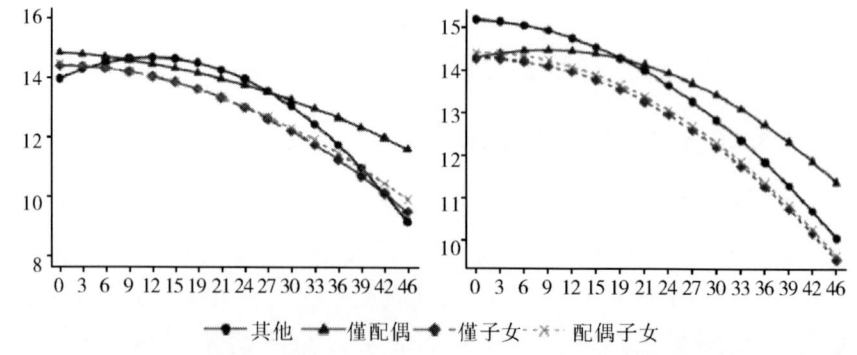

圖 4.21　匹配前與匹配後不同居住安排下老年人生活滿意度的年齡軌跡

4.4　健康老齡化的生活方式仲介效應分析

根據上文的分析可見，生活方式能夠顯著影響老年人的身體和精神健康，那麼，個人資源和家庭照料是否也會顯著影響老年人的生活方式，以及生活方式是否存在仲介傳遞效應？為此我們試圖通過構建「個人資源/家庭照料—生活方式—健康老齡化」仲介效應模型進行驗證。

一般而言，仲介效應檢驗包括以下三個步驟：第一，生活方式對主客觀健康老齡化進行迴歸分析，以檢驗生活方式與健康老齡化的迴歸系數是否顯著，

如果系數顯著則繼續進行下一步，如果系數不顯著則中止檢驗；第二，分別做個人資源和家庭照料對健康老齡化的迴歸，檢驗個人資源/家庭照料與健康老齡化的迴歸係數是否顯著；第三，當將仲介代理變量生活方式納入第二步迴歸模型中之後，檢驗個人資源/家庭照料與健康老齡化的迴歸係數是否仍然顯著，如果不顯著則說明存在完全仲介效應，如果係數顯著但是數值有所下降則說明存在部分仲介效應。Imai 等（2010、2011）把仲介效應的研究推廣到 Logistic 等其他情況。

4.4.1 個人資源、家庭照料對生活方式的影響

雖然家庭照料是形塑和影響個人健康行為的重要因素（Doherty，1993；Doherty & Compbell，1988；Doherty & McCubbin，1985），但是關於家庭照料對生活方式影響的研究一直以歐美發達國家為主，對於家庭照料與中國老年人健康或健康老齡化的研究相對較少，也缺乏明確的認識與詮釋。我們分別建立了老年人個人資源、家庭照料對日常鍛煉和生活自主的迴歸模型。4.2 和 4.3 健康老齡化影響因素模型確認了個人資源/家庭照料→生活方式→健康老齡化的因果鏈條，但是個人資源和家庭照料影響人們生活方式的模式並沒有得到實證檢驗。為此，本書繼續構建了老年人是否經常參加體育活動和生活自主的 Logistic 迴歸模型。表 4.5 給出了個人資源、家庭照料如何影響人們的生活方式（日常鍛煉和生活自主）的 Logistic 迴歸結果。

表 4.5 老年人個人資源、家庭照料影響日常鍛煉和生活自主的 Logistic 迴歸

		日常鍛煉		生活自主	
		β	S. E	β	S. E
	(…)	(…)	(…)	(…)	(…)
個人資源	教育	0.057***	0.007	0.030***	0.008
	獨立經濟來源	0.186***	0.057	0.422***	0.056
	家庭收入水準 中低	0.070	0.064	0.053	0.054
	家庭收入水準 中高	0.367***	0.068	0.038*	0.061
	家庭收入水準 高	0.514***	0.068	0.109**	0.062
	經濟狀況滿足感	0.150***	0.058	0.140***	0.050

表4.5(續)

		日常鍛煉		生活自主	
		β	S. E	β	S. E
家庭照料	與子女同住	−0.075**	0.049	−0.692***	0.044
	有配偶	0.073*	0.070	−0.017*	0.066
	子女構成 1~2個子女	0.032	0.171	0.112	0.139
	3個及以上	0.137	0.160	0.216*	0.129
	給予子女經濟支持	0.446***	0.051	0.364***	0.051
	子女給予經濟支持	−0.161**	0.068	−0.142**	0.066
	日常照料來源 配偶	−0.062	0.096	−0.101*	0.090
	子女	0.124*	0.074	0.060	0.065
	截距項	−2.157***	0.201	0.782***	0.177
	Pr−R²	0.118, 2		0.137, 9	

註：* $p<0.1$，** $p<0.05$，*** $p<0.01$（雙尾檢驗）。

4.4.1.1 個人資源對生活方式的影響

從個人資源對老年人生活方式的影響作用來看，無論是在日常鍛煉模型中還是在生活自主模型中，個人資源狀況越好，具有良好生活方式的概率越高。目前已有的很多研究認為，生活方式是社會經濟地位影響健康水準的重要仲介變量。如果將生活方式因素排除，社會經濟地位對健康不平等的作用將被明顯減弱（Contoyannis, 2004）。目前，大多數針對發達國家的研究認為，較高的社會經濟地位群體通常擁有更有益於健康的生活方式，從而達到更高的健康水準。Calnan & Rutter（1986）曾經對成年女性健康生活方式影響因素進行相關研究，結果發現個人資源與大部分的健康生活方式具有正相關關係，個人資源越豐富的成年女性在生活上採取越多項健康行為，包括運動、飲食以及定期體檢等。

具體而言，受教育年限每增加一年，老年人日常鍛煉和生活自主的發生比分別增加5.87%（$e^{0.057}-1≈0.058,7$）和3.05%（$e^{0.03}-1≈0.030,5$）。與大多數有關教育程度與生活方式的研究結論相同（Calnan & Rutter, 1986; Guralnik, Land, Blazer, Fillenbaum & Branch, 1993; Garcia, 2006; Walker et al., 1988），生活方式上存在顯著的教育程度差異，即教育年限越多具有健康生活方式可能性的概率越高。教育能夠通過促進人們保持健康生活方式，從而改善個體的健康水準。Grossman（1972）認為受過良好教育的人往往能夠更加

理解健康生活方式的重要性，並且知道如何進行醫療、生活方式等方面的健康投資。Liberates 等（1988）認為良好教育塑造的價值觀、提高解決問題的能力這些方面，有助於促使人們建立健康的生活方式和看病就醫的能力。

與大多數關於個人資源與生活方式的研究結果一致（Astrom & Rise, 2001；Garcia, 2006；Walker et al., 1988），不同經濟狀況的老年人，在生活方式存在顯著的差異，即經濟狀況越好，則生活方式越佳。相對於低水準家庭收入的老年人來說，家庭收入水準為中低水準的老年人參加日常鍛煉的發生比沒有顯著變化，而中高和高水準的老年人經常參加日常鍛煉的發生比差異顯著，其優勢分別是低水準家庭收入老年人的 1.44 倍（$e^{0.367} \approx 1.44$）和 1.67 倍（$e^{0.514} \approx 1.67$）。就生活自主性而言，家庭收入為高水準的老年人具有明顯優勢，約為低水準家庭收入老年人的 1.12 倍（$e^{0.109} \approx 1.12$）。具有獨立經濟來源的老年人健康生活方式的發生比分別為無獨立經濟來源老年人的 1.16 倍（$e^{0.186} \approx 1.2$）和 1.53 倍（$e^{0.422} \approx 1.53$）。

4.4.1.2 家庭照料對生活方式的影響

雖然影響老年人健康相關行為的原因眾多（Anderson & Kirk, 1982；German, 1988），但許多研究均指出家庭照料在老年人健康相關行為上佔有一席之地，因此接下來我們將分別探討家庭照料對健康促進行為和健康危害行為的影響。以往大多數關於居住安排與生活方式的相關研究認為：在生活上獲得家人的支持的人，其生活方式較好（Garcia, 2006；Pullen, Walker & Fiandt, 2001；Wang, 1999）。例如 Pullen, Walker & Fiandt（2001）曾進行農村婦女生活方式的研究，以 102 位 65 歲以上的婦女為研究對象，結果發現與家人同住者，其生活方式較為健康。Wang（1999）的研究結果發現，家中有子女的人會採取較健康的生活方式。但是迴歸結果顯示，與子女同住對老年人健康生活方式具有顯著影響，並呈負向影響。與沒有與子女同住的老年人相比，與子女同住在日常鍛煉和生活自主的劣勢分別為 93.24%（$e^{-0.07} \approx 0.932, 4$）和 50%（$e^{-0.692} \approx 0.5$）。換句話說，與子女同住在一定程度上降低了老年人的生活自主性。生活自主性作為健康促進行為的一種，支持了家庭照料對健康老齡化的影響的結論，也明確了家庭照料影響健康老齡化的作用機制。

本書的研究結果發現與配偶同住，健康生活方式的傾向較佳，其原因可能是與配偶同住者，有更多的時間從事自己想做的事，會互相關注彼此的生活方式，即有配偶的老年人通常可以通過配偶的監督、更多的社會支持來影響所處的社會、心理以及物質環境，而傳遞出更加有利於健康的信息和有利於健康的生活方式。Garcia（2006）曾進行健康促進生活方式的相關研究，結果發現與

配偶同住者比獨居者較注重日常生活飲食習慣及作息時間。Ranter, Johnson & Jeffery (1998) 進一步指出婚姻狀況與生活方式的關係存在顯著性別差異，配偶對女性較有顯著性的意義，是因為她們在生活方式上較注重營養狀況；而結婚帶給男性在人際的支持和自我實現方面有顯著的影響。

迴歸結果顯示，在家庭關係方面，給予子女經濟支持對老年人健康生活方式的兩個維度（日常鍛煉和生活自主）都具有顯著的積極效應。具體而言，相對於沒有給予子女經濟支持的老年人，給予子女經濟支持在日常鍛煉和生活自主上的優勢分別為前者的 1.56 倍（$e^{0.446} \approx 1.56$）和 1.44 倍（$e^{0.364} \approx 1.44$）。相反，接受子女的經濟支持對老年人健康生活方式有顯著影響，呈負向關係。相對於沒有接受子女經濟支持的老年人，接受子女經濟支持的老年人健康生活方式的發生比約為前者的 85.13%（$e^{-0.161} \approx 0.851,3$）和 86.76%（$e^{-0.142} \approx 86.76$）。代際間經濟支持與生活方式的分析結果結合主效應模型，基本支持了生活方式仲介效應假設，也明確了家庭照料影響健康老齡化狀況的具體模式。

4.4.2 生活方式的仲介效應檢驗

如前相關分析所示，個人資源/家庭照料、生活方式、健康老齡化三者之間相關顯著，因此，可以進行下一步的仲介作用檢驗。假設生活方式是個人資源/家庭照料與健康老齡化之間的仲介變量，建立仲介模型。根據仲介變量的檢驗程序，採取強迫進入法進行迴歸分析檢驗生活方式是否具有仲介作用（見表 4.6）。首先，以客觀健康老齡化為因變量、日常鍛煉和生活自主性為自變量進行迴歸分析，未標準化的迴歸系數分別為 0.761（$p<0.001$）、0.697（$p<0.001$）；然後，以客觀健康老齡化為因變量、個人資源/家庭照料為自變量進行迴歸分析時的未標準化的迴歸系數（以獨立經濟來源為例）為 $\beta_2 = 0.673$（$p<0.001$）；最後，以客觀健康老齡化為因變量、生活方式和個人資源/家庭照料為自變量的迴歸分析結果中，獨立經濟來源對客觀健康老齡化的未標準化迴歸系數分別為 $\beta_3 = 0.602$（$p<0.001$）和 $\beta_4 = 0.598$（$p<0.001$）。上述分析結果表明，迴歸模型中加入生活方式後，獨立經濟來源的迴歸系數值降低，但依然顯著，說明生活方式在獨立經濟來源與客觀健康老齡化之間起著不完全仲介作用。

在聯合模型中，由於同時放入了核心自變量和生活方式變量，模型的參數估計、顯著性以及擬合優度都發生了一定變化。這主要表現為個人資源和家庭照料變量的參數值與顯著性都出現了不同程度的降低。綜合兩個主要變量模型和聯合模型，我們可以初步認為生活方式是個人資源、家庭照料與健康老齡化

之間的仲介變量，即個人資源與家庭照料通過生活方式影響健康老齡化狀況。根據 Baron & Kenny 依次檢驗法的定義，當自變量顯著影響因變量，且自變量顯著影響第三變量而第三變量顯著影響因變量時，應該對仲介效應進行檢驗。

表 4.6　個人資源、家庭照料和生活方式影響健康老齡化的迴歸分析

<table>
<thead>
<tr><th colspan="2"></th><th colspan="3">Successful Aging</th><th colspan="3">Wellbeing</th></tr>
<tr><th colspan="2"></th><th>Model(1)
β</th><th>Model(2)
β</th><th>Model(3)
β</th><th>Model(1)
β</th><th>Model(2)
β</th><th>Model(3)
β</th></tr>
</thead>
<tbody>
<tr><td rowspan="3">個人資源</td><td>教育</td><td>0.111***</td><td>0.099***</td><td>0.101***</td><td>0.200***</td><td>0.180***</td><td>0.118***</td></tr>
<tr><td>教育平方</td><td>-0.005**</td><td>-0.005**</td><td>-0.004**</td><td>-0.010***</td><td>-0.011***</td><td>-0.007***</td></tr>
<tr><td>獨立經濟來源</td><td>0.673***</td><td>0.602***</td><td>0.598***</td><td>0.714***</td><td>0.578***</td><td>0.140*</td></tr>
<tr><td rowspan="4">家庭收入水準</td><td>2st Quartile</td><td>0.387***</td><td>0.376***</td><td>0.385***</td><td>0.542***</td><td>0.522***</td><td>0.466***</td></tr>
<tr><td>3st Quartile</td><td>0.583***</td><td>0.504***</td><td>0.573***</td><td>0.838***</td><td>0.730***</td><td>0.713***</td></tr>
<tr><td>4st Quartile</td><td>0.457***</td><td>0.327***</td><td>0.409***</td><td>0.909***</td><td>0.741***</td><td>0.575***</td></tr>
<tr><td>經濟狀況滿足感</td><td>0.744***</td><td>0.709***</td><td>0.727***</td><td>1.158***</td><td>1.090***</td><td>0.980***</td></tr>
<tr><td rowspan="7">家庭照料</td><td>居住安排</td><td>-0.295***</td><td>-0.300***</td><td>-0.198***</td><td>-0.636***</td><td>-0.629***</td><td>-0.028</td></tr>
<tr><td>婚姻狀況</td><td>0.231***</td><td>0.238***</td><td>0.222***</td><td>0.142*</td><td>0.127</td><td>0.006</td></tr>
<tr><td>子女數量 1~2個子女</td><td>0.262</td><td>0.279</td><td>0.339</td><td>0.002</td><td>-0.014</td><td>0.272</td></tr>
<tr><td>子女數量 3個及以上</td><td>0.295</td><td>0.287</td><td>0.367</td><td>0.218</td><td>0.175</td><td>0.377**</td></tr>
<tr><td>日常照料來源 配偶</td><td>0.396***</td><td>0.393***</td><td>0.416***</td><td>0.038</td><td>0.022</td><td>0.070</td></tr>
<tr><td>日常照料來源 子女</td><td>0.210**</td><td>0.190**</td><td>0.245**</td><td>-0.089</td><td>-0.111</td><td>0.088</td></tr>
<tr><td>給予子女經濟支持</td><td>0.497***</td><td>0.407***</td><td>0.455***</td><td>1.028***</td><td>0.888***</td><td>0.658***</td></tr>
<tr><td></td><td>子女給予經濟支持</td><td>-0.000</td><td>-0.000</td><td>-0.000</td><td>0.000***</td><td>0.000*</td><td>0.000*</td></tr>
<tr><td rowspan="2">生活方式</td><td>日常鍛煉</td><td>0.761***</td><td>—</td><td>—</td><td>1.236***</td><td>—</td><td>—</td></tr>
<tr><td>生活自主</td><td>0.697***</td><td>—</td><td>—</td><td>4.339***</td><td>—</td><td>—</td></tr>
</tbody>
</table>

註：* $p<0.1$，** $p<0.05$，*** $p<0.01$（雙尾檢驗）。

由前面的分析可知，子女數量和子女給予經濟支持對客觀健康老齡化的影響不顯著，另外在加入生活方式後，居住安排和婚姻狀況的迴歸係數不降反增，因此我們沒有必要對其做仲介效應檢驗，表 4.7 和表 4.8 分別給出了生活方式對其他情況與客觀健康老齡化和生活滿意度仲介效應的檢驗結果。本書分別做了直接效應、總效應檢驗，利用 Sobel-Goodman 統計量對仲介效應進行了檢驗。

表 4.7 提供了生活方式在個人資源、家庭照料與健康老齡化之間作為仲介作用檢驗的結果，統計檢驗結果表明了生活方式作為仲介變量在大部分個人資源變量和家庭照料變量中的顯著性作用。在個人資源方面，生活方式對老年人經濟狀況滿足感的仲介效應最小，日常鍛煉和生活自主的仲介效應僅占全部影響的 6.25% 和 3.72%，而且統計結果不顯著。日常鍛煉對教育、家庭收入水準與客觀健康老齡化之間的調節作用較明顯，分別占全部影響的 16.57% 和 30.24%。這表明，教育、家庭收入水準與健康老齡化之間既存在直接效應，又存在間接效應，研究假設得到驗證。

表 4.7 個人資源、家庭照料影響客觀健康老齡化的生活方式仲介效應

Independent variable	Potential mediator	Direct effect estimate	Indirect effect estimate	% of total effect that is mediated	p-valu
教育	日常鍛煉	0.011,5	0.002,3	16.57%	0.027
	生活自主	0.012,9	0.001,4	9.99%	0.106
獨立經濟來源	日常鍛煉	0.070,7	0.008,3	10.50%	0.03
	生活自主	0.070,2	0.009,5	11.92%	0.05
家庭收入水準	日常鍛煉	0.022,4	0.009,6	30.24%	<0.01
	生活自主	0.03	0.003,2	9.76%	0.04
經濟狀況滿足感	日常鍛煉	0.074,6	0.005	6.25%	0.31
	生活自主	0.076,2	0.002,9	3.72%	0.72
居住安排	日常鍛煉	—	—	—	—
	生活自主	-0.022,1	-0.011,2	33.35%	<0.01
婚姻狀況	日常鍛煉	—	—	—	—
	生活自主	0.024	0.001,8	6.79%	0.24
給予子女經濟支持	日常鍛煉	0.046,4	0.009,6	17.20%	0.02
	生活自主	0.051,7	0.006,4	11.12%	0.01

註：* $p<0.1$，** $p<0.05$，*** $p<0.01$（雙尾檢驗）。

從表 4.8 的結果可以看出，因變量為生活滿意度的結果顯示，日常鍛煉對個人資源變量（除經濟狀況滿足感之外）與生活滿意度之間存在顯著的仲介效應，具體而言，日常鍛煉對教育、獨立經濟來源和家庭收入水準的仲介效應分別為 14.6%、15.13% 和 21.6%，但是在所有家庭照料變量中，僅對給予子女經濟支持於生活滿意度的仲介效應顯著。相比日常鍛煉而言，生活自主對教育、獨立經濟來源和家庭收入水準之間的仲介效應更加明顯，Sobel-Goodman

檢驗結果顯示，其仲介效應分別達到了 30.8%、78.69%和 26.69%。在家庭照料與生活滿意度的關係中，生活自主對居住安排、婚姻狀況與給予子女經濟支持這三個變量的仲介效應顯著，分別占全部影響的 95.83%、55.96% 和 32.94%。這說明中國老年人非常注重家人關係的維繫，一切也都以家人為優先考慮，甚至有些老年人會放棄部分的自主性，以增進與家人之間的關係，但是沒有增進生活滿意度。Horowitz（1991）的研究也認為，老年人為了維繫與家人的關係，會盡可能避免與家人的衝突，甚至可以放棄決定的掌控權。

表4.8　個人資源、家庭照料影響生活滿意度的生活方式仲介效應

Independent variable	Potential mediator	Direct effect estimate	Total effect estimate	% of total effect that is mediated	p-value
教育	日常鍛煉	0.15	0.172	14.61%	0.02
	生活自主	0.1	0.145,2	30.8%	<0.01
獨立經濟來源	日常鍛煉	0.576,7	0.679,1	15.13%	0.03
	生活自主	0.138,8	0.657,3	78.69%	<0.01
家庭收入水準	日常鍛煉	0.448,5	0.568	21.16%	<0.01
	生活自主	0.387	0.528	26.69%	<0.01
經濟狀況滿足感	日常鍛煉	1.089,5	1.150,4	5.3%	0.67
	生活自主	0.978,8	1.110,5	11.85%	0.152
居住安排	日常鍛煉	−0.63	−0.643,6	2.11%	0.94
	生活自主	−0.029	−0.665,4	95.83%	<0.01
婚姻狀況	日常鍛煉	0.125,5	0.127,6	1.42%	0.75
	生活自主	0.005,2	0.071,3	55.96%	<0.01
給予子女經濟支持	日常鍛煉	0.887,5	1.004,6	11.67%	0.04
	生活自主	0.657,3	0.980,8	32.94	<0.01

註：* $p<0.1$，** $p<0.05$，*** $p<0.01$（雙尾檢驗）。

4.4.3　討論

Umberson 認為家庭照料概念具有多維度、多層次的特點，為驗證社會控制（Social Control）與健康促進行為的關係提供了良機。家庭結構維度（例如有配偶、與子女同住等）所形成的連帶作用對老年人的健康促進行為具有顯著影響，與之相似，家庭關係維度也會由於照料支持、精神慰藉等形成功能連帶，也對健康生活方式具有顯著促進效應。然而，我們的研究結果顯示，家庭

照料兩個維度諸項內容與健康生活方式之間的關係比較複雜，即家庭結構與家庭關係連帶的部分內容會對健康生活方式產生促進效果，就日常鍛煉而言，在所有進入分析的 6 項家庭照料指標中，4 項與社會控制理論的預期相符，而另外 2 項與家庭連帶對健康生活方式促進效果的假設相反。與 Umberson（1987）關於與子女共同居住會對健康行為產生顯著的促進效應的結論相反，迴歸結果顯示，與子女同住無論對老年人的日常鍛煉還是生活自主都具有顯著的消極作用，與 Burg & Seeman（1994）和 Rook（1984）的研究結果相一致，即社會關係對生活方式的影響是一把「雙刃劍」。這說明，除了社會控制的直接和間接作用機制外，家庭照料還可以通過其他尚未發現的方式影響老年人的生活方式。

4.5 小結

本章借鑑 Anderson 健康模型構建了個人資源、家庭照料與健康老齡化之間的作用模型，並利用 2008 年全國老年人健康長壽影響因素調查數據對上述作用機制進行了驗證分析：採用兩個維度的健康老齡化指標體系探討分析了中國老年人個人資源、家庭照料對健康老齡化的影響作用以及這種健康老齡化的影響作用是否隨年齡變化而變化。與中外有關研究結果相比，本章存在著一些異同，也具有一些有價值的發現。

第一，不同個人資源和家庭照料對健康老齡化的影響在不同的指標上存在不同的表現。例如，家庭中 16 歲以下兒童數量對客觀健康老齡化具有顯著的負向作用，但是對生活滿意度卻存在顯著的積極效應。這一結果印證了以往的研究結果（李建新、夏翠翠，2014），顯示出不同健康老齡化指標對個人資源與家庭照料的敏感性存在差異，同時也揭示了研究中採用多維健康老齡化指標的重要意義。相較於家庭結構與生活滿意度之間的關聯，家人互動歷程等家庭關係才是關係著個體生活滿意度的關鍵因素，這與以往相關研究結論基本一致。例如，Lansford, Ceballo, Abbey & Stewart（2001）和 Connidis & McMullin（1993）認為與配偶、子女之間的家人關係歷程才是影響老年人健康老齡化的關鍵因素，父母認為其與子女之間的關係是親密或是疏離，會影響身體健康狀況與生活滿意度，相比經濟支持和日常照料支持，關係的親密或疏離更能改善老年人的生活質量。另外，我們的實證結果並沒有支持「親屬關係數量促進老年人身體功能與生活滿意度」的假設，相反，家庭規模給老年人的客觀健

康老齡化帶來了消極影響，子女數量也降低了老年人的生活滿意度。究其原因，子女數量與家庭規模的增加並不意味著支持性關係的建立與維持（Krause，2001；Umberson，1992）。

第二，個人資源與健康老齡化之間的關係是多門學科一直關注的研究議題。在該領域中，個人資源與家庭照料對健康老齡化的積極效應已經被國內外諸多研究證實。但兩者對健康老齡化的影響作用是否在不同年齡群體中有所差異，目前對這方面的相關研究主要存在著兩種觀點：一是「收斂效應」，即在不同個人資源和家庭照料狀況下老年人的健康老齡化差異先隨年齡增長不斷擴大，但到了高齡老齡期，這種分化則會逐漸變小甚至消失，最終將會「收斂」於無明顯差異；二是「發散效應」，該觀點主張，個人資源與家庭照料對健康老齡化的影響隨年齡的增長而不斷擴大，最終表現出更大的健康老齡化差異。以往的實證研究採用了不同地區和時期的數據，它們都在不同程度上證實了「收斂效應」或「發散效應」的存在。在客觀健康老齡化方面，在高齡老年人群體中，生物和生理性因素在人的健康水準中發揮了主要的作用，人們的身體機能分別處於旺盛和迅速衰退的時期，此時個人資源、家庭照料及其帶來的健康行為和健康資源對個人身體的影響相對較小。除生理性因素占主導地位之外，存活的選擇性問題也對收斂效應起到一定作用，身體較差的人活到高齡的概率較小，因而不同個人資源狀況和家庭照料的高齡組老年人都屬於經歷了存活選擇的身體狀況較好的老人。

第三，由於社會制度及經濟發展水準的不同，西方國家的老年人的養老更多依靠於政府的正式支持，加之個人主義的文化因素影響，他們更重視鄰居與朋友提供的個性化關懷和照料。而基於中國傳統家庭文化的影響，特別是「孝」文化的影響，中國老年人則比較看重家庭成員即兒女的支持，來自家庭成員的支持比來自社會的支持更重要。傳統的鄉土社會是以父子關係為主軸的，但是在本書中我們發現配偶在養老過程中的作用較為突出，可以說夫妻關係在本書的研究中是主軸，而父子關係成為配軸，筆者認為原因之一可能在於各自獨立的經濟地位。另外，近幾年，中國政府部門和社會輿論都不斷宣揚以家庭和孝道為中心的儒家文化，希望借助強調儒家倫理增強家庭養老的功能，但我們卻不能忽略儒家倫理對家庭的理想化以及現實社會中家庭具體實踐的可行性。具體而言，老人與子女共同居住並不代表老人的照顧支持就可以得到滿足，配偶的健康狀況、家庭關係的融洽與否以及老人與子女的代際衝突都是家庭養老模式選擇中不可忽視的因素。

第四，對於大部分個人資源和家庭照料變量而言，生活方式都具有顯著的仲介效應。如果在考察個人資源、家庭照料對健康老齡化的影響時，兩者通過

生活方式變量來影響健康老齡化，就稱生活方式為仲介變量。生活方式所起的作用是間接效應，用來說明個人資源、家庭照料是怎樣通過它而影響健康老齡化的。在檢驗仲介效應或者仲介作用時就要考察上述三個變量之間的關係。首先假定個人資源、家庭照料與健康老齡化之間具有顯著相關性，而且兩者也與生活方式存在顯著的相關性，當生活方式加入時如果個人資源、家庭照料變量與健康老齡化之間的相關性或者迴歸系數顯著降低，就可以認為仲介效應較為明顯。由於之前的迴歸分析已經發現個人資源/家庭照料、生活方式和健康老齡化三者之間分別存在顯著相關性，這已經符合仲介作用的分析條件，隨後進行的 Sobel 等三種統計檢驗也更進一步地確認了生活方式的仲介效應。

5 個人資源、家庭照料與健康老齡化的性別差異

以往相關研究從兩性比較的視角出發，證明了老年人健康存在性別差異，但是女性老年人相對男性老年人的健康劣勢並沒有得到充分關注與重視。目前，學界已有的健康評價指標包括生活自理能力、健康預期壽命、慢性病數量、認知功能、抑鬱、健康自評與生活滿意度等。本書將從客觀健康老齡化和生活滿意度兩個維度分別分析和研究女性老年人的健康劣勢。

5.1 研究內容、假設與方法

5.1.1 研究內容

在關於健康群體差異的研究中，性別差異一直以來備受關注（Arber & Cooper, 1999；Macintyre, Hunt & Sweeting, 1996）。而且長期以來，健康的性別差異被認為是一個明顯的悖論：雖然男性患嚴重慢性疾病的機率較高、預期壽命較短，但是女性卻有著較高的患病率，尤其是非致命性疾病與殘疾，這些在不同程度上影響著女性的身體機能（Nathanson, 1975；Verbrugge, 1989）。在精神健康方面女性老年人也存在明顯劣勢，雖然整體而言男性與女性嚴重精神疾病的患病率相似，但是最常見的精神障礙存在顯著性別差異（Baum & Grunberg, 1991；McDonough & Walters, 2001；Verbrugge, 1985）。

根據2010年第六次全國人口普查數據顯示，男女老年人性別比在70歲以前始終大於100；70歲以後呈遞減趨勢，70~79歲和80~89歲兩個年齡段老年人的性別比分別為94.99和74.55；而90歲以上老年人的性別比則下降至49.55，即90歲以上的老年人中，女性的比例達到了2/3。但是與女性長壽的

形象形成鮮明對比的是其健康狀況卻令人擔憂，諸多研究發現女性長壽並不等於女性比男性更健康，尤其是高齡女性的健康水準明顯低於同齡男性。在60~69歲、70~79歲、80~89歲、90歲以上各組中，男性身體健康的比例分別為91.89%、79.38%、64.65%、51.99%，而女性身體健康的比例分別為90.22%、75.98%、59.13%、45.47%，而且兩者之間的健康差異隨著年齡增長呈現增大的趨勢。對老年人身體健康影響最大的認知能力方面，無論是在城鎮還是在農村，中國男性老年人的認知功能都具有明顯優勢，並且認知能力的性別差距隨著年齡的增長不斷擴大（杜鵬、李強，2006；李志武、黃悅勤、柳玉芝，2007）。顧大男、仇莉（2003）從認知健全預期壽命占預期壽命的比重分析了性別差異，女性老年人在各個年齡組的認知健全預期壽命的相對比例及其絕對值均低於男性老年人。李建新等（2005）通過自評健康和日常活動能力（ADLs）兩個指標考察了老年人健康的性別差異，發現控制了個人資源和慢性病因素後，自評健康不存在顯著的性別差異，但在日常活動能力上仍存在著性別差異。Guetal（2009）認為與男性老年人相比，中國女性老年人無論在社會經濟地位、存活時間，還是臨終前的健康水準上均處於明顯劣勢，而且這種劣勢呈現出隨年齡的增加而上升的趨勢。

綜上所述，大多數研究結果表明，無論是在生理還是心理健康方面，女性相較於男性都存在劣勢。影響兩性健康差異的因素除了無法改變的生物學因素以外，更重要的是可以通過人為改變的社會因素，因此，在考察男女健康差異時，社會性別視角注重男女社會經濟地位差異以及所擁有健康資源和健康知識的不同，進而導致性別上的健康差異。但是國內有限的關注健康性別差異的文獻，主要利用生活自理能力、自評健康等指標展開，而且多數研究只是把性別作為一個控制變量，而沒有細緻地討論健康性別差異的決定因素、變遷趨勢及其形成機制。本書將利用2002年、2005年、2008年和2011年「中國高齡老人健康長壽調查」項目跟蹤數據，對中國老年人健康老齡化的性別差異的相關問題進行研究。

5.1.2 研究假設

本書考察中國男性老年人與女性老年人在主觀和客觀健康老齡化指標上的差異模式，分析老年人健康老齡化差異的影響因素，即男女老年人在健康老齡化的兩個維度上是否存在顯著差異，對性別差異的兩個競爭性假設進行驗證。發達國家從20世紀70年代起就開始對這一問題予以關注並試圖進行解釋（Nathanson，1975）：一類解釋認為健康的性別差異主要源於生物、社會和行

為等因素導致的男女慢性疾病分佈的不同（Verbrugge，1989；Molarius & Janson，2002）。比如，女性更易患關節炎或頭疼等導致身體狀況較差但死亡率較低的疾病，而男性更易患心血管和呼吸方面的死亡率較高的疾病。另一類解釋認為，女性健康實際上好於男性，數據表現出的女性健康較差，是因為女性性格、行為上的一些特點使其在健康調查中傾向於低報實際健康（Spiersetal，2003）。健康不平等的根源是多的、相互關聯的、複雜的，除了與遺傳和生物差異的健康不平等，以往許多研究已經確定了包括社會經濟、基因、生活方式等影響上述健康—性別悖論的因素（Bird & Rieker，1999；Verbrugge，1989），社會變量已被確定為一個健康的不平等的來源，一般分為三類：社會結構、行為和心理社會因素。

5.1.2.1　暴露性差分與脆弱性差分假設

在眾多的關於性別健康差異的解釋中，經濟地位、社會環境與生活方式如何結合起來導致了男性與女性健康議題的上述悖論？在社會因素方面，對性別健康差異的理解存在著兩個競爭性解釋：暴露性差分（Differential Exposure）和脆弱性差分（Differential Vulnerability）。前者認為健康的性別差異是接觸風險因素程度差異的函數，因此女性面臨較高的身體功能與精神障礙是由於減少了她們獲取物質、社會等健康促進因素的機會（Arber，1999；Ross & Bird，1994）；後者認為性別差異更多地歸咎於兩者對同一健康促進因素的反應存在顯著差異（McDonough & Walters，2001；Turner & Avison，1987）。鮮有研究系統地考察上述兩條途徑對老年人健康性別差異的相對貢獻，更沒有對於特定風險因素如何通過上述兩條途徑導致了健康的性別差異進行研究。既然性別意味著經濟地位、社會環境與生活方式的差異，那麼很可能男性與女性的健康差異恰恰反應了兩者在上述三方面的差異（Verbrugge，1979；Bird & Rieker，1999）。

其實，在過去國內外的研究中，女性長期以來都較男性憂鬱（Mirowsky & Ross，2003；Read & Gorman，2010；Fu et al.，2012）。為解釋這樣的性別落差，理論上有兩種主要的假設：脆弱差異性假設（Differential Vulnerability Hypothesis）和暴露差異性假設（Differential Exposure Hypothesis）。以前者解釋性別落差，會認為這是因為女性對於相同風險因子的反應與男性不同所致；後者則認為男女性差異是由於女性所接觸到的風險因子較多，因此有較高的憂鬱症狀。過去，Denton et al.（2004）就曾指出暴露差異性假設與脆弱差異性假設可以共同解釋憂鬱情緒，而且憂鬱情緒的性別落差需要生理學、心理學、社會學的互相輔助才能縮小，其中健康行為也扮演了一些角色。就整體來說，過去國內關於個人資源、家庭照料、生活方式與健康老齡化性別差異的研究還較少。

5.1.2.2 性別差異趨勢假設

健康老齡化的性別差異在過去十年間的發展趨勢,是擴大了還是縮小了,哪些個人資源和家庭照料是導致上述發展趨勢的主要原因?以往關於健康與性別差異趨勢的研究更多地關注社會經濟地位或與之相關的健康行為,即關注決定健康狀況的生活習慣,例如吸菸、喝酒、日常鍛煉等「下游因素(Down-Stream)」,因此,既沒有揭示性別差異發展趨勢的內部機制,也沒有對社會經濟地位、健康行為以外的其他社會因素,例如醫療保障、社會整合等因果鏈中的「上游因素(Upstream)」進行分析。對於健康性別差異日益擴大的完整解釋對「原因的原因」進行討論是必不可少的(Rose,2008),也即是說需要對因果鏈中更加上游的情境因素進行分析。究其原因,首先對上游因素的關注更加有利於從根本上消除性別健康差異,畢竟僅僅控制某一項或幾項下游因素的益處可能十分有限,因為其他下游因素可能會替代它們繼續影響健康差異(Link,2008)。其次對健康差異上游因素的討論更容易形成政策干預。

在本節中我們對健康老齡化性別差異發展趨勢進行探索性研究,研究目標:我們將從個人資源、家庭照料和生活習慣三類形成機制對2002—2011年健康老齡化性別差異發展趨勢進行考察。

5.1.2.3 健康老齡化的年齡軌跡:發散、收斂或持續假設

在關於健康性別差異年齡軌跡的研究中存在三種觀點:發散(Divergence)、收斂(Convergence)與持續(Persistence)。Schieman & Plickert(2007)認為關於健康老齡化年齡軌跡發散有兩種兼容的理論:劣勢累積和雙重危險(Cumulative Disadvantage and Double Jeopardy)。劣勢累積理論表明,由於面臨著更大的社會和經濟劣勢,隨著時間的累積,女性老年人的劣勢將會日益顯著,即隨著年齡增長女性老年人的身體功能衰退更加嚴重(Dannefer,2003;Anderson et al.,1998)。根據雙重危險的假設,雙重不利境地的影響——作為女性和老年人——老齡女性健康老齡化狀況會加速惡化。另外,「年齡槓桿假說」(Age as Leveler Hypothesis)預測隨著年齡的發展,老年人健康老齡化的性別差異呈現收斂趨勢。根據這一觀點,由於進入老齡期後都面臨著健康狀況退化的危險,男性老年人在社會經濟方面優勢的積極影響逐漸變得不再顯著(Ferraro & Farmer,1996a;Kim & Durden,2007)。雖然這一理論觀點經常被認為具有濃厚的死亡選擇色彩(Beckett,2000;Dupre,2007),但是年齡在健康性別差異中的槓桿作用也不可忽視。也就是說,隨著年齡的增長,老年人的身體健康狀況和社會經濟資源等發生了明顯的變化,女性的劣勢可能不再那麼重要了。關於健康老齡化年齡軌跡性別差異的第三個假設認為,在整個老

齡期老年人始終存在顯著的性別差異，即男性與女性老年人面臨著相同或相似的身體退化模式（Guralnik & Kaplan, 1989; Kahng et al., 2004; Liang et al., 2003）。Ferraro & Farmer（1996）關於發散理論和收斂理論的爭論關鍵在於檢測模式的差異，因此健康差異持續論的優點是它僅僅關注於健康的性別差異這個不爭的事實。也就是說，在整個老齡期健康的性別差異是平行的，表明性別劣勢在老齡期根深蒂固，不會隨著年齡增長而減弱。雖然，關於健康持久差異的研究大部分是基於身體健康的研究結論（Kelley-Moore & Ferraro, 2004; Xu et al., 2010），但是這一模式同樣存在於健康老齡化的兩個維度中。

5.1.3 研究方法

同樣使用全國老年人健康長壽影響因素調查數據，本節進一步考察中國60歲以上老年人在健康老齡化兩個維度的性別差異及其影響因素。與現有的研究相比，本節將從以下幾個方面進行擴展：

5.1.3.1 Oaxaca-Blinder 分解法

利用 CLHLS 數據中關於健康老齡化的情境問題，考察中國健康老齡化的兩個評價標準是否存在顯著的性別差異。首先，通過樣本的描述比較分析，對上述經驗假設的前提進行檢驗；其次，分別利用 Logit 和 OLS 模型對客觀健康老齡化和健康老齡化的分性別樣本進行迴歸分析，考察個人資源、家庭照料和生活方式等變量對男性和女性老年人健康老齡化影響程度和顯著性差異；最後，運用 Oaxaca-Blinder 方法分解上述三類作用機制中各變量對健康老齡化性別差異的貢獻程度。為了便於比較結果，在基本模型中分別加入個人資源、家庭照料和生活方式變量，考察性別虛擬變量數值與顯著性的變化情況。

Oaxaca-Blinder（1973）方法主要建立在以 OLS 迴歸估計工資函數為基礎上，分析兩個群體例如男性和女性之間在工資水準上的差異，將兩者的工資差異分解成個人稟賦可以解釋的差異以及由於性別歧視導致的不可解釋差異兩部分。本書研究方法以老年人性別差異為例，首先建立一個 OLS 迴歸模型：

$$Y = \beta_0 + X_i \beta_1 + \varepsilon \qquad (公式 5.1)$$

其中 Y 表示老年人生活滿意度得分情況，X 表示個人特質及生活質量的向量，β 表示估計系數值的向量，ε 為隨機干擾項並服從正態分佈。

$$Y^F = \beta_0^F + \sum \beta_i^F X_i^F + \varepsilon^F \qquad (公式 5.2)$$

公式 5.2 為女性老年人生活滿意度的迴歸模型。

$$Y^M = \beta_0^M + \sum \beta_i^M X_i^M + \varepsilon^M \qquad (公式 5.3)$$

公式 5.3 為男性老年人生活滿意度的迴歸模型。

老年人生活滿意度的平均性別差異可以表示為：

$$\overline{Y^M} - \overline{Y^F} = \overline{X^M}\beta^M - \overline{X^F}\beta^F \qquad (公式5.4)$$

$\overline{Y^M}$ 與 $\overline{Y^F}$ 分別表示男性、女性老年人的生活滿意度水準的均值，β^M 與 β^F 分別表示男性、女性老年人迴歸系數的估計值，$\overline{X^M}$ 與 $\overline{X^F}$ 分別表示男性、女性老年人在個人資源、家庭照料及生活方式的稟賦均值。

公式 5.4 可以轉換為如下：

$$\overline{Y^M} - \overline{Y^F} = (\overline{X^M} - \overline{X^F})\beta^M + (\beta^M - \beta^F)\overline{X^F} \qquad (公式5.5)$$

$$\overline{Y^M} - \overline{Y^F} = (\overline{X^M} - \overline{X^F})\beta^F + (\beta^M - \beta^F)\overline{X^M} \qquad (公式5.6)$$

公式 5.5 將老年人性別間健康老齡化的差異分解為兩個部分，第一項為由於男性老年人與女性老年人之間的個人資源、家庭照料和生活方式等稟賦差異所導致的健康老齡化差異，即可以解釋的部分；第二部分為由於老年人性別間迴歸系數所導致的差異，即不可解釋的差異。Daymont & Andrisani（1984）將上述公式5.5、公式5.6中分別表達公式5.7、公式5.8。

$$\overline{Y^M} - \overline{Y^F} = (\overline{X^M} - \overline{X^F})\beta^M + (\beta^M - \beta^F)\overline{X^F} + (\overline{X^M} - \overline{X^F})(\beta^M - \beta^F)$$
$$= E + C + CE \qquad (公式5.7)$$

$$\overline{Y^M} - \overline{Y^F} = (\overline{X^M} - \overline{X^F})\beta^F + (\beta^M - \beta^F)\overline{X^M} + (\overline{X^M} - \overline{X^F})(\beta^M - \beta^F)$$
$$= E + C + CE \qquad (公式5.8)$$

公式 5.7 中 $E = (\overline{X^M} - \overline{X^F})\beta^M$ 表示以男性老年人的迴歸系數為基準下，性別間因個人資源、家庭照料與生活方式等稟賦不同導致的健康老齡化性別差異；$C = (\beta^M - \beta^F)\overline{X^F}$ 表示在使用女性老年人的稟賦特徵下，性別間迴歸系數差異導致的性別健康老齡化差異；$CE = (\overline{X^M} - \overline{X^F})(\beta^M - \beta^F)$ 為稟賦特徵與系數差異的交互項，表示男性與女性老年人之間個體資源、家庭照料和生活方式等稟賦特徵的差異與性別間迴歸系數差異共同作用導致的健康老齡化差異。

Fairlie（1999，2005）把 Oaxaca 的方法拓展到 Logistic 迴歸模型的應用上。本書仍以男性和女性老年人為例。

Fairlie 將 $Y = F(X\beta)$ 表述為：

$$\overline{Y^M} - \overline{Y^F} = \left[\sum_{i=1}^{N^M} \frac{F(X_i^M \beta^M)}{N^M} - \sum_{i=1}^{N^F} \frac{F(X_i^F \beta^M)}{N^F}\right]$$
$$+ \left[\sum_{i=1}^{N^M} \frac{F(X_i^F \beta^M)}{N^F} - \sum_{i=1}^{N^F} \frac{F(X_{i=1}^F \beta^F)}{N^F}\right] \qquad (公式5.9)$$

$$\overline{Y^M} - \overline{Y^F} = \left[\sum_{i=1}^{N^M} \frac{F(X_i^M \beta^F)}{N^M} - \sum_{i=1}^{N^F} \frac{F(X_i^F \beta^F)}{N^F} \right]$$

$$+ \left[\sum_{i=1}^{N^M} \frac{F(X_i^M \beta^M)}{N^M} - \sum_{i=1}^{N^M} \frac{F(X_{i=1}^M \beta^F)}{N^M} \right] \quad （公式5.10）$$

其中 N^M 為男性老年人的樣本總量，X^M 為男性老年人的稟賦特徵變量，β^M 為男性老年人健康老齡化迴歸的估計係數，F 為 Logistic 累計分佈函數。Fairlie 分解與 Oaxaca 分解的主要差異在於，Fairlie 估計模型中的 $\overline{Y}$ 不等於 $F(\overline{X}\beta)$。等於號右側第一項為可以解釋的差異部分，是由於性別間稟賦特徵差異所導致的健康老齡化差異，第二項是由於性別迴歸係數所造成的差異，即不可解釋的部分。

5.1.3.2 性別差異趨勢的調節作用

本節的另一個分析目標是對三類形成機制分別如何影響健康老齡化性別差異趨勢進行考察。為了實現上述分析目標，我們在統計模型（詳見下文）中加入了性別與時期的交互項，並且分別在加入個人資源、家庭照料和生活方式三類機制要素後考察交互項係數的大小與顯著性。

$$y_i = \partial + \beta_1 X_{gender} + \beta_2 X_{year} + \beta_3 X_{gender} X_{year} + \cdots + \varepsilon_i \quad （公式5.11）$$

$$y_i = \partial + \beta_1 X_{gender} + \beta_2 X_{year} + \beta_3 X_{gender} X_{year} + \sum \beta_j X_j \cdots + \varepsilon_i \quad （公式5.12）$$

5.1.3.3 年齡軌跡性別差異的調節作用

本節的第三個分析目標是對三類形成機制分別如何影響健康老齡化年齡軌跡性別差異進行考察。為了實現上述分析目標，我們在統計模型（詳見下文）中加入了性別與年齡、性別與年齡平方的交互項，並且分別在加入個人資源、家庭照料和生活方式三類機制要素後考察交互項係數的大小與顯著性。

$$y_i = \partial + \beta_1 X_{gender} + \beta_2 X_{age} + \beta_3 X_{age2} + \beta_4 X_{gender} X_{age} + \beta_5 X_{gender} X_{age2}$$
$$+ \cdots + \varepsilon_i \quad （公式5.13）$$

$$y_i = \partial + \beta_1 X_{gender} + \beta_2 X_{age} + \beta_3 X_{age2} + \beta_4 X_{gender} X_{age} + \beta_5 X_{gander} X_{age2}$$
$$+ \sum \beta_j X_j \cdots + \varepsilon_i \quad （公式5.14）$$

5.2 健康老齡化的性別差異：暴露性差分與脆弱性差分

結合本章研究的目標與具體問題，本節的分析主要分為三個部分：一是對老年人健康老齡化、個人資源、家庭照料和生活方式的性別差異進行描述分

析，以驗證健康老齡化性別差異的暴露性差分假設（Exposure Differences Hypothesis）；二是為了能較詳盡考察老年人群健康老齡化上的性別差異，我們主要關注個人資源和家庭照料對健康老齡化因變量產生何種影響等。由於健康老齡化的兩個維度分別為分類變量和連續變量，故本節採用 Logistic 統計模型和 OLS 迴歸模型來分析老年人健康老齡化的性別差異，以驗證健康老齡化性別差異的脆弱性差分假設（Vulnerability Differences Hypothesis）。

5.2.1 健康老齡化的性別差異：暴露性差分

表 5.1 介紹了性別與健康老齡化、個人資源、家庭照料和生活方式變量之間的二元關係，並使用 t-test 對上述變量的性別分佈狀況進行了顯著性檢驗。與以往老年人健康相關研究結論存在差異，男性老年人在健康老齡化的兩個維度都具有顯著優勢。其中，在生活滿意度得分方面，兩者之間的差異較小（1.32，$p<0.001$），但是在客觀健康老齡化方面，男性表現出明顯優勢約為 38.0%，而女性客觀健康老齡化的比例為 19.0%，約為男性的 50%。

就個人資源而言，男性老年人在受教育程度、人均收入、經濟狀況滿足感和獨立經濟來源方面都顯著優於女性老年人。其中，在家庭人均收入和經濟狀況滿足感方面，男性老年人與女性老年人之間的差異較小，男性老年人的人均收入為 7,816 元，僅比女性老年人高 506 元，另外，兩者都具有較高的經濟狀況滿足感，分別為 80.0% 和 76.2%。男性與女性老年人的受教育狀況存在顯著差異（$p<0.001$），前者的平均受教育年限約為 3.45 年，而女性僅為 0.83 年。男性老年人的經濟來源狀況明顯好於女性老年人，具體表現為約 41.7% 的男性老年人具有獨立經濟來源，而女性老年人的這一比例僅為 17.4%。無論對於男性還是女性老年人而言，子女、孫子女及其他親屬依然是主要的經濟來源。

表 5.1 分別從家庭結構與家庭關係兩個方面對男女老年人的家庭照料進行比較。結果顯示，在家庭結構方面，男性老年人僅在婚姻狀況和居住安排兩項指標上具有明顯優勢，其中男性老年人有配偶的比例約為 51.6%，遠高於女性老年人的 19.0%。一般來說，女性的平均預期壽命高於男性，因此女性老年人往往面臨更高的喪偶風險。另外，相比而言，女性老年人和子女同住的比例較高（61.5% 和 45.9%）。男性和女性老年人在家庭規模、家庭中 60 歲以上老年人比例、子女數量、家庭中 16 歲以下兒童數量等指標上不存在或僅有較小差異。與家庭結構分佈狀況不同，男性老年人在家庭關係的各項指標上較女性老年人都具有顯著優勢。男性老年人中以配偶為獲取日常照料的主要來源的比例約為 37.1%，而女性老年人的這一比例僅為 12.0%，相似地，在精神慰藉主要

來源方面，配偶依然是男性老年人的主要來源（42.6%），因此，無論是日常照料還是精神慰藉，男性都更加依賴配偶。在代際支持方面，與女性老年人相比，男性老年人給予子女更多的經濟支持但是從子女處獲得的經濟支持也較少。

表 5.1 分性別的健康老齡化、個人資源、家庭照料與生活方式的均值和百分比

變量		Male M/%	S.D	Female M/%	S.D	Gender Difference
生活滿意度		13.42	3.616	12.10	4.306	***
客觀健康老齡化(%)	是	38.0%	—	19.0%	—	***
	否	62.0%	—	81.0%	—	
年齡		84.04	10.90	88.92	11.75	***
居住地（%）	城鎮	40.0%	—	37.9%	—	
	農村	60.0%	—	62.1%	—	
受教育年限		3.449	3.642	0.827	2.174	***
人均收入		7,816	11,889	7,310	12,485	**
經濟滿足（%）	是	80.0%	—	76.2%	—	*
	否	20.0%	—	23.8%	—	
獨立經濟來源（%）	有	41.7%	—	17.4%	—	***
	無	58.3%	—	82.6%	—	
婚姻狀況（%）	有配偶	51.6%	—	19.0%	—	***
	無配偶	48.4%	—	81.0%	—	
居住安排（%）	與子女同住	45.9%	—	61.5%	—	***
	未與子女同住	54.1%	—	38.5%	—	
家庭規模		3.198	1.823	3.382	1.864	
子女數量（%）	2個及以上	89.7%	—	85.8%	—	
	1個子女	8.43%	—	10.9%	—	
	無子女	1.90%	—	3.32%	—	
60+人口比例		0.267%	0.240	0.247%	0.258	
家庭中兒童（%）	無	79.5%	—	77.4%	—	*
	1個	14.8%	—	16.1%	—	
	2個及以上	5.71%	—	6.52%	—	

表5.1(續)

變量		Male M/%	S. D	Female M/%	S. D	Gender Difference
照料獲取來源(%)	配偶	37.1%	—	12.0%	—	***
	子女	52.5%	—	73.4%	—	
	其他	10.3%	—	14.5%	—	
精神慰藉來源(%)	配偶	42.6%	—	15.1%	—	***
	子女	46.8%	—	70.2%	—	
	其他	10.5%	—	14.7%	—	
子女給予經濟支持		2,118	3,067	2,211	2,938	*
給予子女經濟支持		436.4	2,138	180.1	1,125	***
日常鍛煉(%)	是	34.0%	—	20.6%	—	***
	否	66.0%	—	79.4%	—	
飲酒狀況(%)	是	23.2%	—	6.51%	—	***
	否	76.8%	—	93.49%	—	
營養狀況(%)	好	63.5%	—	62.2%	—	—
	差	36.5%	—	37.8%	—	
生活壓力		0.157	0.504	0.146	0.446	—

註：* $p<0.05$，** $p<0.01$，*** $p<0.001$。

就老年人生活方式而言，男性老年人僅在日常鍛煉方面具有顯著優勢，堅持日常鍛煉的比例約為34.0%，比女性老年人高出約14個百分比。另外，男性老年人飲酒的比例為23.2%，遠高於女性老年人的6.51%。

5.2.2 健康老齡化的性別差異：脆弱性差分

考慮到本節的一項重要內容是檢驗個人資源、家庭照料對健康老齡化的影響在不同性別間是否存在差異。為了回答上述問題，不同的多元迴歸模型（OLS和Logit）的迴歸分析進行了比較，見表5.2和表5.3。Suest檢驗假設兩組的干擾項具有不同的分佈，允許兩組的干擾項相關；而採用交乘項的方式，估計時只有一條方程，所以相當於假設兩個組的干擾項具有相同的分佈。

5.2.2.1 生活滿意度的分性別迴歸

接下來我們分別從個人資源、家庭照料、生活方式三個方面對生活滿意度的脆弱性差分進行詳細分析，結果如下：

（1）個人資源的影響效應估計

表5.2的估計結果表明，整體來看，所引入的個人資源變量對老年人生活

滿意度有著顯著的影響,並且家庭人均收入和主要經濟來源的影響有著較為明顯的性別差異。相比較來看,無論是男性還是女性老年人,經濟狀況滿足感對健康老齡化的影響強度都是最大的,與經濟狀況滿足感較低的老年人相比,經濟狀況滿足感較好的老年人的生活滿意度得分分別增加 0.844 和 1.204。也就是說,家庭人均收入越高的老年人,其生活滿意度水準也越高,而生活滿意度水準是健康老齡化的重要內容。由於對男性的社會保障體系更為完善、醫療資源更為豐富,當收入較低時,男性老年人可以通過外界的社會保障體系來保障基本健康。而女性老年人的健康保障更多是來源於自身經濟能力的提高,所以其經濟收入每上升一個層次,其健康狀況得到明顯改善。獨立生活來源對男性和女性老年人都具有顯著的積極效應,但作用程度存在一定差異,尤其在主觀健康老齡化方面,具有獨立生活來源的男性老年人主觀健康老齡化的發生比是沒有獨立來源老年人的 1.21 倍。相比而言,具有獨立經濟來源對女性主觀健康老齡化的積極作用較小且不顯著。

表 5.2　個人資源、家庭照料、生活方式與主觀健康老齡化的分性別 OLS 迴歸

(男 $n=6,345$　女 $n=8,413$)

		Male β	Male S.E	Female β	Female S.E	Ratio of Coefficients	Chi-Square For Difference
	居住地	0.043	0.095	0.223**	0.093	5.186,0	**
	年齡	−0.017	0.016	0.032*	0.019	−1.882,4	***
	年齡平方	−0.001***	0.000	−0.003***	0.000	3.000,0	
個人資源	教育年限	0.102***	0.028	0.101**	0.048	0.990,2	—
	教育年限的平方	−0.006***	0.002	−0.006*	0.004	1.000,0	—
	收入水準	0.004	0.043	0.169***	0.042	42.250,0	***
	經濟滿足(否)	0.844***	0.107	1.204***	0.101	1.426,5	
	獨立經濟來源(否)	0.187*	0.105	0.061	0.139	0.326,2	***
家庭結構	有配偶(無)	0.036*	0.166	0.216**	0.226	6.000,0	***
	與子女同住(否)	−0.593***	0.140	−0.748***	0.135	1.261,4	—
	家庭規模	−0.300***	0.106	−0.332***	0.095	1.106,7	—
	家庭規模平方	0.031***	0.011	0.039***	0.010	1.258,1	—
	子女數　1個子女	0.042*	0.149	−0.112*	0.138	−2.666,7	—
	無子女	−0.381**	0.277	−0.194*	0.259	0.509,2	
	60歲以上老人比例	−0.076	0.226	−0.761***	0.206	10.013,2	***
	16歲以下人口　1個	0.175*	0.227	−0.181	0.219	−1.474,3	***
	2個及以上	0.338**	0.214	−0.258*	0.206	−0.535,5	

表5.2(續)

			Male		Female		Ratio of Coefficients	Chi-Square For Difference
			β	S.E	β	S.E		
家庭關係	日常照料來源	配偶	-0.557***	0.188	-0.181*	0.245	0.325,0	***
		子女	-0.555***	0.155	-0.117	0.141	0.210,8	
	精神慰藉來源	配偶	0.772***	0.201	0.802***	0.269	1.038,9	—
		子女	0.762***	0.156	0.994***	0.138	1.304,5	—
	給子女錢(否)		0.116***	0.017	0.159***	0.021	1.370,7	—
	子女給錢(否)		0.009	0.019	-0.022	0.021	-2.444,4	—
生活方式	日常鍛煉(否)		0.986***	0.092	0.831***	0.108	0.842,8	—
	過度飲酒(否)		-0.246**	0.097	-0.172*	0.168	0.699,2	***
	營養狀況(差)		0.578***	0.086	0.532***	0.087	0.920,4	—
	生活壓力		-0.283***	0.087	-0.201**	0.099	0.710,2	—
	截距		13.335***	0.520	10.993***	0.516	0.824,4	—
	R^2		0.199		0.226		—	—

註：(1) *$p<0.05$，**$p<0.01$，***$p<0.001$；
(2) 括號內為參照項；
(3) 雙尾測試組間差異：表示男性和女性之間的差異檢驗。

　　圖5.1進一步分析了老年人家庭人均收入和經濟來源與健康老齡化關係的年齡軌跡，結果顯示，男性老年人和女性老年人的年齡軌跡存在明顯差異。除高收入組以外，其他收入水準男性老年人的生活滿意度水準隨著年齡增長呈下降趨勢，而幾乎所有家庭收入水準組的女性老年人生活滿意度都隨著年齡增長呈上升趨勢，中高收入和高收入組的積極效應更加明顯。與之相似，雖然對於絕大部分年齡段的老年人而言，具有獨立經濟來源都能夠顯著提高其生活滿意度，而且年齡對經濟來源與生活滿意度之間的關係具有顯著的調節作用，但對於女性老年人的積極效應尤其顯著。這具體表現為，隨著年齡增長獨立經濟來源對生活滿意度的促進作用更加明顯。

　　教育能夠有效地促進男性與女性老年人的健康老齡化（$\beta=0.102$ 和 $\beta=0.101$），受教育程度與主觀健康老齡化之間不存在顯著的性別差異，而且教育與主觀老化之間都呈倒「U」型關係。從經濟滿足方面而言，由於男性的社會保障體系更為完善、醫療資源更為豐富，當收入較低時，男性老年人可以通過外界的社會保障體系來保障基本健康。而女性老年人的健康保障更多是來源於自身經濟能力的提高，所以其經濟收入每上升一個層次，其健康狀況會得到進一步改善。

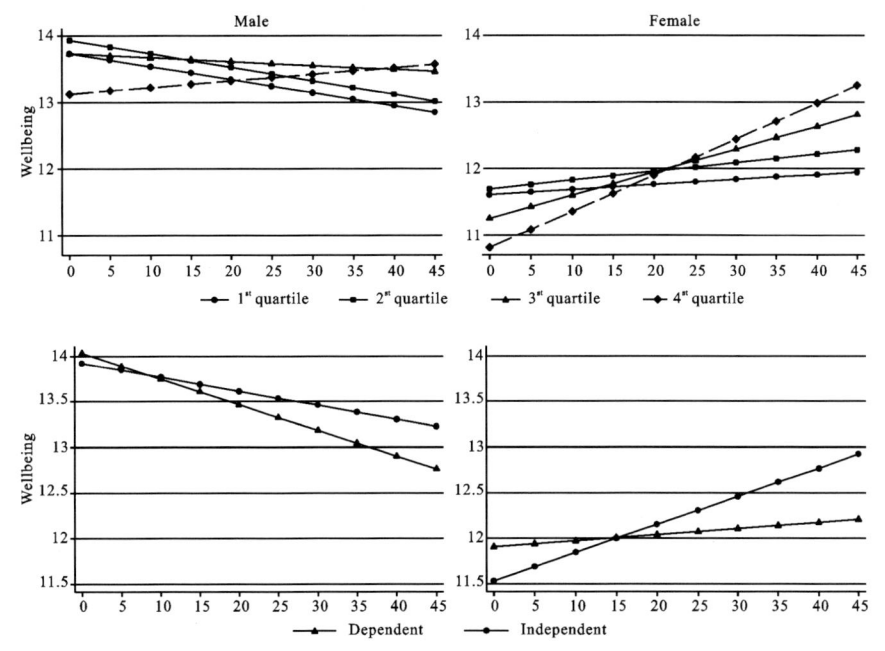

图 5.1　不同家庭收入水準、主要經濟來源老年人健康老齡化的年齡軌跡，分性別[a,b,c]

註：a 家庭收入水準採用四分位數進行劃分；
　　b 控制老年人其他個人資源、家庭照料和生活方式的變量；
　　c 其他變量都取均值。

（2）家庭結構的影響效應估計

分樣本的兩個迴歸模型顯示，家庭結構的各項內容對生活滿意度的影響均存在一定的性別差異，除了家庭規模、居住安排的影響差異不顯著外，其他各項內容均存在顯著的性別差異。

第一，與以往婚姻對健康生活方式的保護作用依然存在且對男性老年人的作用強於女性老年人（Goldman，1995）的研究結論不同，表 5.2 顯示婚姻狀況對女性老年人生活滿意度的積極作用強於男性老年人。在控制了老年人的個人資源、生活方式和家庭關係變量之後，目前有配偶的女性老年人的生活滿意度水準提高了 0.216，並且在 0.01 的水準上顯著。另外，通過圖 5.2 不難看出在女性老年人的整個老齡階段，婚姻狀況對生活滿意度都具有顯著的促進作用。與女性老年人相比，婚姻狀況對男性老年人生活滿意度的保護作用要相對小些（Ratio of Coefficient = 6）。表 5.2 揭示男性老年人中，雖然在控制個人資源、家庭關係和生活方式等變量後，目前有配偶的老年人生活滿意度要比沒有配偶的老年人高 0.036，且僅在 0.1 的水準上顯著，也就是說婚姻狀況對男性

老年人生活滿意度的促進作用並不明顯，說明婚姻狀況對生活滿意度的這種有益作用對男性老年人有限。根據圖5.2顯示，對於男性老年人而言，在絕大部分老齡階段婚姻狀況對生活滿意度並沒有顯示其有益作用，相反，還呈現出某種「不利」的作用，只有到了高齡階段其積極效應才逐漸顯現出來。這是否說明到了老齡期，婚姻狀況對生活滿意度有負面影響？實際情況可能並非如此。婚姻狀況對男性老年人存在有益作用的選擇性。即一方面，那些有配偶但患病的男性老年人受婚姻的保護作用在老齡期存活下來了，從而使有配偶老齡男性群體的生活滿意度水準較低。另一方面，那些無配偶且健康狀況欠佳的男性老齡人因缺乏婚姻的保護作用，其死亡率較高，使無配偶男性老年人群體的生活滿意度水準相對較高。

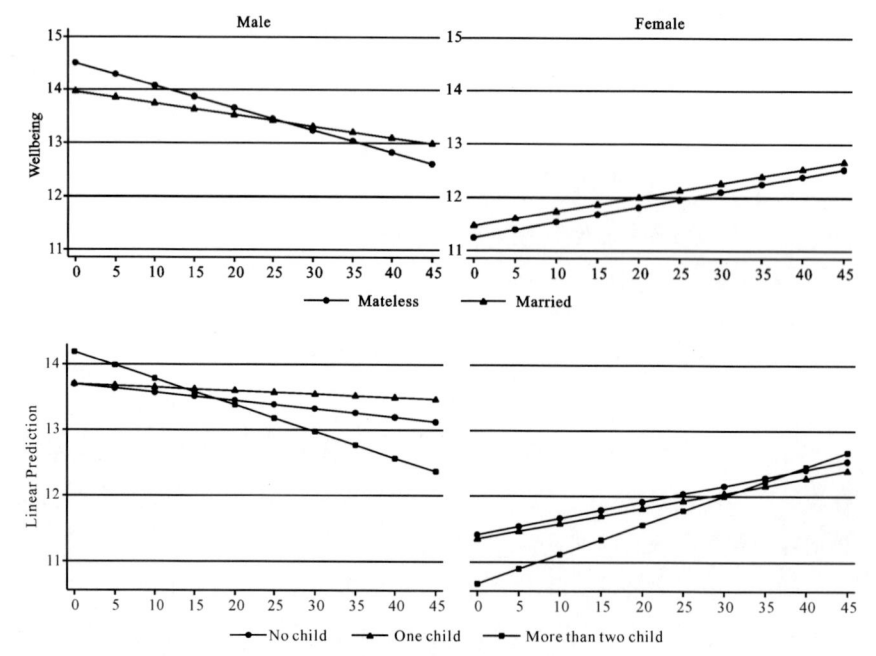

圖5.2 婚姻狀況、家庭中16歲以下兒童數量與老年人健康老齡化的年齡軌跡，分性別[a,b,c]

註：a 婚姻狀況劃分為有配偶和無配偶兩類，家庭中16歲以下兒童數量分為無16歲以下兒童、1個16歲以下兒童和2個及以上16歲以下兒童三類；
　　b 控制老年人其他個人資源、家庭照料和生活方式的變量；
　　c 其他變量都取均值。

為什麼婚姻狀況對女性老年人生活滿意度的積極效應更加明顯呢？根據涂爾干（Durkheim）提出的社會整合（Social Integration）與社會規制（Social

Regulation）理論，婚姻與家庭能夠帶給人們有意義的關係和互動，借由這種關係與互動產生的整合與規制力量能夠對個人實施保護功能，在家庭中一人同時扮演不同的角色及當一個人與家人間的互動，個人便獲利了生命意義（Duncan, Wilkerson & England, 2006）。婚姻狀況對女性老年人的保護作用更加明顯的原因可能在於，婚姻狀況通過健康行為、日常照料對生活滿意度的影響較小，更多地通過增加社會互動進而影響生活滿意度水準。在老齡期尤其是女性老齡期，配偶在社會關係網絡中的角色變得越加重要，女性老年人一旦喪失配偶，社會關係網絡就會縮小，非正式支持資源也會隨之減少，從而更多地依賴正式支持（Barrett & Lynch, 1999）。

第二，家庭中60歲以上老年人比例對女性老年人生活滿意度的降低作用比男性老年人大。迴歸結果顯示，在控制了老年人個人資源、生活方式和家庭稟賦其他內容之後，家庭中60歲以上老年人比例顯著降低了女性老年人的生活滿意度水準。家庭中60歲以上老年人比例每增加1個百分點，女性老年人的生活滿意度水準降低約0.761。與女性老年人相比，家庭中60歲以上老年人比例對男性老年人生活滿意度的消極作用相對較小。表5.2的迴歸結果顯示，雖然家庭中60歲以上老年人比例每提高1個百分點男性老年人生活滿意度降低0.076，但這種作用並不顯著。說明家庭中60歲以上老年人比例對男性老年人的生活滿意度的消極作用有限。究其原因，可能與家庭中存在的性別分工具有一定關係，女性更多地承擔起照料家庭及其成員的責任，家庭中60歲以上老年人比例提高意味著家庭照料的責任更加繁重，因而降低了女性老年人的生活滿意度水準。

第三，家庭中16歲以下孩子數量對老年人生活滿意度的影響具有顯著的性別差異，其對男性老年人的有益作用更加明顯，但不利於女性老年人的生活滿意度。表5.2的迴歸結果顯示，在控制了老年人個人資源、生活方式和其他家庭稟賦特徵之後，家庭中有1個和2個及以上16歲以下兒童分別降低了女性老年人生活滿意度水準0.181和0.258，雖然前者對生活滿意度的影響並不顯著。與女性老年人相比，家庭中有16歲以下兒童對男性老年人生活滿意度表現出顯著的促進作用，家庭中有1個和2個及以上16歲以下兒童分別提高了其生活滿意度水準0.175和0.338。另外，根據圖5.2可知，在整個老齡階段，家庭中16歲以下兒童數量對老年人生活滿意度的影響也存在顯著性別差異。家庭中有2個及以上16歲以下兒童可以明顯改善低齡男性老年人的生活滿意度，卻嚴重損害了低齡女性老年人的生活滿意度，但是隨著年齡增長，其對男性老年人的積極效應呈逐漸下降趨勢，到80歲左右對男性老年人的有益

作用已經消失殆盡。相反，隨著年齡增長，家庭中有 2 個及以上 16 歲以下兒童對女性老年人的消極效應逐漸下降。形成這一差異的主要原因同樣是由於長期以來女性的家庭照料角色所導致的，家庭中有 2 個及以上 16 歲以下兒童帶來的高強度的家庭照料任務降低了低齡老齡女性的生活滿意度。

與子女同住對女性老年人主觀健康老齡化的消極作用更加明顯，無論男性還是女性，家庭規模與主觀健康老齡化均呈現顯著負向作用，家庭規模每增加一人，女性老年人的生活滿意度下降 0.332。值得指出的是男女兩性僅在婚姻狀況方面存在明顯差異。子女數對老年人生活滿意度的影響不存在顯著的性別差異。

（3）家庭關係的影響效應估計

表 5.2 估計了家庭關係對不同性別老年人生活滿意度的作用，結果顯示，僅日常照料來源對生活滿意度的影響存在顯著的性別差異，其餘三個變量（精神慰藉來源、給予子女經濟支持和獲得子女經濟支持）對生活滿意度的作用都不存在顯著的性別差異。具體而言，以核心家庭作為獲取日常照料的主要來源對男性老年人的消極作用明顯大於女性老年人，Ratio of Coefficients 分別為 0.325 和 0.211，且都在 $p<0.001$ 的水準上顯著。根據圖 5.3 的分析結果顯示，在低齡階段，以其他人為獲取照料主要來源的男性老年人的生活滿意度水準較低，隨著年齡增長其優勢逐漸顯現出來，但是對女性老年人的影響卻呈完全相反的趨勢，即低齡階段以其他人為主要照料來源的女性老年人生活滿意度優勢明顯，隨著年齡增長，核心家庭照料支持對生活滿意度的促進效應逐漸增強。

（4）生活方式的影響效應估計

通過對比男性與女性的分樣本迴歸結果，我們可以看出生活方式各項內容對健康老齡化的影響在男性與女性之間存在差異，其中日常鍛鍊、過度飲酒和生活壓力對男性老年人健康老齡化的影響大於女性。具體而言，無論是在客觀老化方面還是在生活滿意度方面，男性老年人更多地從日常鍛鍊中獲益，日常鍛鍊生活習慣的生活滿意度的發生比約為 2.68（$e^{0.986} \approx 2.68$）倍，而相對於沒有日常鍛鍊習慣的女性老年人健康老齡化的發生比僅為 2.30（$e^{0.831} \approx 2.30$）倍。過度飲酒顯著降低了男性老年人客觀老化的發生比（78.19%）和生活滿意度，但是對女性健康老齡化的兩個維度均不存在顯著影響。

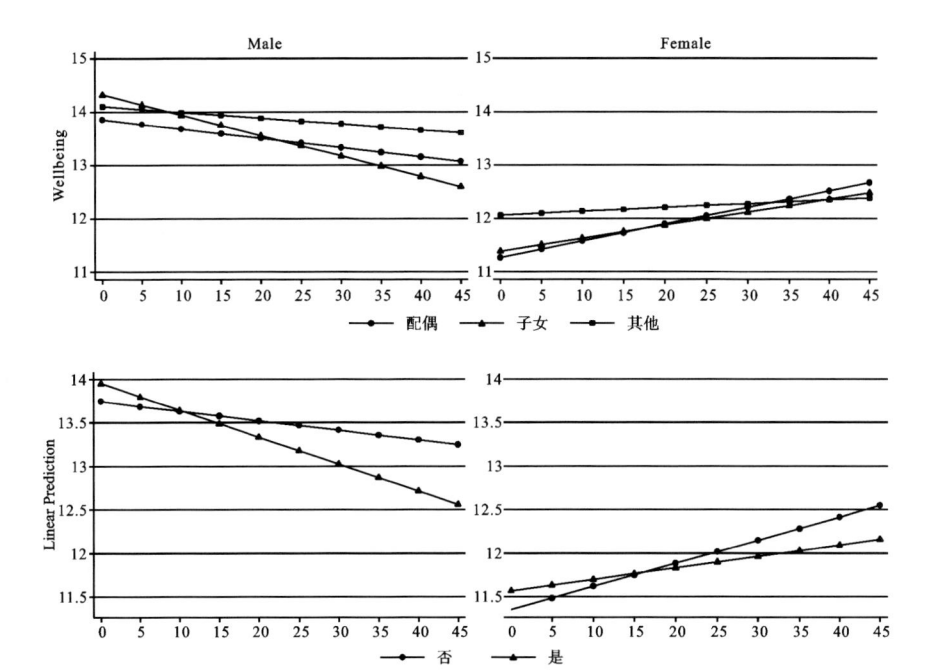

圖 5.3　日常照料獲取來源、飲酒狀況與老年人生活滿意度的年齡軌跡，分性別[a,b,c]

註：a 日常照料獲取來源劃分為配偶、子女和其他，過度飲酒劃分為有和無兩類；
　　b 控制老年人其他個人資源、家庭照料和生活方式的變量；
　　c 其他變量都取均值。

5.2.2.2　客觀健康老齡化的分性別迴歸

首先，我們對迴歸變量進行多重共線性的檢驗，發現在所有迴歸方程中各自變量的多重共線性並不嚴重，模型比較穩定，模型估計結果詳見表 5.3 和表 5.4。

（1）個人資源的影響效應估計

表 5.3 估計了個人資源對老年人客觀健康老齡化的作用，結果顯示在受教育水準、家庭收入和經濟狀況滿足感三項指標與客觀健康老齡化的關係上存在顯著性別差異。其中，受教育狀況和家庭收入對男性老年人客觀健康老齡化的促進作用更加明顯（Ratio of Coefficient 分別為 0.75 和 0.404）。具體而言，受教育程度顯著提高了男性老年人的客觀健康老齡化，並且倒「U」型關係依然顯著，這是因為大多數女性老年人主要以從事家務勞動為主，教育對其經濟狀況的改善作用不如男性老年人那樣明顯，教育較好地改善了男性老年人的經濟狀況，進而提高了其客觀健康老齡化。但是經濟狀況主觀滿足感對女性老年人客觀健康老齡化的促進效果更加明顯（Ratio of Coefficient = 1.286）。獨立經濟

来源对老年人客观健康老龄化的影响不存在显著的性别差异（Ratio of Coefficient＝0.978，p＝0.317）。

表5.3 个人资源、家庭照料和生活方式对客观健康老龄化影响的 Logit 回归模型

		Male Coefficient	S. E	Female Coefficient	S. E	Ratio of Coefficients	Chi-Square For Difference
	居住地	−0.127	0.080	−0.077	0.086	0.606,3	***
	年龄	−0.147***	0.018	−0.113***	0.019	0.768,7	**
	年龄平方	0.000	0.000	−0.001***	0.000		
个人资源	教育年限	0.064***	0.023	0.048	0.036	0.750,0	***
	教育年限平方	−0.003*	0.002	−0.004	0.003	1.333,3	
	收入水准	0.099**	0.036	0.040	0.038	0.404,0	**
	经济满足	0.388***	0.092	0.499***	0.096	1.286,1	*
	独立生活来源	0.409***	0.083	0.400***	0.098	0.978,0	—
家庭结构	有配偶	0.699***	0.140	0.389**	0.168	0.556,5	*
	与子女同住	−0.518***	0.130	−0.147	0.139	0.283,8	***
	家庭规模	−0.152*	0.092	−0.241**	0.100	1.585,5	—
	家庭规模平方	0.013	0.009	0.021**	0.010	1.615,4	—
	子女数 1个子女	0.092	0.134	0.050	0.156	0.543,5	***
	无子女	−0.020	0.243	−0.155*	0.353	7.750,0	
	60岁以上老人比例	−1.319***	0.243	−0.963***	0.265	0.730,1	
	16岁以下人口 无	−0.509***	0.195	−0.401**	0.196	0.787,8	—
	1个	−0.327*	0.183	−0.293	0.185	0.896,0	
家庭关系	日常照料来源 配偶	0.515***	0.157	0.246	0.182	0.477,7	***
	子女	0.360***	0.138	0.236*	0.139	0.655,6	
	精神慰藉来源 配偶	−0.213*	0.168	0.274*	0.197	−1.286,4	*
	子女	0.144	0.136	0.212*	0.134	1.472,2	
	给子女钱	0.044***	0.014	0.060***	0.017	1.363,6	—
	子女给钱	−0.013*	0.016	0.020*	0.020	−1.538,5	**
生活方式	日常锻炼	0.650***	0.075	0.451***	0.087	0.693,8	**
	过度饮酒	−0.485***	0.083	0.099	0.154	−0.204,1	***
	营养状况	0.217***	0.073	0.298***	0.083	1.373,3	
	生活压力	−0.849***	0.114	−0.394***	0.100	0.464,1	***
	截距	3.377***	0.457	1.715***	0.459	0.507,8	—
	Adj R²	0.231		0.233		—	—

註：(1) * $p<0.05$，** $p<0.01$，*** $p<0.001$；
(2) 双尾测试组间差异：表示男性和女性之间的差异检验。

(2) 家庭結構的影響效應估計

根據表 5.3 的迴歸結果顯示，在控制了老年人個人資源、生活方式和家庭關係特徵後，家庭結構中的婚姻狀況、居住安排和子女數量對老年人客觀健康老齡化的影響存在顯著的性別差異，雖然家庭規模、家庭中 60 歲以上老年人比例以及家庭中 16 歲以下兒童數量的影響效果也存在一定性別差異，但是差異並不顯著。

第一，婚姻狀況對男性老年人客觀健康老齡化的保護作用顯著大於女性（Ratio of Coefficient = 0.556, 5，$p<0.05$）。在婚姻期間因禍福與共的緊密關係，對家人提供了良好的照護，並且因為家庭責任有效阻止婚姻狀況降低男女雙方的健康危害行為，尤其是已婚男性，會降低大量飲酒、吸菸的機會，故無論是生活滿意度還是身體健康狀況都可從婚姻狀況中獲益（Lewis, Butterfield, Darbes & Brooks, 2004）。Arens（1982）也認為雖然婚姻對老年人的死亡和患病具有顯著的保護性作用，但其保護機制對男性的作用強度明顯高於女性，配偶的喪失或缺乏對男性老年人死亡率的影響比女性大得多。之所以會出現這樣的情況，主要是因為配偶通過提供健康飲食、敦促日常鍛煉、戒菸以及定期體檢等方式增進丈夫的健康狀況，妻子的保護有助於降低男性老年人的發病和死亡風險。在表 5.3 的迴歸模型的基礎上，我們分別對分性別、分婚姻狀況的客觀健康老齡化的年齡軌跡進行了預測，結果顯示，婚姻狀況對男性老年人客觀健康老齡化的增益效果幾乎存在於整個老年階段，而且呈現「持久趨勢」，但是對女性老年人的保護作用僅在低齡和中齡階段較明顯，進入高齡階段後其促進效應逐漸減小甚至消失。這主要是因為，當遭遇慢性疾病時，其配偶往往需要承擔更多的照料責任與決策壓力，在現實生活中，由於妻子普遍比丈夫年輕，丈夫往往先於她們罹患慢性退行性疾病，因此，女性老年人因提供照料而累及身體功能的風險較之男性更高（Gilford, 1986）。另外，日常照料需要花費大量的時間，降低了妻子家務勞動之外時間的可得性，同時由於閒暇時間被擠占，使得妻子對於維持自身健康的投入時間減少了。一些女性有可能因喪偶和離異，反而減少了日常照料中的體力和時間支出，獲得更多的時間與精力關注自身的健康需求。

第二，與子女同住對男性老年人客觀健康老齡化的消極作用比女性老年人要明顯（Ratio of Coefficient = 0.283, 8，$P<0.01$）。表 5.3 的迴歸結果顯示，與子女同住的男性老年人客觀健康老齡化的發生比僅為未與子女同住男性老年人的 59.57%（$e^{-0.518} \approx 0.595, 7$）。相比而言，與子女同住對女性老年人客觀健康老齡化的消極作用要小很多且不顯著。這並不意味著與子女同住本身對男性老

年人的健康老齡化具有負向影響，可能的解釋是相比女性老年人，居住安排對男性老年人健康老齡化有益作用的選擇性更強，即老齡男性的獨立性更強，只有在身體健康狀況較差的情況下才「被迫」選擇與子女同住。

第三，子女數量對女性老年人客觀健康老齡化的作用更加明顯，卻沒有顯著地影響男性老年人健康老齡化的概率。表5.3的迴歸結果顯示，在控制了老年人的個人資源、生活方式和其他家庭稟賦變量之後，無子女顯著降低了女性老年人客觀健康老齡化的發生比，僅為有2個及以上子女老年人客觀健康老齡化的85.64%（$e^{-0.155} \approx 0.856,4$），相比而言，無子女對男性老年人客觀健康老齡化的影響較小且不顯著。圖5.4進一步分析了在不同年齡階段子女數量對男性和女性老年人客觀健康老齡化的影響，結果顯示，在幾乎整個老齡階段，子女數量對男性老年人客觀健康老齡化的影響不存在明顯差異，但是，無子女女性老年人的客觀健康老齡化處於不利地位，但這一不利影響隨著年齡增長逐漸縮小。對於這一差異可能的解釋是，女性老年人的經濟自立能力較差，更多地依賴子女提供的供養資源。因此，這一結果啟示我們不能忽略未來老年人尤其

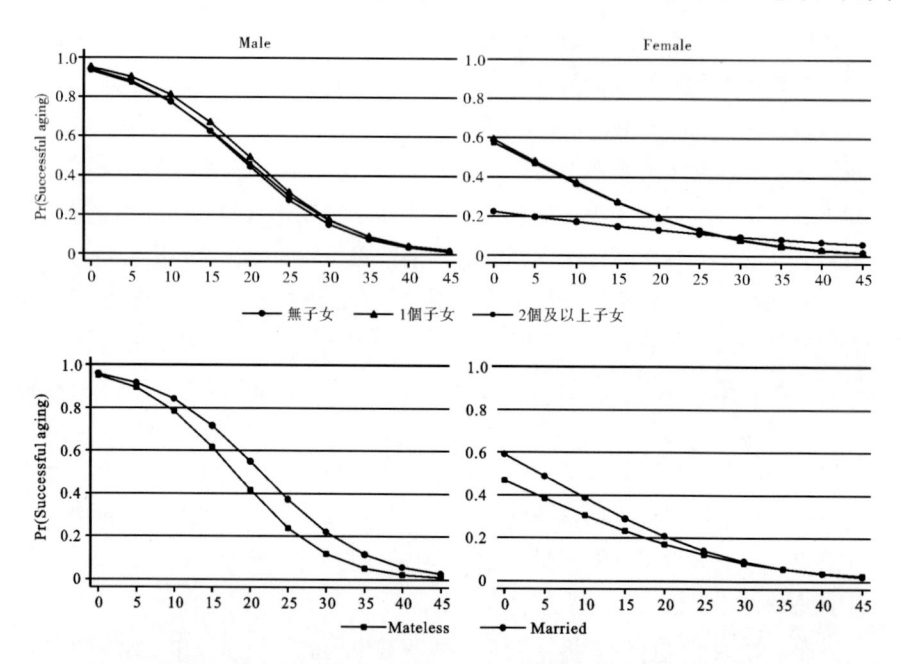

圖5.4 子女數量、婚姻狀況與老年人生活滿意度的年齡軌跡，分性別[a,b,c]

註：a 子女數量劃分為無子女、1個子女和2個及以上，婚姻狀況分為有配偶和無配偶兩類；
　　b 控制老年人其他個人資源、家庭照料和生活方式的變量；
　　c 其他變量都取均值。

是高齡老年人家庭養老資源不斷減少的這個現實。考慮到中國已經出現並日益嚴重的老齡化現狀，在相當一段時期內，進入高齡期處於不健康狀態的老年人口的絕對量與比例都會呈上升趨勢，而作為主要養老資源的子女數卻在不斷地減少。另外，女性相對男性在不健康狀態下度過的時間更長，而且自身的養老資源相對匱乏，更加依賴子女提供。這三種趨勢在未來的交匯，不得不引發我們對中國未來養老負擔的思考。

（3）家庭關係的影響效應估計

除了給予子女經濟支持對老年人客觀健康老齡化具有顯著促進作用且不存在顯著性別差異外，家庭關係的其他諸項內容對客觀健康老齡化的作用效果都具有顯著的性別差異。具體而言，在照料資源獲取來源方面，以配偶和子女作為日常照料資源主要來源對男性老年人客觀健康老齡化的促進效應更加明顯（Ratio of Coefficient 分別為 0.477,7 和 0.655,6，並且在 $p<0.001$ 的水準上顯著）。究其原因，在家庭內部分工上，女性通常承擔大部分日常照料任務，並

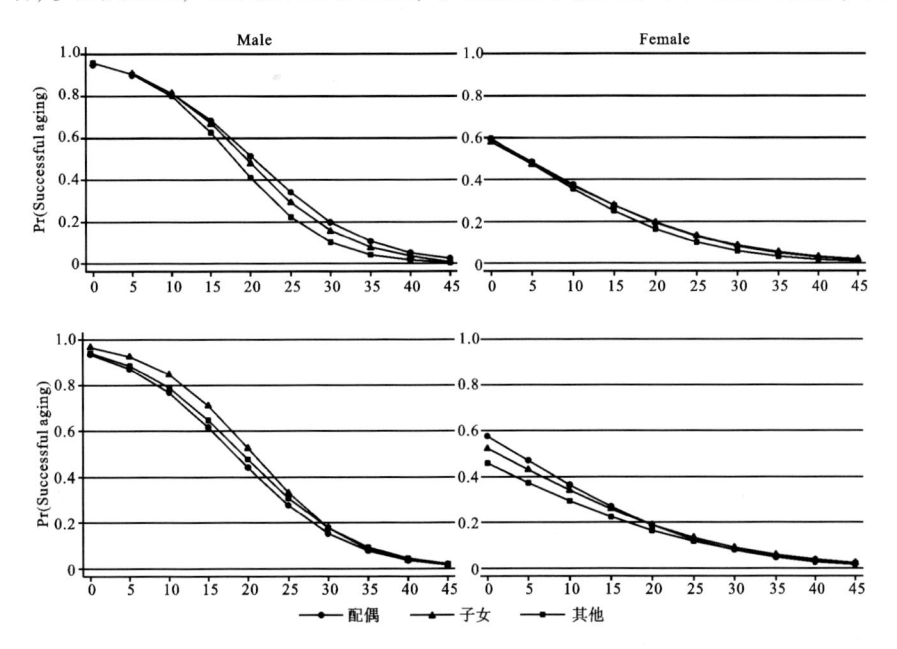

圖 5.5 日常照料獲取來源、精神慰藉獲取來源對客觀健康老齡化影響的年齡軌跡，分性別[a,b,c]

註：a 日常照料獲取來源劃分為配偶、子女和其他，過度飲酒劃分為有和無兩類；
　　b 控制老年人其他個人資源、家庭照料和生活方式的變量；
　　c 其他變量都取均值。

認為呵護家人的健康是自己的分內之事。這樣的家庭分工和角色認知的性別差異使得丈夫在生活中更容易獲得來自於妻子的健康照料，而妻子的健康照護卻不得不更多地依賴自我保健實現。家庭關係對客觀健康老齡化促進效果的性別差異更明顯的表現為，接受子女經濟支持對男性老年人客觀健康老齡化具有顯著的消極作用，但是卻可以提高女性老年人客觀健康老齡化的發生比（Ratio of Coefficient=－1.539，$p<0.05$）。

（4）生活方式的影響效應估計

生活方式的脆弱性在老齡男性和女性之間也存在顯著差異，尤其是在健康危害行為方面，過度飲酒與生活壓力嚴重降低了男性老年人的客觀健康老齡化概率。表5.3的迴歸結果顯示，在控制了個人資源、家庭稟賦和其他生活方式變量之後，過度飲酒老齡男性客觀健康老齡化的概率僅為無過度飲酒的老齡男性的61.57%（$e^{-0.485}\approx 0.615,7$），但對女性健康老齡化具有較小的積極效應，雖然該影響並不顯著。需要指出的是，由於樣本中女性老年人存在過度飲酒的比例非常低，她們當中客觀健康老齡化者更是寥寥無幾，因此，這一OR值可能存在一定的偏差。雖然生活壓力對男女老年人客觀健康老齡化都具有顯著的消極作用，但是相比男性老年人，生活壓力對女性老年人客觀健康老齡化的消極作用較小（Ratio of Coefficient=0.464,1，$p<0.001$）。在健康促進行為中，日常鍛煉對客觀健康老齡化的影響呈現顯著的性別差異（Ratio of Coefficient=0.693,8，$p<0.01$），日常鍛煉對男性老年人客觀健康老齡化的促進作用更加明顯，表5.3迴歸結果顯示。具有日常鍛煉習慣的老年人客觀健康老齡化的比例約為無日常鍛煉習慣老年人的1.92（$e^{0.65}\approx 1.92$）倍，而對女性老年人客觀健康老齡化的有益影響僅為1.57（$e^{0.45}\approx 1.57$）倍。

（5）Allison性別分組迴歸系數比較

當因變量為連續變量時，例如，連續變量y對一個或多個自變量進行迴歸，即：

$$Y=\alpha+\sum X\beta+\varepsilon,\ \varepsilon\sim N(0,\ \sigma^2)$$

由於殘差ε服從正態分佈$N(0,\ \sigma^2)$且與自變量X相關，因此：

$$V(Y)=V(\alpha+\sum X\beta)+V(\varepsilon)$$

$$=\text{Explained Variance}+\text{Residual Variance}$$

當在模型中繼續加入變量之後，因變量y的方差保持穩定，當前者（Explained Variance）所占比例上升，後者（Residual Variance）所占比例相應地下降。

但是當因變量 y^* 為分類變量時，例如在 Logistic 迴歸中，

$y^* = \alpha + \sum X\beta + \varepsilon$, $\varepsilon \sim$ Standard Logistic

殘差 ε 服從 Standard Logistic 分佈，即均值為 0，方差為 $\pi^2/3$（約為 3.29）。由於殘差 ε 與自變量無關，因此在模型中繼續加入變量後，$V(\varepsilon_{y^*})$ 不變，而解釋殘差（Explained Variance）和總殘差（Total Variance）發生變化：

$V(y^*) = V(\alpha + x\beta) + V(\varepsilon_{y^*}) = V(\alpha + x\beta) + \pi^2/3 = V(\alpha + \beta) + 3.29$

正是由於 Logistic 迴歸模型與 OLS 迴歸模型的這一差異決定了在對分組迴歸系數進行比較時 Logistic 模型的獨特性。Allison 提出了一種估計方法，通過向迴歸模型中添加一個 δ 以調整分組迴歸所導致的殘差差異。

根據表 5.4 的檢驗結果顯示，在老年人個人資源變量中，原來對客觀健康老齡化影響存在顯著性別差異的三個變量中，僅有教育程度的影響仍存在顯著性別差異。這說明，家庭人均收入與經濟狀況滿足感對客觀健康老齡化影響的性別差異很可能是由於殘差分佈的不同所導致的。接下來我們對家庭照料諸變量進行了 Allison 檢驗，結果顯示，家庭規模與日常照料獲取來源對客觀健康老齡化影響的性別差異不再顯著。生活方式的檢驗結果顯示，在對分組迴歸所導致的殘差差異進行調整以後，日常鍛煉、過度飲酒和生活壓力對客觀健康老齡化的影響依然具有顯著的性別差異。

表 5.4　個人資源、家庭照料和生活方式對客觀健康老齡化影響的 Logit 迴歸模型

(Disturbance Variances Unconstrained)

	受教育年限			家庭人均收入			經濟狀況滿足感	
	Model 1	Model 2		Model 1	Model 2		Model 1	Model 2
Gender	0.628***	0.552***	Gender	0.819***	0.320	Gender	0.804***	0.790***
Edu	0.113***	0.101***	Loginc	0.136***	0.107***	Life	0.616***	0.608***
Edu^2	−0.005**	−0.006***	—	—	—	—	—	—
Gender ×Edu	—	0.033*	Gender ×Loginc	—	0.060	Gender ×Life	—	0.018
δ	0.136***	0.154***	δ	0.133***	0.136***	δ	0.142***	0.143***
	婚姻狀況			居住安排			家庭規模	
	Model 1	Model 2		Model 1	Model 2		Model 1	Model 2
Gender	0.749***	0.700***	Gender	0.790***	0.830***	Gender	0.816***	0.791***
Mar	0.242***	0.196**	Liva	−0.268***	−0.224***	Mar	−0.021	−0.025
Gender ×Mar	—	0.095**	Gender ×Liva	—	−0.094*	Gender ×Hsi	—	0.008
δ	0.139***	0.152***	δ	0.135***	0.142***	δ	0.139***	0.138***

表5.4(續)

	日常照料			精神慰藉			子女給予經濟支持	
	Model 1	Model 2		Model 1	Model 2		Model 1	Model 2
Gender	0.764***	0.787***	Gender	0.777***	0.994***	Gender	0.816***	1.305***
Spouse	0.465***	0.46***	Spouse	0.349***	0.509***	Logs	−0.003	0.038**
Child	0.277***	0.297**	Child	0.216**	0.263**		—	—
Gender ×Spouse	—	−0.005	Gender ×Spouse	—	−0.346**	Gender ×Logs	—	−0.075***
Gender ×Child	—	−0.046	Gender ×Child	—	−0.124			
δ	0.147***	0.153***	δ	0.144***	0.151***	δ	0.140***	0.149***
	日常鍛煉			過度飲酒			生活壓力	
	Model 1	Model 2		Model 1	Model 2		Model 1	Model 2
Gender	0.763***	0.649***	Gender	0.896***	0.966***	Gender	0.829***	0.910***
Ext	0.711***	0.548***	Drink	−0.440***	0.067	Stress	−0.688***	−0.415***
Gender ×Ext	—	0.326***	Gender ×Drink	—	−0.679***	Gender ×Stress	—	−0.605***
δ	0.112***	0.133***	δ	0.125***	0.133***	δ	0.119***	0.127***

註：* $p<0.05$，** $p<0.01$，*** $p<0.001$。

5.2.3 健康老齡化的性別差異：Oaxaca-Blinder 分解

從表5.1可以看出男女老年人在主觀和客觀健康老齡化方面均存在顯著差異，我們可以大致推斷出男性老年人的生活滿意度和客觀健康老齡化概率較高，其中很大原因是兩者存在明顯的稟賦差異，例如更高的受教育水準、擁有獨立的經濟來源、給予子女更多地經濟支持等。但是僅僅通過簡單的描述和分樣本迴歸無法給出各類因素和特定變量對健康老齡化差異的貢獻率。

究竟是什麼原因造成了男女老年人健康老齡化存在如此顯著的差異？使用Oaxaca-Blinder 分解方法，我們分別對分性別的樣本進行了分解。表5.5 的統計結果可分為三部分，第一部分為男性與女性老年人健康老齡化的總差異，第二部分為健康老齡化的「總體分解」，第三部分為健康老齡化的變量「歸類分解」結果。

5.2.3.1 整體暴露性與脆弱性（Overall Exposure Versus Vulnerability）

表5.5 的總體差異分解結果對暴露性與脆弱性假設進行了驗證。從總差異部分的「稟賦」欄給出的統計結果可以看出，在不考慮其他變量的情況下，

表 5.5　健康老齡化的性別差異、Oaxaca-Blinder 總體分解與歸類分解

		Healthy aging			Wellbeing		
		Female	Male	Difference	Female	Male	Difference
總差異		0.190***	0.384***	-0.193***	12.12***	13.42***	-1.302***
		(0.003, 70)	(0.005, 73)	(0.006, 82)	(0.047, 1)	(0.045, 5)	(0.065, 5)
		稟賦（C）	系數（B）	交互（I）	稟賦（C）	系數（B）	交互（I）
總體分解		β (S. E)	β (S. E)	β (S. E)	β (S. E)	β (S. E)	β (S. E)
		-0.137***	-0.079, 4***	0.022, 8***	-0.878***	-0.337***	-0.087, 1***
		(0.005, 64)	(0.009, 18)	(0.007, 73)	(0.051, 4)	(0.087, 5)	(0.078, 8)
歸類分解	個人資源	-0.020, 82**	0.059, 37**	-0.013, 38	-0.149, 24*	1.617, 7*	0.037, 8
	家庭結構	-0.033, 87**	0.000, 76	-0.039, 13**	-0.141, 11*	-0.070, 72	-0.031, 77*
	家庭關係	0.001, 689**	0.040, 71**	0.022, 85	-0.066, 76	0.355, 7	0.041, 45*
	生活方式	-0.000, 29	0.023, 96	0.023, 292	-0.102, 2*	-0.062, 7	0.011, 258

註：* $p < 0.05$，** $p < 0.01$，*** $p < 0.001$。

男女老年人健康老齡化的差異非常明顯。從「總體分解」部分的統計結果可以發現，無論是生活滿意度還是客觀健康老齡化的性別差異主要是由於兩者的異質性（稟賦差異）所導致的。在客觀健康老齡化方面，女性健康老齡化的概率明顯低於男性老年人，兩者之間的差異約為 0.193，其中可解釋部分的差異即稟賦差異為 0.137，占總體差異的 70.98%。也就是說，假如女性老年人與男性老年人在個人資源、家庭照料、生活方式以及人口特徵等變量上具有相同的分佈特徵，那麼女性老年人在客觀健康老齡化方面的劣勢將會縮小 13.7 個百分點，差異從 19.3% 降低到 5.6%。假設 2 是檢驗不同性別下的稟賦「脆弱性」差異，是男性與女性老年人內在不同特點導致的不同稟賦特徵的回報率（脆弱性）差異所導致的健康老齡化差異。不可解釋部分差異為 0.056, 6（即系數效應+交互效應 = 0.056, 6），約占總體差異的 29.02%。其中，脆弱性差異（系數效應）導致的客觀健康老齡化差異相對較小，為 0.079, 4，約占總體差異的 41.14%，這意味著假如女性與男性老年人在個人資源、家庭照料等方面具有相同的脆弱性，那麼兩者的客觀健康老齡化差異將會縮小到 11.4%。具體而言，假如女性老年人與男性老年人具有同樣的個人資源和家庭結構特徵，那麼女性老年人在客觀健康老齡化（個人資源和家庭結構）方面的劣勢將會分別縮小 2.1 和 3.4 個百分點，差異分別從 19% 降低到 16.9% 和 15.6%。由此可見，老年人客觀健康老齡化的性別差異主要是由於稟賦特徵差異所導致的。女性在老年人生活滿意度方面也明顯處於劣勢，兩者的生活滿意度得分相

差1.302，其中可解釋部分的差異即稟賦差異為0.878，約占總體差異的67.43%，不可解釋部分的差異為0.424,1（即系數效應+交互效應=0.424,1），約占總體差異的32.57%。因此，老年人生活滿意度的性別差異也主要是由於兩者之間的稟賦差異所導致的。

在老年人的個人資源、家庭照料和生活方式等稟賦特徵差異中，哪類因素的影響最大？根據表5.5的「歸類分解」結果顯示，在客觀健康老齡化方面，男性和女性老年人的稟賦差異主要體現在個人資源和家庭結構方面，約占全部稟賦差異的40%左右。其中家庭結構的差異最為重要，居住安排、婚姻狀況、子女數量以及家庭中60歲以上人口比例等家庭結構的差異導致女性老年人客觀健康老齡化的比例比男性老年人低大約0.033,87，家庭結構稟賦差異解釋了可解釋部分（即稟賦差異，為0.137）的25%和總體差異的17.55%。因生活方式差異所導致的男女老年人客觀健康老齡化差異為0.000,29，不到全部稟賦差異的0.2%，且在統計上不顯著。根據歸類分解結果，家庭關係的稟賦差異所導致的客觀健康老齡化差異約占全部差異的-1.23%。同樣，在生活滿意度方面，老年人的個人資源和家庭結構的稟賦差異也是導致男女兩性差異的主要因素。老年人的受教育程度、經濟來源、家庭人均收入等個人資源的差異導致女性老年人生活滿意度水準比男性老年人低了0.149,24，個人資源稟賦差異解釋了全部稟賦差異的11.46%。

綜上所述，女性老年人無論在暴露性還是在脆弱性方面都處於不利境地，兩者共同導致了女性老年人健康老齡化的劣勢。但是，暴露性是導致上述差異的主要因素。

5.2.3.2　*風險因素的相對重要性*（Relative Importance of Risk Factors）

表5.6為影響中國男性和女性老年人健康老齡化差異的變量分解，為了統計上的方便，我們將相近的變量歸類為同一變量。例如，將獲取日常照料的主要來源分為配偶、子女或孫子女和其他三類歸結為同一變量。表格的前三列呈現的是個人資源、家庭照料與生活方式對客觀健康老齡化性別差異的暴露性和脆弱性影響，第4~6列呈現的是對生活滿意度的分析。變量分解系數的絕對數值越大意味著其對健康老齡化性別差異的影響也越大。如果分解系數為正，意味著該變量對女性有利，相反如果分解系數為負，則意味著該變量對男性健康老齡化的積極效應更加明顯。所有變量分解系數的總和與表5.5中暴露性和脆弱性的總體分解系數保持一致。

就客觀健康老齡化而言，在使用女性老年人迴歸系數為基準的情況下，在所有代表老年人個人資源、家庭照料與生活方式的變量中，除家庭規模、子女

表 5.6　健康老齡化性別差異的 Oaxaca–Blinder 變量分解

	Sucessful Ageing					Wellbeing			
	稟賦 β (S.E)	系數 β (S.E)	交互 β (S.E)	稟賦 β (S.E)	系數 β (S.E)	交互 β (S.E)
城鎮	0.000,331 (0.000,237)	0.003,19** (0.005,76)	0.000,399 (0.000,942)	−0.000,836 (0.001,77)	0.093,5** (0.053,7)	−0.004,21 (0.003,06)
年齡	−0.083,8*** (0.003,96)	−0.202* (0.067,0)	0.028,7 (0.037,2)	−0.418*** (0.029,1)	−2.421*** (0.598)	−0.141 (0.035,4)
受教育程度	−0.008,08*** (0.003,19)	−0.007,95** (0.007,93)	−0.014,5 (0.028,5)	−0.083,6** (0.032,3)	−0.017,2 (0.084,5)	0.013,0 (0.063,6)
家庭人均收入對數	0.001,06** (0.000,447)	0.057,6 (0.052,7)	0.001,52 (0.002,45)	5.53e−05 (0.003,72)	1.435*** (0.499)	−0.015,0 (0.006,17)
經濟狀況滿足感	−0.001,60*** (0.000,49)	0.010,8 (0.012,9)	0.001,12 (0.001,88)	−0.028,8*** (0.006,85)	0.290*** (0.118)	−0.012,3 (0.005,60)
獨立經濟來源	−0.012,2*** (0.002,46)	−0.001,08 (0.006,59)	−0.001,52 (0.009,65)	−0.036,9 (0.025,6)	−0.090,1 (0.073,7)	0.052,1 (0.042,6)
有配偶	−0.026,7*** (0.005,22)	−0.017,4 (0.013,7)	−0.026,4 (0.043,2)	−0.032,6 (0.053,0)	0.047,0 (0.144)	−0.029,4 (0.089,9)
與子女同住	−0.009,86*** (0.002,45)	0.019,9** (0.010,6)	−0.016,8 (0.023,5)	−0.094,7*** (0.022,6)	−0.053,5 (0.088,5)	−0.018,6 (0.030,8)

表5.6（續1）

	Sucessful Ageing				Wellbeing			
	稟賦 β (S. E)	系數 β (S. E)	交互 β (S. E)	稟賦 β (S. E)	系數 β (S. E)	交互 β (S. E)
家庭規模	−0.001,28 (0.000,953)	−0.020,5 (0.033,2)	0.001,70 (0.003,96)	−0.015,5** (0.008,93)	0.040,9 (0.285)	0.006,93 (0.011,5)
子女數量	0.000,251 (0.000,423)	−0.001,05 (0.002,75)	0.000,525 (0.001,71)	−0.002,09 (0.004,12)	−0.003,12 (0.022,0)	−0.001,85 (0.005,42)
家庭中60+人口比	0.002,93*** (0.000,815)	0.007,21 (0.011,5)	0.001,22 (0.002,86)	0.003,70 (0.004,38)	−0.223*** (0.080,7)	0.016,1 (0.006,76)
家庭中孩子的數量	0.000,793** (0.000,421)	0.012,6 (0.030,5)	0.000,622 (0.001,37)	7.79e−05 (0.003,36)	0.121 (0.287)	−0.004,95 (0.004,72)
日常照料來源	−0.005,95** (0.003,29)	−0.017,7 (0.021,2)	−0.012,2 (0.020,7)	0.027,6 (0.035,3)	0.345** (0.196)	0.020,9 (0.063,9)
精神慰藉來源	0.011,1** (0.004,23)	0.029,3 (0.021,5)	0.035,0 (0.045,7)	−0.029,9 (0.044,5)	0.101 (0.208)	0.052,9 (0.080,1)
給子女經濟支持	−0.003,04*** (0.001,02)	0.004,61 (0.005,97)	0.002,93 (0.005,18)	−0.067,1*** (0.011,0)	0.089,7 (0.060,5)	−0.023,4 (0.015,8)
獲得子女經濟支持	−0.000,421* (0.000,591)	0.024,5 (0.019,7)	−0.002,88 (0.004,30)	0.002,64 (0.006,06)	−0.180 (0.184)	−0.008,95 (0.009,20)

表5.6(續2)

	Sucessful Ageing				Wellbeing		
	稟賦 β (S. E)	系數 β (S. E)	交互 β (S. E)		稟賦 β (S. E)	系數 β (S. E)	交互 β (S. E)
日常鍛煉	−0.010,6*** (0.001,34)	−0.007,54 (0.004,84)	−0.007,21 (0.010,5)		−0.137*** (0.014,5)	−0.057,1 (0.048,9)	0.022,4 (0.019,2)
飲酒狀況	0.009,50*** (0.001,69)	0.016,7*** (0.004,94)	0.028,8 (0.032,6)		0.037,1** (0.016,1)	0.015,0 (0.044,8)	−0.010,7 (0.032,0)
營養狀況	−0.000,288 (0.000,230)	0.006,27 (0.008,52)	0.000,262 (0.000,531)		−0.005,08 (0.004,79)	−0.034,9 (0.078,3)	0.000,473 (0.001,15)
生活壓力	0.001,10 (0.000,815)	0.008,53*** (0.002,98)	0.001,44 (0.002,08)		0.002,78 (0.002,39)	0.014,3 (0.020,5)	−0.000,915 (0.001,50)
截距	—	−0.005,60 (0.096,9)	—		—	0.151 (0.877)	—

註：(1) 括號內為標準誤；(2) * $p<0.05$，** $p<0.01$，*** $p<0.001$。

5　個人資源、家庭照料與健康老齡化的性別差異

數量、營養狀況和生活壓力以外的其他變量均對客觀健康老齡化的性別差異具有顯著影響。

在個人資源方面，老年人的受教育程度和獨立經濟來源差異導致客觀健康老齡化的性別差異，原因在於教育和獨立經濟來源對女性老年人客觀健康老齡化的迴歸系數都為正，且男性老年人的受教育狀況和獨立經濟來源也都顯著優於女性老年人。因此，教育和獨立經濟來源分別導致客觀健康老齡化的性別差異擴大了 0.008,08 和 0.012,2 個單位標準差，如果女性老年人與男性老年人的受教育狀況和獨立經濟來源相同，將顯著地拉近兩者之間的性別差異。經濟狀況主觀滿足感雖然也對客觀健康老齡化的性別差異具有顯著影響，但相對較小，具體而言，經濟狀況主觀滿足感導致客觀健康老齡化性別差異擴大了 0.001,6 個單位標準差，如果女性老年人與男性老年人具有相同的主觀經濟狀況滿足感將顯著縮小兩者之間的差異。家庭人均收入水準在一定程度上降低了客觀健康老齡化的性別差異，並且家庭收入水準對客觀健康老齡化具有顯著的促進效應。由於女性老年人更傾向於選擇和子女同住從而使家庭收入水準較高，因此，家庭人均收入水準導致性別的客觀健康老齡化差異縮小了 0.001,06 個單位標準差，即如果女性與男性老年人具有相同的家庭人均收入水準，客觀健康老齡化的性別差異將繼續擴大。

至於個人資源的脆弱性與客觀健康老齡化性別差異的關係，家庭人均收入水準與經濟狀況滿足感對其的影響相對較大，而且兩者對女性老年人客觀健康老齡化的促進效果更加明顯，雖然都未能通過顯著性檢驗。與上述因素對女性的有利影響相反，教育和獨立經濟來源對男性老年人客觀健康老齡化的促進效果更加明顯，其中，教育程度的脆弱性在 $p<0.01$ 的水準上通過顯著性檢驗，教育程度的脆弱性導致客觀健康老齡化的性別差異擴大了 0.007,95 個單位標準差，即假如教育對女性老年人客觀健康老齡化的促進效應與男性老年人相同，那麼兩者的客觀健康老齡化差異將顯著地縮小。

在家庭結構方面，婚姻狀況、居住安排、家庭中 60 歲以上老年人口比例和家庭中 16 歲以下孩子數量的禀賦差異對客觀健康老齡化性別差異具有顯著影響，其中婚姻狀況的貢獻程度最大。由於男性老年人有配偶的比例明顯高於女性，且目前有配偶對女性老年人客觀健康老齡化的迴歸系數為正，因此婚姻狀況導致客觀健康老齡化的性別差異擴大了 0.026,7 個單位標準差，占全部家庭結構禀賦差異的 78.83%。另外一個對客觀健康老齡化性別差異影響較大的家庭結構變量是居住安排，表 5.6 的分解結果顯示，由於女性老年人與子女同住的比例高於男性，而且與子女同住對女性老年人客觀健康老齡化的估計系數

为負，因此，居住安排的稟賦特徵差異導致客觀健康老齡化性別差異擴大了0.009,86個單位標準差，佔全部家庭結構稟賦差異的28.93%。但是婚姻狀況與居住安排對客觀健康老齡化性別差異的影響在一定程度上被家庭中60歲以上老年人比例和16歲以下孩子數量的影響抵消了。男性老年人家庭中60歲以上人口比例相對較高導致客觀健康老齡化的性別差異降低了6.77%，因為家庭中老年人比例較高損害了女性老年人的客觀健康老齡化，同時男性老年人居住的家庭中老年人口的比例相對較高，因此，家庭中60歲以上老年人比例顯著降低了客觀成功化的性別差異。

至於家庭結構脆弱性與客觀健康老齡化的關係，居住安排的影響較大而且在 $p<0.001$ 的水準上通過顯著性檢驗。具體而言，居住安排的脆弱性將導致客觀健康老齡化的性別差異縮小了0.019,9個單位標準差，即假如居住安排對女性老年人的影響與男性老年人相同，那麼兩者之間的客觀健康老齡化差異將顯著擴大。

表5.6的分解結果顯示，在家庭關係方面，日常照料獲取來源、給予子女經濟支持和獲得子女經濟支持的稟賦特徵差異對客觀健康老齡化性別差異具有顯著影響，其中日常照料獲取來源的作用相對較大。如果女性老年人擁有與男性老年人相同的日常照料獲取來源，那麼兩者之間的客觀健康老齡化差異將縮小0.005,95個單位標準差，佔全部家庭關係稟賦差異貢獻的-352.28%。然而，照料來源的影響在一定程度上被精神慰藉來源的影響抵消了，由於家庭支持在女性老年人的精神慰藉中佔有相對重要的位置，以配偶和子女為主要來源的比例高於男性老年人，因此，精神慰藉來源的稟賦差異導致客觀老化性別差異縮小了0.011,1個單位標準差。

在生活方式方面，日常鍛煉和飲酒狀況是影響客觀健康老齡化差異的重要因素，其中日常鍛煉導致性別差異擴大了0.010,6個單位標準差，而飲酒狀況則導致客觀健康老齡化的性別差異縮小了0.009,5個單位標準差，日常鍛煉對客觀健康老齡化性別差異的影響被飲酒狀況部分抵消了。究其原因，男性老年人日常鍛煉的比例高於女性，而且日常鍛煉對女性客觀健康老齡化具有顯著的促進作用，如果女性老年人的日常鍛煉水準能夠達到男性老年人的水準，那麼客觀健康老齡化的性別差異將縮小1.06個百分點。相反，雖然男性老年人過度飲酒的比例高於女性老年人，但是過度飲酒對女性客觀健康老齡化具有顯著的負向影響，如果女性老年人過度飲酒的比例與男性老年人持平，那麼兩者之間客觀健康老齡化的差異將擴大0.95個百分點。

就生活滿意度而言，在所有代表老年人個人資源、家庭照料和生活方式的

變量中，受教育程度、經濟狀況主觀滿足感、居住安排、家庭規模、給予子女經濟支持、日常鍛煉和飲酒狀況對生活滿意度的性別差異具有顯著影響。

在個人資源方面，教育對生活滿意度性別差異的影響相對較大，大約貢獻了總體差異的6.4%，占全部稟賦差異（暴露性差異）的9.5%。如果女性老年人具有與男性老年人相同的教育水準，兩者的生活滿意度差異降低了0.083,6個單位標準差。關於個人資源脆弱性與生活滿意度的性別差異，家庭人均收入水準和經濟狀況滿足感的影響相對較大，並且在$p<0.001$的水準上通過顯著性檢驗。具體而言，家庭人均收入水準與經濟滿足感對女性老年人生活滿意度的促進效果更加明顯，這一脆弱性優勢分別導致生活滿意度差異縮小了1.435和0.29個單位標準差，但是教育程度和經濟獨立來源在一定程度上抵消了上述因素帶來的促進效應。

在家庭結構方面，居住安排和家庭規模對生活滿意度性別差異的貢獻程度較大，約占總體差異的8.46%，占全部稟賦差異（暴露性差異）的12.55%。與子女共同居住的比例較高降低了女性老年人的生活滿意度水準，如果能夠與男性老年人具有相同的居住安排模式，兩者之間的生活滿意度差異可以縮小0.094,7個單位標準差。至於家庭結構的脆弱性差分與生活滿意度性別差異，家庭中60歲以上老年人口比例對女性老年人生活滿意度的消極作用更大一些，這也顯著提高了生活滿意度的性別差異。

在家庭關係方面，表5.6的分解結果顯示，給予子女經濟支持對生活滿意度性別差異的貢獻程度最高，而且在$p<0.001$的水準上顯著，即如果女性老年人能夠達到男性老年人對子代經濟支持的水準，生活滿意度的性別差異將縮小0.067,1個單位標準差。

值得注意的是，雖然在「總體分解」部分，男女老年人的系數差異顯著，但是更詳細的分解結果——無論是「歸類分解」部分的統計結果，還是更詳細的「變量分解」部分統計結果——男女老年人的各變量的系數差異並不十分顯著，且截距部分貢獻了較大比例。因此，這種健康老齡化的「脆弱性差異」是總體性的，是由男女老年人某些內在的複雜的特點決定的，而非由某一方面的特徵決定。在居住地和年齡兩個控制變量中，前者對老年人健康老齡化性別差異的貢獻比例相對較小且不顯著，但男女老年人之間的年齡分佈差異卻是導致兩者健康老齡化差異的重要原因，其中，由於男女的年齡稟賦差異所導致的客觀健康老齡化差異和生活滿意度差異分別為0.083,8和0.418，分別約占總體稟賦差異的61%和32%。由此可見，女性老年人中高齡老年人所占比例較高是導致兩者總體差異的重要因素。

5.2.4 進一步驗證

表5.7分別以生活滿意度得分和客觀健康老齡化為因變量,然後將代表老年人個人資源、家庭結構、家庭關係和生活方式的變量分別帶入,以期進一步驗證上述因素對性別差異的調節作用,表5.7中僅顯示性別和部分控制變量。

表5.7中的模型1和模型2是只納入了性別變量和控制變量的基準模型,性別的迴歸係數為0.593和0.855,說明男性老年人在健康老齡化的兩個維度上都具有顯著優勢。模型1a和模型2a分別在模型1和模型2的基礎上納入了代表個人資源的變量,性別的迴歸係數變為0.251和0.595,分別減小了大約58%和30%,但是性別差異仍然顯著。模型1b和模型2b分別在模型1和模型2的基礎上加了家庭照料變量,在擴大與縮小作用的相互抵消之下,健康老齡化的性別差異沒有明顯變化,分別降低了大約11%和13%,家庭照料對健康老齡化性別差異的調節作用相對較小。模型1c和模型2c檢驗了生活方式對健康老齡化性別差異的調節作用,結果顯示,在加入了生活方式變量之後,性別的迴歸係數分別降低了18%和11%。

表5.7 個人資源、家庭照料、生活方式對健康老齡化性別差異的調節作用

	生活滿意度				
	Model(1)	Model(1a)	Model(1b)	Model(1c)	Model(1d)
	β (S.E)	β (S.E)	β (S.E)	β (S.E)	β (S.E)
男性	0.593*** (8.82)	0.251*** (3.35)	0.518*** (7.36)	0.488*** (7.04)	0.065 (1.11)
城鎮	0.556*** (8.21)	0.241*** (3.35)	0.594*** (8.75)	0.408*** (5.99)	0.093 (1.61)
年齡	−0.023* (−1.85)	0.012 (0.94)	−0.023* (−1.76)	−0.003 (−0.27)	0.043*** (4.13)
年齡平方	−0.002*** (−9.13)	−0.003*** (−10.90)	−0.002*** (−8.08)	−0.002*** (−9.95)	−0.002*** (−10.82)
(…)	(…)	(…)	(…)	(…)	(…)
截距	15.106*** (93.94)	12.362*** (41.79)	15.431*** (56.80)	14.204*** (65.26)	11.362*** (77.45)
N	12,858	12,858	12,858	12,858	12,858

表5.7(續)

	客觀健康老齡化					
	Model(2)	Model(2a)	Model(2b)	Model(2c)	Model(2d)
	β (S. E)	β (S. E)	β (S. E)	β (S. E)	β (S. E)
男性	0.855*** (15.81)	0.595*** (9.70)	0.764*** (13.45)	0.772*** (13.62)	0.824*** (14.27)
城鎮	0.280*** (5.05)	0.004 (0.07)	0.289*** (5.16)	0.194*** (3.40)	0.022 (0.37)
年齡	-0.159*** (-12.03)	-0.131*** (-9.54)	-0.160*** (-11.98)	-0.149*** (-11.12)	-0.160*** (-11.89)
年齡平方	-0.000 (-1.41)	-0.001*** (-2.77)	-0.000 (-0.45)	-0.001* (-1.70)	-0.000 (-0.82)
(…)	(…)	(…)	(…)	(…)	(…)
截距	2.313*** (16.45)	1.002*** (4.04)	2.652*** (11.35)	1.799*** (9.70)	1.791*** (11.67)
N	13,018	13,018	13,018	13,018	13,018

註：(1) 生活滿意度和客觀健康老齡化分別擬合迴歸模型進行分析，兩部分迴歸模型中性別和部分控制變量的迴歸系數合併為表5.7。

(2) 模型1和2是基準模型，其中除了性別自變量之外只納入了居住地、年齡、年齡的平方等控制變量。在此基準模型之上，模型（1a）和（2a）進一步納入了表示個人資源的受教育水準、家庭人均收入、獨立經濟來源等，模型（1b）和（2b）則納入了表示老年人家庭結構和家庭關係的婚姻狀況、居住安排、日常照料、精神慰藉等變量，模型（1c）和（2c）納入了代表老年人生活方式的日常鍛煉、營養狀況等變量（具體變量測量參見文中介紹）。最後，模型（1d）和（2d）將這些潛在仲介於性別和健康老齡化之間的變量都置入迴歸模型。

(3) * $p<0.05$，** $p<0.01$，*** $p<0.001$。

5.3 健康老齡化性別差異的趨勢分析：2002—2011年

近幾年例如美國、英國、德國等發達國家老年人的患病率皆呈上升趨勢（Crimmins & Saito, 2000），這主要歸咎於老年人「帶病延年」的時間變長了，絕非意味著老年人的疾病發生率增高了。因此，加拿大、英國、澳大利亞等國家老年人的身體健康狀況和ADL在整個20世紀90年代經歷了下降的過程（Robine & Michel, 2004）。在性別差異趨勢方面，Crimmins & Saito（2000）認

為1984—1994年間，美國的男性老年人患慢性疾病的概率升高了，而在IADLs（例如獨立做飯、家務活動等）方面則沒有明顯改善，相比而言，女性老年人患慢性病的概率增長幅度較小，而且ADLs得到顯著改善。Jitapunkul & Chavovan（2000）和Saito et al.（2003）的研究發現，中國20世紀80年代的老年人在健康自評和健康預期壽命等方面都顯著提高了。在進入21世紀後，中國的經濟持續保持高速增長，社會保障制度也逐漸完善，尤其是與傳統老年人相比，新世代老年人的生活狀況和生活方式都相對較好，因此，我們可以預計老年人的健康狀況在2002—2011年將持續改善，郭未和安素霞（2013）從性別差異視角進行了分析，發現男性老年人處於不健康狀態的比例要顯著低於女性，並且性別差異隨著年齡的增長呈擴大趨勢。另外，與2005年相比，2010年低齡老年人群中處於不健康狀態的比例的性別差異有下降，但是在高齡老年人口中，2010年處於不健康狀態的比例的性別差異則明顯高於2005年。但是健康老齡化性別差異的變化趨勢究竟如何？

5.3.1 健康老齡化性別差異趨勢的統計描述

表5.8比較了不同性別老年人的健康老齡化、家庭照料與生活方式的均值，並使用t-test對兩者之間是否存在顯著差異進行檢驗。與以往關於健康性別差異的研究結果一致，在客觀健康老齡化比例與生活滿意度得分兩個方面，男性老年人都具有顯著優勢，並且生活滿意度的優勢在過去的十年間呈明顯擴大趨勢。在客觀健康老齡化方面，性別差異尤其明顯（2002—2005年為19.9%，2008—2011年為19.9%），男女老年人在生活滿意度上的差異要比在客觀健康老齡化上的差異大得多。在個人資源特徵方面，男性老年人占據了絕對優勢，2002—2005年男性老年人中受過中等教育的比例約為8.05%，女性老年人的這一比例僅為1.82%，兩者之間相差6.23個百分比，到了2008—2011年這一差異擴大到7.56個百分比。雖然2005—2011年女性老年人受較高教育程度的比例有所提高，達到1.54%，而且兩者之間的差距也呈現出了縮小的趨勢，但是整體而言，受教育程度的性別差異在過去的幾年內表現出了擴大的趨勢。對比男女兩性的家庭人均收入，2002—2005年性別差異僅為201元，到了2008—2011年這一差距增加到1,023元。另外，男女老年人的經濟滿足感雖然僅有很小的差異，但是過去幾年間也表現出明顯增大的趨勢。2002—2005年男女兩性老年人自認為經濟狀況較好的比例分別為82.4%和79.1%，2008—2011年性別差異擴大到3.5%。在2002—2011年間，男性老年人有獨立經濟來源的比例基本保持了穩定（2002—2005年為43.1%，2008—2011年為42.2%）。

表 5.8　　　分性別與年份的老年人特徵分佈，2002—2011 年

		2002—2005 年			2008—2011 年			Difference in difference
		Female	Male	Difference	Female	Male	Difference	
	生活滿意度	13.25	14.20	−0.95 ***	12.08	13.43	−1.35 ***	−0.4
	健康老齡化	0.190	0.389	−0.199 ***	0.195	0.392	−0.197 ***	0.002
	城鎮	0.442	0.447	−0.005	0.372	0.392	−0.02	−0.015
	年齡	88.00	83.54	4.46 ***	88.95	83.71	5.24 ***	0.78
個人資源	沒上過學	0.828	0.343	0.485 ***	0.817	0.364	0.453 ***	−0.032
	低受教育	0.137	0.480	−0.343 ***	0.147	0.458	−0.311 ***	0.032
	中等教育	0.018,2	0.080,5	−0.062,3 *	0.021,2	0.096,8	−0.075,6 *	−0.013,3
	高教育	0.016,5	0.097,1	−0.080,6 ***	0.015,4	0.081,7	−0.066,3 *	0.014,3
	經濟滿足感	0.791	0.824	−0.033 **	0.760	0.795	−0.035 *	−0.002
	獨立經濟來源	0.139	0.431	−0.292 ***	0.148	0.422	−0.274 ***	0.018
家庭照料	有配偶	0.186	0.517	−0.331 ***	0.191	0.510	−0.319 ***	0.012
	與子女同住	0.340	0.272	0.068 *	0.613	0.450	0.163 ***	0.095
	60+老人比例	0.222	0.241	−0.019	0.247	0.266	−0.019	−2.8E−17
	照料獲取 配偶	0.109	0.350	−0.241 ***	0.123	0.377	−0.254 ***	−0.013
	照料獲取 子女	0.738	0.541	0.197 ***	0.735	0.515	0.22 ***	0.023
	照料獲取 其他	0.153	0.109	0.044 *	0.142	0.108	0.034 *	−0.01
	給子女經濟支持	147.0	296.5	−149.5 ***	197.7	481.4	−283.7 ***	−134.2
生活方式	日常鍛煉	0.239	0.408	−0.169 ***	0.204	0.342	−0.138 ***	0.031
	過度飲酒	0.074,3	0.191	−0.116,7 ***	0.065,6	0.228	−0.162,4 ***	−0.045,7
	營養狀況	0.504	0.533	−0.029 *	0.618	0.634	−0.016	0.013
	生活自主	0.479	0.627	−0.148 ***	0.397	0.582	−0.185 ***	−0.037

註：* $p<0.05$，** $p<0.01$，*** $p<0.001$。

在家庭結構方面，男女老年人在婚姻狀況、居住安排、家庭規模以及子女構成等方面均存在顯著差異。女性的預期壽命高於男性，男性老年人面臨的喪偶風險比女性老年人相對較低，因此，男性老年人有配偶的比例也要明顯高於女性。2002—2005 年男性老年人有配偶的比例約為 51.7%，而女性老年人的這一比例僅為 18.6%，到了 2008—2011 年，男女兩性老年人有配偶的比例雖然不同程度地增加了，但是女性老年人的增長幅度明顯大於男性，因此兩者之間的差距縮小了。在家庭關係方面，給予子女經濟支持的性別差異呈明顯的擴大趨勢，2002—2005 年給予子女經濟支持的性別差異約為 149 元，到了 2008—2011 年，這一差異增加到了 283 元。

综上所述，在老年人的個人資源、家庭照料和生活方式等變量上，2002—2011年間的性別差異變動比較複雜。

5.3.2 客觀健康老齡化性別差異趨勢的迴歸分析

在描述分析中，客觀健康老齡化的性別差異在 2002—2011 年保持了基本穩定，但是在控制了年齡、居住地等變量之後性別差異的趨勢是否仍舊沒有顯著變化，以及老年人個人資源、家庭照料和生活方式等變量對這一趨勢究竟存在何種調節作用？

表 5.9 首先估計了在控制了年齡、居住地等變量後 2002—2011 年客觀健康老齡化性別差異的發展趨勢。模型 1 為基礎模型，用年齡、居住地、性別、時期以及性別與時期的交互項對客觀健康老齡化進行 Logistic 迴歸，結果顯示，在 2002—2005 年，男性老年人客觀健康老齡化的發生比約為女性老年人的 2.56 倍（$e^{0.941} \approx 2.56$）。到了 2008—2011 年，男性老年人客觀健康老齡化的發生比僅為女性老年人的 2.17 倍（$e^{0.941-0.164} \approx 2.17$）。客觀健康老齡化發生比的性別差異降低了大約 39%，而且在 $p<0.01$ 的水準上顯著。與表 5.8 中關於客觀健康老齡化的描述分析結果不同，在控制了年齡、居住地等變量之後，2002—2011 年客觀健康老齡化的性別差異存在顯著的變化趨勢。

接下來，在模型 2 到模型 4 中分別研究了老年人個人資源、家庭照料與生活方式三項作用機制對 2002—2011 年性別差異變化趨勢的調節作用。實現上述分析目標的具體方法是，在分別納入了老年人個人資源、家庭照料和生活方式之後考察時期與性別變量交互項係數（$\beta=-0.164$，$p<0.005$）的變化程度。表 5.9 中的模型 2 到模型 9 分別報告了性別與時期交互項的係數和顯著性水準、係數值的變化程度以及標準化係數（Y-Standardized Coefficients，YSCs）的變化程度。雖然 YSCs 呈現的分析結果顯示時期和性別的交互項係數比非標準化迴歸係數的變化程度較大，但 YSCs 可以提高 Logistic 迴歸模型係數比較的穩定性（Long & Freese，2005；Mood，2010）。考慮到 YSCs 更加適合用來進行模型的係數比較，因此，我們採取 YSCs 對模型間係數變化程度的比較。

模型 2 考察了受教育程度、獨立經濟來源和經濟狀況滿足感三項個人資源因素對客觀健康老齡化性別差異變化趨勢的調節作用。模型 2 的迴歸結果顯示，2002—2011 年間客觀健康老齡化性別差異的降低在很大程度上可以歸結於老年人個人資源性別差異的變化：性別與時期交互項的係數為 -0.11，在 $p<0.05$ 的水準上顯著，YSCs 的變化幅度約為 33.17%。在個人資源中，老年人獨立經濟來源是最重要的變量，模型 6 的迴歸結果顯示，僅僅控制了老年人有

表 5.9 時期、性別與客觀健康老齡化性別差異，2002—2011 年

		Model(1) β	Model(2) β	Model(3) β	Model(4) β	Model(5) β	Model(6) β	Model(7) β	Model(8) β	Model(9) β
	男性	0.941***	0.607***	0.831***	0.880***	0.560***	0.770***	0.873***	0.916***	0.660***
	年齡	-0.138***	-0.116***	-0.140***	-0.139***	-0.126***	-0.121***	-0.130***	-0.141***	-0.126***
	年齡平方	-0.000*	-0.001***	-0.000	-0.000	-0.000	-0.001***	-0.000**	-0.000	-0.000*
	時期	0.257***	0.215***	0.292***	0.261***	0.259***	0.225***	0.240***	0.270***	0.227***
	男性×時期	-0.164**	-0.110*	-0.152**	-0.134*	-0.086	-0.131*	-0.158**	-0.126*	-0.096
	Percentage explained[a]	—	32.93%	4.88%	18.29%	47.56%	20.12%	3.66%	23.17	41.46%
	Percentage explained[b]		33.17%	5.22%	18.84%	47.98%	20.62%	4.27%	24.09%	42.85%
個人資源	低教育		0.335***			0.266***				
	中等教育		0.516***			0.392***				
	高教育		0.432***			0.252***				
	經濟狀況滿足感		0.400***			0.327***				
	獨立經濟來源		0.530***			0.388***	0.629***			0.605***

表5.9（續）

			Model(1)	Model(2)	Model(3)	Model(4)	Model(5)	Model(6)	Model(7)	Model(8)	Model(9)
			β	β	β	β	β	β	β	β	β
家庭照料	有配偶				0.325***		0.303***				
	與子女同住				-0.271***		-0.209***				
	家庭中60+老人比例				-0.796***		-0.811***				
	日常照料獲取來源	配偶			0.414***		0.355***		0.383***		0.349***
		子女			0.218***		0.199***		0.119**		0.098
生活方式	日常鍛煉					0.599***	0.516***			0.670***	0.621***
	過度飲酒					-0.403***	-0.398***			-0.409***	-0.410***
	營養狀況					0.301***	0.247***				
	生活自主					0.581***	0.506***				
截距項			1.704***	1.001***	1.520***	1.019***	0.425***	1.409***	1.429***	1.585***	1.189***
Pr-R²			0.37	0.41	0.42	0.44	0.47	0.38	0.375	0.368	0.436

註：* $p < 0.05$，** $p < 0.01$，*** $p < 0.001$。

無獨立經濟來源這一項因素之後，性別與時期交互項的系數便增大到-0.131，在 $p<0.001$ 的水準上顯著，YSCs 的變化幅度為 20.62%。模型 3 的迴歸結果沒有為家庭照料的調節作用提供強有力的支持：在加入有配偶、與子女同住、家庭中 60 歲以上老年人比例和日常照料獲取來源等變量後，性別與時期交互項的系數減小到-0.152，並在 $p<0.01$ 的水準上顯著，YSCs 的數值減小了 5.22%。最後一類作用機制——生活方式對客觀健康老齡化性別差異的調節作用也得到驗證。模型 4 的迴歸結果顯示，在控制了老年人的日常鍛煉、營養狀況、過度飲酒和生活自主等變量後，性別與時期的交互項系數減小到-0.134，在 $p<0.05$ 的水準上顯著，YSCs 增大了 18.84%。在生活方式諸變量之中，日常鍛煉和過度飲酒對客觀健康老齡化性別差異變化趨勢的調節作用更加明顯，模型 8 的迴歸結果顯示，在僅控制了日常鍛煉和過度飲酒之後，性別與時期的交互項系數增長為-0.126，在 $p<0.05$ 的水準上顯著，YSCs 的變化幅度約為 24.09%。綜合表 5.9 中模型 2 到模型 5 的分析結果，個人資源和生活方式對客觀健康老齡化性別差異的發展趨勢具有明顯的調節效應。

根據上述分析結果不難得出如下結論：老年人在個人資源、家庭照料和生活方式等方面的趨同導致了 2002—2011 年老年人客觀健康老齡化的性別差異趨勢。因此，我們在模型 5 中將三類作用機制所有變量全部納入迴歸模型，性別與時期的交互項（$\beta=-0.086$，$p=0.169$）變得不再顯著（YSCs 增大了 47.98%）。考慮到獨立經濟來源、日常照料獲取來源和日常鍛煉分別為三類機制中對性別差異趨勢調節效應較為顯著的變量，因此模型 9 僅僅將以上三項因素加入迴歸模型，結果顯示，其對於性別差異發展趨勢的調節作用（YSCs 增大了 42.85%，而且交互項系數不再顯著）與模型 5 中全部因素的調節作用幾乎不存在明顯差異。

在本節的研究中，我們考察了在控制了年齡、居住地等變量後，客觀健康老齡化性別差異的發展趨勢，以及三類作用機制——個人資源、家庭照料和生活方式——對 2002—2011 年 60~100 歲老年人客觀健康老齡化發展趨勢的調節作用。結果顯示，老年人個人資源和生活方式對客觀健康老齡化性別差異縮小趨勢存在顯著的調節作用，而家庭照料僅對性別差異的發展趨勢具有較小影響。在將個人資源、家庭照料和生活方式等三類作用機制所有變量全部納入迴歸模型後，客觀健康老齡化的性別差異趨勢變得不再顯著，它們共同解釋了將近一半的差異趨勢。其中，獨立經濟來源、日常鍛煉狀況是最重要的調節變量。

5.3.3 生活滿意度性別差異趨勢的迴歸分析

在描述分析中，生活滿意度的性別差異在 2002—2011 年出現了小幅上升的趨勢，但是在控制了年齡、居住地等變量之後性別差異的趨勢將會發生何種變化，以及老年人個人資源、家庭照料以及生活方式變量對這一趨勢究竟存在何種調節作用？

表 5.10 以模型 1 為基準模型，把性別、居住地、時期以及性別與時期的交互項納入 OLS 迴歸模型，對 2002—2011 年生活滿意度性別差異發展趨勢進行估計。迴歸結果與統計描述的結果基本一致，即在 2002—2011 年的十年間老年人生活滿意度的性別差異呈擴大趨勢。具體而言，2002—2005 年女性老年人的生活滿意度水準比男性老年人低大約 0.358，到 2008—2011 年生活滿意度的性別差異擴大到了 0.66，大約增加了 84.36%，並且這一增加趨勢在 $p<0.001$ 的水準上顯著，與描述分析結果相比，性別差異的趨勢變動幅度相對較小。

接下來我們將考察生活滿意度性別差異的擴大趨勢究竟可以在多大程度歸結於個人資源、家庭照料和生活方式三類作用機制。為了實現上述研究目標，模型 2 到模型 4 分別加入了個人資源、家庭照料和生活方式等變量，並分別與模型 1 中性別與時期交互項的係數（$\beta=0.302$, $p<0.001$）進行比較。表 5.10 報告了每個模型中交互項係數的顯著性、變化百分比以及標準化迴歸係數變化百分比。與客觀健康老齡化的分析一致，接下來的分析也建立在 YSCs 的基礎之上。

模型 2 的迴歸結果沒有支持老年人個人資源對生活滿意度性別差異趨勢調節作用的假設。性別與時期的交互項增加到 0.343，在 $p<0.001$ 的水準上顯著（性別差異的趨勢增加了-13.58%）。這說明，與 2002—2005 年相比，2008—2011 年老年人個人資源方面的性別差異縮小了，因此在控制了老年人個人資源後，出現了生活滿意度性別差異的趨勢反而更大的情況。雖然個人資源並不能提供生活滿意度性別差異擴大的解釋，但是在客觀上對性別差異的進一步擴大起到了抑制作用。模型 3 的分析結果支持了家庭結構因素對生活滿意度性別差異調節作用的假設，具體而言，居住安排、婚姻狀況等變量將性別與時期的交互項降低到 0.243，並在 $p<0.001$ 的水準上顯著（性別差異的趨勢縮小了 19.6%），模型 4 對家庭照料的另一個維度——家庭關係進行了考察，分析結果顯示，在控制了家庭關係（包括日常照料獲取、精神慰藉獲取和經濟支持狀況等變量）後，性別與時期的交互項係數減小到 0.237，並且在 $p<0.001$

表5.10 時期、性別與生活滿意度的性別差異，2002—2011年

	Model (1) β	Model (2) β	Model (3) β	Model (4) β	Model (5) β	Model (6) β	Model (7) β	Model (8) β	Model (9) β
男性	0.358***	-0.067	0.238***	-0.124**	-0.274***	0.037	0.339***	-0.03	-0.213***
年齡	-0.019**	0.014	-0.009	0.031***	0.042***	-0.003	-0.023***	0.028***	0.037***
年齡平方	-0.002***	-0.002***	-0.002***	-0.002***	-0.002***	-0.002***	-0.002***	-0.002***	-0.002***
時期	-1.007***	-1.016***	-0.872***	-0.762***	-0.732***	-1.030***	-0.887***	-0.719***	-0.741***
男性×時期	0.302***	0.343***	0.243***	0.237***	0.229***	0.332***	0.260**	0.186**	0.206**
比例	0.030,1	0.034,2	0.024,2	0.023,6	0.022,8	0.033,0	0.025,9	0.018,5	0.020,5
Percentage explained	—	-13.58%	19.54%	21.52%	24.17%	9.93%	13.91%	38.54%	31.79%
Percentage explained	—	-13.58%	19.6%	21.59%	24.25%	9.63%	13.95%	41.86%	31.89%
個人資源 中等教育		0.431***			0.177***	0.549***			0.315***
個人資源 高教育		0.755***			0.327***	1.026***			0.608***
個人資源 獨立生活來源		0.594***			-0.078				
個人資源 經濟狀況滿足感		1.205***			0.864***				

表5.10(續)

		Model (1) β	Model (2) β	Model (3) β	Model (4) β	Model (5) β	Model (6) β	Model (7) β	Model (8) β	Model (9) β
家庭照料	有配偶			0.251***		0.183***				
	與子女同住			−0.495***		−0.04		−0.455***		0.029
	家庭中60+老人比例			−0.562***		−0.340***				
	日常照料來源 配偶			0.188*		0.109				
	日常照料來源 子女或孫子女			0.128*		0.07				
	給子女經濟支持			0.986***		0.498***				
生活方式	日常鍛煉				0.832***	0.732***				
	營養狀況				0.376***	0.332***				
	過度飲酒				−0.116**	−0.106*				
	生活自主				4.303***	4.235***			4.412***	4.392***

註：* $p < 0.05$，** $p < 0.01$，*** $p < 0.001$。

的水準上顯著（性別差異的趨勢縮小了 21.59%）。模型 4 對最後一類作用機制進行了分析，結果顯示，單純就作用力而言，生活方式（包括日常鍛煉、營養狀況、過度飲酒和生活壓力等）對生活滿意度的性別差異趨勢影響最大：性別與時期的交互項系數僅為 0.237，並且在 $p<0.001$ 的水準上顯著（性別差異的趨勢縮小了 21.59%）。模型 5 為完整模型，加入三類作用機制個人資源、家庭照料和生活方式的全部變量，結果顯示，在彌散和收斂的雙重作用下，性別與時期的交互項系數減小到了 0.229，在 $p<0.001$ 的水準上顯著（性別差異的趨勢縮小了 24.25%）。

根據上述分析結果我們不難得出如下結論：老年人在個人資源、家庭照料和生活方式方面的差異導致了 2002—2011 年老年人生活滿意度性別差異趨勢。因此，我們在模型 5 中將三類作用機制所有變量全部納入迴歸模型，性別與時期的交互項系數減小了 24.25%，但是仍然在 $p<0.001$ 的水準上顯著，這說明生活滿意度性別差異趨勢很可能是通過其他我們沒有考慮到的作用機制形成的。另外，由於教育狀況、居住安排與生活自主分別為三類機制中對性別差異趨勢調節效應較為顯著的變量，因此模型 9 僅僅將以上三項因素加入迴歸模型，結果顯示，其對於性別差異發展趨勢的調節作用（YSCs 減小了 31.89%），調節效應甚至大於模型 5 中的全部因素。

5.4 健康老齡化年齡軌跡的性別差異：三類機制的調節作用

目前，關於健康功能狀況（Functional Status）年齡軌跡性別差異的研究結果相對混亂。Guralnik & Kaplan（1989）、Liang et al.（2003）和 Kahng et al.（2004）的研究結果顯示，男性老年人和女性老年人在身體功能退化率和殘障率方面不存在顯著差異，然而，Anderson et al.（1998）與 Leveille, Penninx, Melzer et al.（2000）認為與男性相比，女性身體功能受損的發生比相對更高，或者面臨著更高的身體功能衰退的風險（Beckett et al., 1996），Manton 根據 1982—1989 年對 65 歲老年人進行的追蹤調查發現，女性老年人在日常基本行動能力（ADLs）和工具性日常活動能力（IADLs）兩個方面經歷了比男性老年人更加嚴重的降低。甚至部分研究者認為，隨著年齡的增長，男性身體功能經歷了更加嚴重的加速退化的過程（Maddox & Clark, 1992; Mendes de Leon, Barnias & Evans, 2005）。絕大多數健康狀況的追蹤研究將性別作為控制變量，

而且身體功能、健康狀況的變化趨勢（年齡軌跡）差異並不是其主要研究目標（Liang et al., 2003）。因此，需要對身體功能變化狀況、健康老齡化年齡軌跡的性別差異進一步闡釋。根據 5.2 節的研究結論顯示，無論是在客觀健康老齡化方面還是在生活滿意度方面，與女性老年人相比，男性老年人都表現出明顯的優勢。但是問題是，男性老年人在整個老齡期是否都有顯著的優勢？老年人個人資源、家庭照料和生活方式對健康老齡化兩個維度年齡軌跡的調節作用如何？回答上述問題是解開健康老齡化性別差異之謎的基礎。

5.4.1 描述分析

考慮到以往相關研究中存在的爭議，本節利用 2008 年 CLHLS 調查數據對發散、收斂和持續三種假設進行檢驗，並且假設老年人的個人資源、家庭照料和生活方式三類機制對健康老齡化年齡軌跡的性別差異具有顯著的調節作用。

圖 5.6 分別描述了男性和女性老年人健康老齡化兩個維度的年齡軌跡。圖 5.6（左側）為生活滿意度的年齡軌跡，結果顯示，在進入老齡期後男性老年人的生活滿意度水準明顯高於女性，而且這一差異一直持續到 80 歲左右，此後老年人生活滿意度的性別差異逐漸縮小。然而，考慮到超高齡老年人在樣本中所占的比例較低，對生活滿意度收斂趨勢的結論尚且存疑。圖 5.6（右側）為客觀健康老齡化的年齡軌跡，結果支持了性別差異持續的假設，幾乎在整個老齡期客觀健康老齡化的性別差異始終存在，而且在大部分年齡段呈現平行趨勢，性別差異僅在老齡初期和高齡部分較小。這一結果與杜鵬（2013）從分年齡組考察了自評健康的性別差異結果不同，他認為各個年齡組男性老年人自評健康的比例都高於女性老年人，並且高齡老年人健康自評的性別差異要遠遠大於低齡老年人健康自評的性別差異。這可能是由於測量指標的差異所導致的。

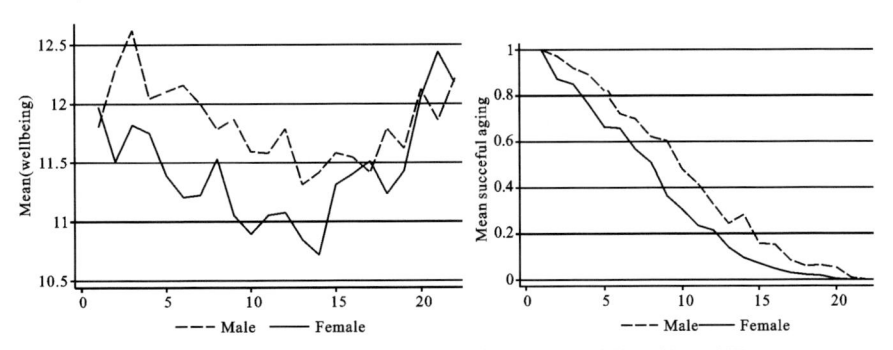

圖 5.6 客觀健康老齡化與生活滿意度的年齡軌跡性別差異

5.4.2 客觀健康老齡化的迴歸分析

表 5.11 中的迴歸模型估計了客觀健康老齡化年齡軌跡的性別差異，以及個人資源、家庭照料和生活方式對年齡軌跡差異的調節作用。模型 1a 和模型 1 對健康老齡化年齡軌跡性別差異的發散假設、收斂假設和持久假設進行驗證，模型 1 的結果顯示性別與年齡（$\beta = -0.035$）的交互項在 $p = 0.05$ 的水準上顯著。結合圖 5.7（左上）我們不難得出結論：進入老齡期後客觀健康老齡化的性別差異呈現逐漸縮小的趨勢，即客觀健康老齡化性別差異的收斂假設得到驗證。

表 5.11 客觀健康老齡化年齡軌跡的性別差異以及個人資源、家庭照料與生活方式的調節作用（$N = 14,430$）

		Model(1a) β	Model(1) β	Model(2) β	Model(3) β	Model(4a) β	Model(4) β
	男性[a]	0.835***	0.871***	0.601**	0.772***	0.866***	0.643**
	城鎮[b]	0.227***	0.219***	−0.031	0.162***	0.022	−0.170***
	年齡	−0.150***	−0.129***	−0.102***	−0.130***	−0.128***	−0.116***
	年齡平方	−0.000*	−0.001***	−0.002***	−0.001***	−0.001***	−0.001***
	男性×年齡		−0.035*	−0.034*	−0.034*	−0.036*	−0.034*
	男性×年齡平方		0.001				
個人資源	教育年限			0.087***			0.063***
	教育年限平方			−0.005**			−0.005**
	經濟狀況滿足感[c]			0.500***			0.374***
	獨立經濟來源[d]			0.556***			0.376***
家庭照料	有配偶[e]				0.461***		0.490***
	與子女同住[f]				−0.409***		−0.385***
	家庭中 60+老人比例				−1.260***		−1.276***
	獲取日常照料來源[g] 配偶				0.467***		0.426***
	獲取日常照料來源[g] 子女				0.375***		0.388***
	給予子女經濟支持[h]				0.502***		0.258***
生活方式	日常鍛煉[i]					0.607***	0.522***
	過度飲酒[j]					−0.386***	−0.351***
	營養狀況[k]					0.270***	0.207***
	生活自主[l]					0.575***	0.482***

表5.11(續)

	Model(1a) β	Model(1) β	Model(2) β	Model(3) β	Model(4a) β	Model(4) β
截距項	2.227***	2.181***	1.347***	1.838***	1.477***	0.886***
R^2						

註：(1) 參照項：a 女性、b 農村、c 否、d 無獨立經濟來源、e 無配偶、f 未與子女同住、g 其他、h 否、i 無、j 無、k 差、l 不能；

(2) $*p < 0.05$, $**p < 0.01$, $***p < 0.001$。

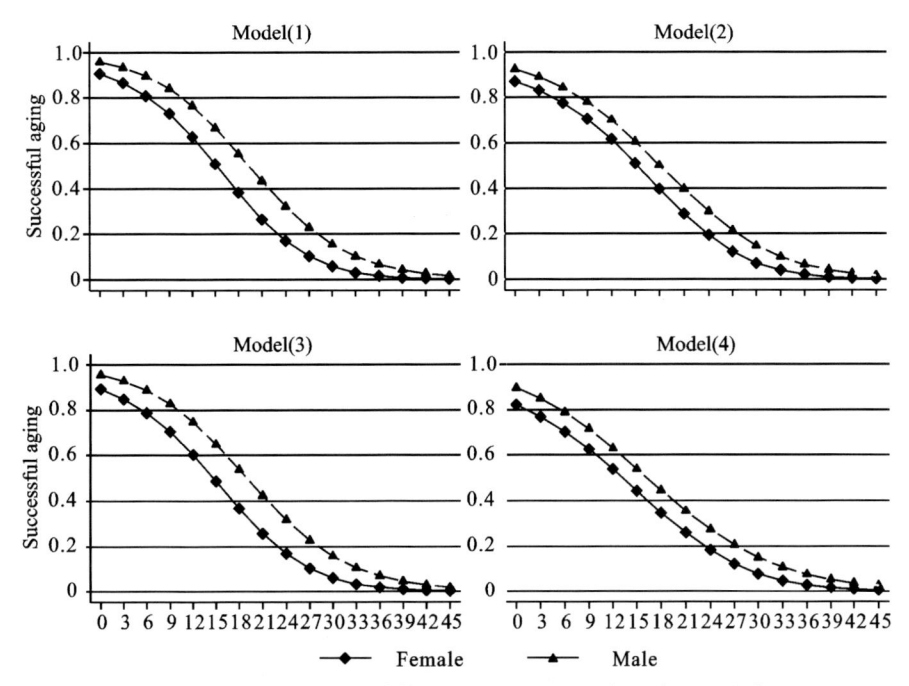

圖5.7 客觀健康老齡化年齡軌跡的性別差異以及個人資源、家庭照料與生活方式的調節作用（$N=14,430$）

　　模型2將老年人的受教育程度、獨立經濟來源和經濟狀況滿足感等變量納入 Logistic 迴歸模型以檢驗個人資源對客觀健康老齡化年齡軌跡性別差異的調節效應。結果顯示，老年人的個人資源降低了客觀健康老齡化的性別差異。圖5.7（右上）進一步展示了在整個老齡階段個人資源對客觀健康老齡化年齡軌跡性別差異的調節作用。雖然在整個老年階段，客觀健康老齡化的性別差異都在一定程度上降低了，但是性別差異仍然顯著。模型3的迴歸結果顯示，婚姻狀況、家庭中60歲以上人口比例、居住安排以及日常照料來源等家庭照料對

客觀健康老齡化年齡軌跡性別差異的調節作用較小。圖5.7（左下）顯示，在控制了家庭照料等變量之後，整個老齡階段的性別差異沒有明顯變化。模型4a的迴歸結果支持了生活方式對客觀健康老齡化年齡軌跡性別差異調節作用的假設。圖5.7（右下）顯示，生活方式對客觀健康老齡化年齡軌跡性別差異的調節效應主要存在於中高齡老年人群，但是對低齡階段健康老齡化性別差異的影響不明顯。

5.4.3 生活滿意度的迴歸分析

表5.12的迴歸模型估計了生活滿意度年齡軌跡的性別差異，以及老年人個人資源、家庭照料和生活方式對年齡軌跡性別差異的調節效應。模型1對生活滿意度年齡軌跡性別差異的發散、收斂和持續假設進行驗證。模型1的迴歸結果顯示，性別與年齡和年齡平方的交互項分別為-0.021和0.001，而且分別在$p<0.001$和$p<0.01$的水準上顯著。結合圖5.8（左上）可以得出結論，在整個老齡階段，生活滿意度年齡軌跡的性別差異經歷了一個先收斂後發散的過程，即在低齡階段男女老年人的性別差異較大，進入中高齡階段後生活滿意度的性別差異逐漸縮小，高齡階段的性別差異又逐漸增大。

表5.12 生活滿意度年齡軌跡的性別差異以及個人資源、家庭照料與生活方式的調節作用（$N=14,430$）

		Model(1a) β	Model(1) β	Model(2) β	Model(3) β	Model(4) β	Model(5) β
男性		0.586***	0.545**	0.186	0.526*	0.306	0.220
城鎮		0.640***	0.632***	0.353***	0.546***	0.188***	0.109*
年齡		-0.017	-0.015	0.023	0.008	0.065***	0.076***
年齡平方		-0.002***	-0.002***	-0.003***	-0.003***	-0.003***	-0.003***
男性×年齡			-0.021***	-0.023**	-0.034**	-0.055***	-0.057***
男性×年齡平方			0.001**	0.001*	0.001**	0.001***	0.002***
個人資源	教育年限			0.163***			0.072***
	教育年限平方			-0.010***			-0.005**
	經濟狀況滿足感			1.236***			0.979***
	獨立經濟來源			0.500***			-0.183**

表5.12(續)

		Model(1a) β	Model(1) β	Model(2) β	Model(3) β	Model(4) β	Model(5) β
家庭照料	有配偶				0.144		0.111
	與子女同住				−0.760***		−0.115**
	家庭中60+老人比例				−0.472***		−0.256**
	日常照料獲取來源 配偶				0.128		0.007
	日常照料獲取來源 子女				0.186*		−0.000
	給予子女經濟支持				1.078***		0.554***
生活方式	日常鍛煉					0.710***	0.616***
	過度飲酒					−0.103	−0.105
	營養狀況					0.312***	0.287***
	生活自主					4.332***	4.247***
	截距項	14.579***	14.666***	13.049***	14.312***	10.670***	9.807***
	R^2	0.173	0.173	0.196	0.191	0.431	0.445

註：$*p<0.05$，$**p<0.01$，$***p<0.001$。

模型2將老年人的受教育程度、經濟狀況滿足感和獨立經濟來源納入模型中，以驗證個人資源對生活滿意度年齡軌跡性別差異的調節效應。結果顯示，老年人個體資源雖然在一定程度上降低了生活滿意度年齡軌跡的性別差異，但是對性別與年齡交互項的系數（$β=-0.023$，$p<0.005$）影響較小，這意味著個人資源對生活滿意度性別差異的調節作用不存在顯著的年齡差異。結合圖5.8（右上），在控制了老年人的個人資源之後，僅僅男性老年人在高齡階段存在明顯的優勢，對於絕大部分老齡階段，生活滿意度已經不存在明顯的性別差異。模型3的迴歸結果顯示，家庭照料對生活滿意度年齡軌跡性別差異的調節效應較小。結合圖5.8（左下），我們可以發現家庭照料對生活滿意度年齡軌跡性別差異的調節作用主要存在於中高齡階段，對低齡和高齡階段性別差異的調節效應則不太明顯。模型4的迴歸結果表明，在控制了日常鍛煉、營養狀況、過度飲酒與生活自主等生活方式變量後，生活滿意度的年齡軌跡性別差異發生了顯著的變化，具體表現為，性別和年齡的交互項系數值由模型1中的−0.021下降到−0.055，結合圖5.8（右下）的分析結果顯示，男性老年人的生活滿意度優勢受到了極大削弱，尤其在中高齡階段，女性老年人的生活滿意度甚至高於男性老年人。

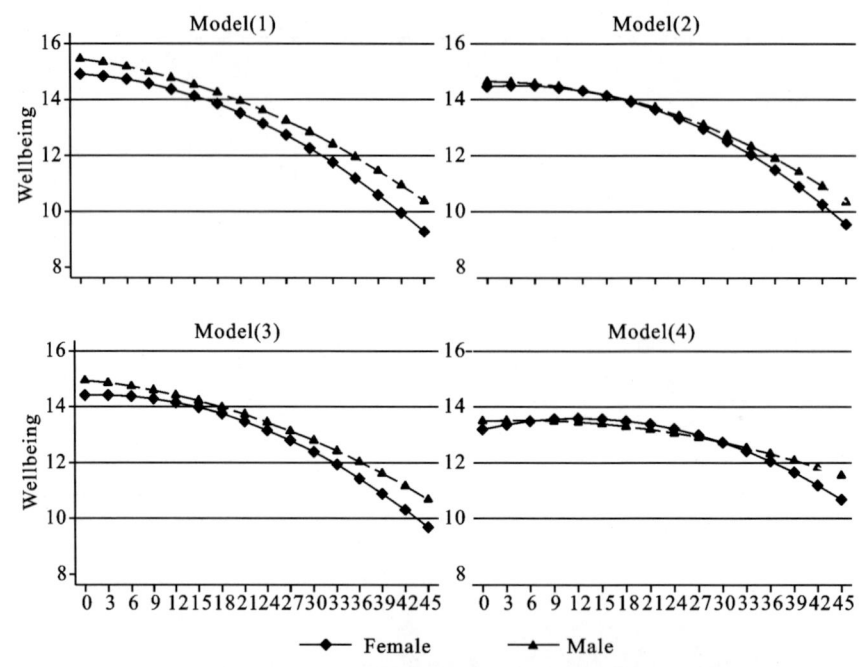

图 5.8　生活满意度年龄轨迹的性别差异以及个人资源、家庭照料
与生活方式的调节作用（$N=14,430$）

综合表 5.12 和图 5.8 的结果可知，个人资源和生活方式是影响生活满意度年龄轨迹性别差异的重要因素，其中受教育程度、独立生活来源和生活自主的重要性尤其突出。接下来，我们将对以上三项因素的调节效应进行进一步的验证性分析，结果见表 5.13 和图 5.9。

表 5.13　生活满意度年龄轨迹的性别差异以及教育、独立生活来源
和生活自主的调节作用（$N=14,430$）

	Model（1）β	Model（2）β	Model（3）β	Model（4）β
城镇	0.640***	0.529***	0.298***	0.261***
男性	0.694**	0.460	0.355	0.262
年龄	−0.000	0.027	0.075***	0.087***
年龄平方	−0.003***	−0.003***	−0.003***	−0.003***
男性×年龄	−0.040	−0.047*	−0.062***	−0.066***
男性×年龄平方	0.001**	0.001***	0.002***	0.002***

表5.13(續)

	Model（1）β	Model（2）β	Model（3）β	Model（4）β
教育年限		0.192***		0.106***
教育年限平方		−0.010***		−0.006***
獨立生活來源			0.128*	0.053
生活自主			4.361***	4.346***
截距項	14.537***	14.055***	10.944***	10.753***
R^2	0.165	0.170	0.421	0.422
F	457.670	355.838	1,260.820	1,013.748

註：$*p<0.05$，$**p<0.01$，$***p<0.001$。

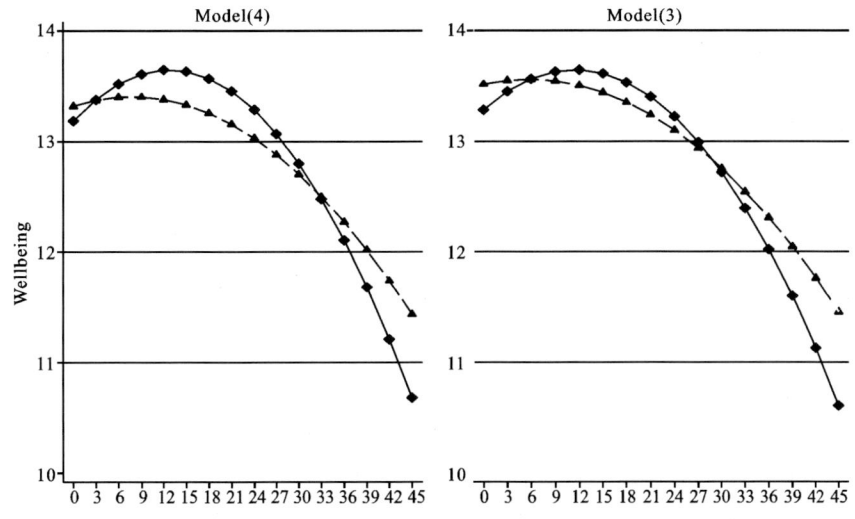

圖5.9 生活滿意度年齡軌跡的性別差異以及教育、獨立生活來源和生活自主的調節作用（$N=14,430$）

表5.13中模型1為僅僅包括性別、年齡、年齡平方以及性別與年齡、年齡平方的交互項、控制變量的基礎模型。模型2和模型3分別考察了教育與獨立經濟來源、生活自主對性別和年齡交互項的調節效應，結果顯示，在納入了獨立經濟來源和生活自主後，性別與年齡的交互項系數減小到$\beta=-0.062$，這意味著隨著年齡增長，生活滿意度的性別差異減小的幅度變大了。模型4在模型3的基礎上加入了教育年限，性別與年齡的交互項系數僅發生了微小的改變，因此，我們不難得出結論，受教育程度對老年人生活滿意度年齡軌跡的性

別差異的調節作用主要是通過提高獨立經濟來源比例和增強生活自主性實現的。這也符合生命歷程理論關於事件之間具有「連貫性」的假設，即早期生命事件影響接下來事件的發生情況。

5.5 小結

與以往的研究相比，本書明確了健康老齡化的客觀和主觀兩個維度的指標，並使用 CLHLS 2008 年的調查數據，分別考察中國 60 歲以上老年人在這兩種指標的性別差異模式及其影響因素。

第一，在健康老齡化的客觀維度上，女性老年人處於明顯的劣勢，而在主觀指標即生活滿意度上，女性老年人和男性老年人之間的差異相對較小。2010 年第六次全國人口普查數據顯示，中國 65 歲及以上女性老年人口的平均預期壽命為 15 年，而老齡男性僅為 13 年。與西方的經典研究結論相同，即與男性相比，女性的預期壽命雖長但卻處於亞健康的結論基本一致。另外，上述研究結果在某種意義上表明，中國女性老年人對生活保持著相對積極樂觀的態度，因而在主觀健康老齡化即生活滿意度上的得分也相對較高。與國外的一些研究結論（例如 Arber & Cooper, 1999）相似，老年人在身體健康的主觀自評上沒有顯著的性別差異，但是在身體健康的客觀評價上卻存在著顯著的性別差異。與發達國家的研究相比，本書進一步證實了兩性在健康老齡化上的差異主要來源於客觀健康老齡化的差異。與發達國家表現不同的是，中國的男性客觀健康老齡化更加顯著地好於女性，而且性別差異沒有隨年齡增長而呈現縮小的趨勢，相反生活滿意度還表現出隨年齡增大的趨勢。

第二，由於健康老齡化的兩個維度分別為連續和二分類變量，所以我們使用 OLS 和 Logistic 模型對其進行迴歸分析。在迴歸過程中，我們首先對全體樣本進行迴歸，考察個人資源、家庭照料和生活方式變量對健康老齡化的影響；然後我們進行分性別的迴歸，通過各變量在兩個迴歸模型中系數和顯著性的差異來考察影響兩性健康老齡化的因素的不同。之後，我們使用 Oaxaca-Blinder 方法分解各因素對健康老齡化性別差異的貢獻度。以前的研究，大多在尋求評估各種因素對健康老齡化的性別差異的相對重要性的基礎上增加獨立變量的迴歸模型和額外的變量的貢獻的計算方法。這種方法的一個缺點是難以估計變量的獨立影響。與此相反，我們使用的 Oaxaca-Blinder 分解方法允許考慮任何變量的淨的獨立的貢獻（Blinder, 1973; Oaxaca, 1973）。此外，該方法允許貢

獻的每個因素分解成一個暴露性、脆弱性和交互的影響（Case & Paxson，2005）。根據分析結果，健康老齡化兩個維度的性別差異主要是由於稟賦特徵差異所導致的，通過對變量相對共享程度的分析發現，教育、獨立經濟來源、婚姻狀況、居住安排和日常鍛煉是導致客觀健康老齡化性別差異的重要因素。

第三，個人資源、家庭照料和生活方式與健康老齡化性別差異的趨勢。在本節中，我們考察了 2002—2011 年 60~100 歲老年人健康老齡化性別差異的發展趨勢，以及個人資源、家庭照料和生活方式對該趨勢的調節效應。結果顯示，在客觀健康老齡化方面，家庭照料因素對於 2002—2011 年性別差異減小的趨勢的貢獻程度相對較小，而個人資源和生活方式則發揮了十分重要的作用。將個人資源（獨立經濟來源、教育程度、家庭收入水準和經濟狀況滿足感）和生活方式（日常鍛煉、營養狀況、過度飲酒和生活自主）納入模型後，時期與性別的交互項變得不再顯著，其中獨立經濟來源、日常鍛煉和過度飲酒發揮了主要作用。到目前為止，還沒有研究對獨立經濟來源在健康老齡化性別差異變化趨勢中的作用進行考察。獨立經濟來源既能夠改善老年人的經濟狀況滿足感，同時增強其生活自主能力，從而促進健康老齡化。在生活滿意度方面，2002—2011 年老年人生活滿意度的性別差異呈擴大趨勢，在將個人資源因素納入模型後，時期與性別交互項系數不降反增，因此，我們可以得出結論，個人資源不是引起生活滿意度性別差異增大的因素。雖然家庭照料和生活方式是導致生活滿意度性別差異趨勢增大的重要因素，但是在將兩者全部納入模型後，時期和性別的交互項系數僅減小了 24%，而且依然顯著，這說明在個人資源、家庭照料和生活方式三類機制之外，還存在其他影響健康老齡化性別差異趨勢的因素尚待發現。

第四，個人資源、家庭照料與健康老齡化年齡軌跡的性別差異。首先，通過建立健康老齡化主客觀維度的迴歸模型，對分性別健康老齡化的年齡軌跡進行預測，結果顯示，客觀健康老齡化的性別差異在絕大部分年齡階段不存在明顯變動，即持久模式，而生活滿意度的性別差異經歷了一個先「收斂」再「發散」的過程；其次，個人資源、家庭照料和生活方式對客觀健康老齡化年齡軌跡的性別差異的調節效應較小，說明很可能有其他影響機制尚待發現。但是三類機制對生活滿意度年齡軌跡的性別差異具有顯著地調節作用，其中獨立經濟來源和生活自主兩個變量的貢獻程度最大。

6 個人資源、家庭照料與健康老齡化的教育梯度

教育是迄今為止最廣泛、最重要的健康影響因素（Leonard & Syme, 1999），且這種影響跨越文化和地域界限（Wiiliams, 1990）。綜上所述，通過實證研究探討中國的健康老齡化教育梯度的形成機制及其性別差異，既回應了國外研究中一般性的「健康老齡化的教育梯度」問題，又在中國特定社會背景下探討了教育影響健康老齡化的具體機制，有重要的理論意義和政策意義。

6.1 研究內容、假設與方法

6.1.1 研究內容

在教育與健康老齡化的關係中主要存在著兩種不同的因果觀：一種是教育決定健康，認為不同教育水準老年人擁有不同的健康老齡化水準，受教育水準越高健康老齡化的狀況越好；另一種是內生論，根據該觀點健康老齡化與教育之間僅存在虛假因果關係。這兩種觀點都具有一定的解釋合理性且得到了驗證，本書將主要立足於教育決定健康老齡化的觀點，探討健康老齡化的教育梯度、作用機制以及上述影響的年齡模式。

綜述國內外相關文獻可以得出清晰且較一致的研究結論：即受教育水準越高，老年人的死亡率和患病率就越低，患慢性病的可能也會相對較少，而且對日常行動能力等的維持也相對較好，整體健康狀況也相對越好，這形成了健康狀況的教育梯度（Solsky & Robert, 1993；Smith, 1999），即老年人的健康狀況隨著教育水準從頂部到底部由最好變為最差的梯度變化趨勢（Goldman,

2001)。第 1 章的分析結果表明，在健康老齡化方面也存在教育梯度，而且即便控制影響健康老齡化的其他因素之後，教育與健康老齡化之間的教育梯度仍然存在。生命歷程理論是分析個體不平等的重要研究範式，因此契合本章的研究主題。儘管學術界部分研究考慮了早期生命歷程中的一些因素對個體老年階段身體功能與生活滿意度的影響，但從生命歷程視角來探討健康老齡化教育梯度及其影響機制的研究還遠遠不夠，本章將主要從生命事件的「連貫性」和年齡軌跡兩個方面對教育梯度問題進行探討。

　　隨著戰後嬰兒潮出生的人口陸續步入老齡化的行列，老年人口也變得更具有異質性，學術界開始關注老年人群在關鍵生命事件上機會的差異，但是受到研究數據的限制，大多數研究較少關注前一關鍵生命事件對後續生命歷程的影響，從而未能實現全面地審視和老年群體當下發展狀況和差異的研究目的。所謂關鍵生命事件對後續生命歷程的影響是指，將按照一定的時間序列發生的關鍵生命事件視為具有連續性的因果鏈，早期生命事件的結果會影響甚至改變晚期的生命歷程。比如老年人的教育程度的差異可能會影響他們對於家庭結構與家庭關係的選擇，而這些因素又在一定程度上決定了老年人的生活方式，如果教育程度的差異的影響會不斷強化老年人的家庭照料和生活方式差異，那麼教育的影響就會轉化為整個生命歷程的影響。而本書恰恰希望在調查數據量化分析的基礎上，得知對男性和女性老年人在教育獲得上的差異，並進一步研究教育獲得對其他個人資源、家庭照料和生活方式等後續生命事件的影響，並檢驗生命歷程中的因果關係鏈是否存在。分析框架如圖 6.1 所示。

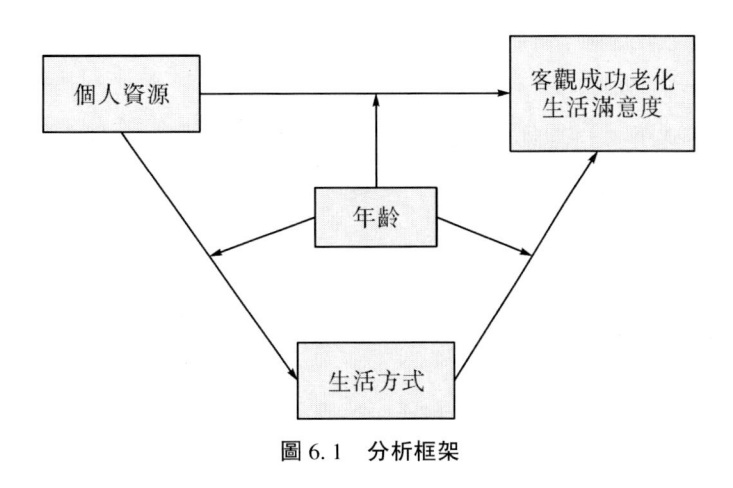

圖 6.1　分析框架

6.1.2 研究假設

6.1.2.1 健康老齡化教育梯度的形成機制

老年人的教育水準差異是導致健康老齡化差異出現與加劇的根本性影響因素（Fundamental Causes）。已有研究認為教育影響健康老齡化的作用機制包括個人資源、家庭照料和生活方式，受教育水準較高的老年人，因在個人資源、家庭照料、生活方式等方面都有明顯的優勢，健康老齡化的狀況得到更多的保障。我們把溝通教育與健康的仲介因素劃分為三類：一是教育水準提高所帶來的個人資源，即接受過越多教育的老年人經濟獨立性越強，同時經濟狀況滿足感更好。因此，教育水準所累積的個人資源及其帶來的更好的經濟狀況無疑有助於維持老年人較好的身體功能狀態。二是老年人的教育成就還能夠通過培養非物質性人力資本來提高個體的健康老齡化水準。「非物質性人力資本」即包括健康生活方式的培養、生活自主等。因此，教育成就有可能通過非物質性人力資本的仲介來改善老年人的健康老齡化狀況。三是教育水準較好的老年人婚姻狀況和代際關係也較好。因此，教育水準和有利的家庭照料緊密聯繫在一起，而後者更進一步促進老年人健康老齡化。本書通過將個人資源細分為獨立經濟來源、經濟狀況滿足感和醫療資源，將家庭照料細分為婚姻狀況和給予子女經濟支持，將生活方式劃分為日常鍛煉、生活自主和經濟自主性，並分別檢驗三類機制對健康老齡化教育梯度的仲介效應。個人資源作為教育影響健康的機制，統指個體能夠獲得並使用的醫療資源與其他資源（如收入和經濟滿足感）。在醫療資源中，我們關注的是醫療保險的獲得狀況，其中基本邏輯是教育程度高的老年人會有更完善的醫療資源獲得，因此改善健康老齡化狀況。接著我們選擇了獨立經濟來源和經濟狀況滿足感作為個人資源機制的另一個重要方面。為了對以上機制做出檢驗，在此提出假設1和假設2。

假設1a：受教育程度越高，老年人擁有獨立經濟來源、經濟狀況滿足感和醫療資源較好的可能性越高。

假設1b：受教育程度越高，老年人的家庭結構和代際支持狀況較好。

假設1c：受教育程度越高，老年人越有可能採取健康的生活方式。

假設2：在控制了個人資源、家庭照料和生活方式變量後，受教育程度對健康老齡化的影響降低。

6.1.2.2 教育梯度與健康老齡化的性別差異

關於教育健康老齡化促進效果的性別差異，在健康社會學的相關文獻中存在兩種充滿張力的理論：「資源替代理論」和「資源強化理論」。根據資源替

代理論，作為一種社會資源的教育對客觀健康老齡化的促進效應將會在較少擁有其他類型社會資源的群體中表現得更加顯著。原因在於這一群體在社會資源中處於劣勢，因而會對教育資源具有更強的依賴，從而在教育中獲益更多。資源強化理論的觀點認為，教育對客觀健康老齡化的促進效應存在明顯的「馬太效應」，即擁有較多其他社會資源的群體可以從教育中獲益更多。具體到中國老年人的性別差異，「資源替代」還是「資源強化」的理論爭論集中反應在教育的健康老齡化回報效果在男性老年人中更強還是在女性老年人中更強這一問題上。根據上文的描述分析，男性老年人在個人資源和生活方式等方面都明顯優於女性老年人，因此根據「資源替代」的理論視角，女性老年人由於缺少與男性老年人相當的其他資源來促進健康老齡化，因而更加依賴有限的學校教育。相反，「資源強化」理論認為男性老年人更能夠從教育經歷中提高自身的健康老齡化水準。本書探討哪種模式更符合中國老年人的現實狀況，並且從其他個人資源、家庭照料與生活方式三個方面對教育健康老齡化促進效果性別差異的形成機制進行考察。

6.1.2.3 健康老齡化軌跡的教育梯度

已有越來越多的研究探討了不同的老年健康指標的年齡軌跡，這些研究的內容包括：日常生活功能的巨變性和漸進性衰退（Ferrucci et al., 1996），生命盡頭的不同軌跡（Gill, Gahbauer, Han & Allore, 2010; Lunney, Lynn, Foley, Lipsonand & Guralnik, 2003），以及老年人身體功能性變化的多種進程（Saxton & Ganguli, 2006; Liang et al., 2003）。例如，Liang, Wang, Xu, Hsu & Lin 區分了與健康老齡化、常態老化、受損老化相似的五種不同功能狀況的軌跡。有哪些關鍵因素會影響老年人健康老齡化軌跡的可能性？為了厘清這些問題，我們通過健康老齡化與教育梯度的觀點來加以探討（Crimmins & Seeman, 2001; House, Lantz & Herd, 2005）。尤其重要的是，教育作為一個基礎性因素，會形塑人們所接觸到的許多風險因素，包括家庭照料、健康行為（Link & Phelan, 1995）。在老年人口中，年齡越大，出現功能軌跡不佳的概率就更高，也有相當多的研究指出，低教育水準老年人比高教育水準老年人遭遇更多的功能障礙。因此，我們假設：相對於高教育水準的老年人，低教育水準老年人可能經歷較差的健康老齡化軌跡，既包括健康老齡化的初始狀態，也包括隨年齡增長健康老齡化變化率的差異。

以往眾多研究致力於解釋健康老齡化的教育梯度及其年齡軌跡，針對年齡軌跡差異形成的生活方式仲介效應的經驗研究相對較少（Arnstein Øvrum, Geir Wæhler Gustavsen & Kyrre Rickertsen, 2012）。例如，日常鍛煉、飲酒狀況、營

養狀況的教育梯度是否在整個生命歷程保持穩定？或是差異不斷減小、增大？不同生活方式的社會經濟地位梯度是否因循著相似的生命歷程模式？如果生活方式的教育程度梯度隨著年齡增長保持穩定或不斷增加，那麼我們認為由於受到優勢累積效應的影響，相應地健康老齡化梯度也將呈現不斷增加的趨勢。但是，從另一方面來看，也可能存在如下情況：隨著年齡的增長，早期生命歷程處於劣勢的老年人發現自己的健康狀況正在逐漸下降，促進了自身健康意識的覺醒並因此增加健康投入，以達到健康長壽的目的。如果出現上述情況，那麼證明「年齡槓桿效應」（Age-as-Leveler Effects）確實存在，這意味家庭社會經濟地位較低的老年人在晚年經歷的健康老齡化方面的變化更小一些。

6.1.3 方法與模型

為了解決上述問題，本章致力於探究生活方式和健康老齡化的家庭社會經濟地位梯度在老齡階段生命歷程中（60~100 歲）的發展軌跡。健康老齡化的測量包括客觀健康老齡化（SA）、主觀健康老齡化（Wellbeing），生活方式分別選取日常營養狀況（CV）代表健康促進行為和生活壓力（LS）代表健康損害行為。我們利用迴歸模型分析家庭收入水準、受教育狀況、主要經濟來源、營養狀況和生活壓力之間的關係，通過逐步迴歸檢驗家庭照料其他兩個維度家庭結構與家庭關係對健康老齡化、生活方式的教育梯度年齡軌跡差異的調節效應。

在估計客觀健康老齡化與營養狀況的社會經濟地位梯度的年齡軌跡時，我們採用了 Logit 模型，而在研究主觀健康老齡化與生活壓力的社會經濟地位的年齡軌跡時，我們選取了 OLS 迴歸。研究目的在於探討健康老齡化、生活方式的年齡軌跡及家庭照料的調節作用，因此模型分別設定如下：

$$y_i = \partial + \beta_1 age_i + \beta_2 age_i^2 + \beta_3 edu + \cdots + \varepsilon_i$$

$$y_i = \partial + \beta_1 age_i + \beta_2 age_i^2 + \beta_3 edu + \beta_4 age_i \cdot edu_i + \cdots + \varepsilon_i$$

$$y_i = \partial + \beta_1 age_i + \beta_2 age_i^2 + \beta_3 edu_i + \beta_4 age_i \cdot edu_i + \beta_5 age_i^2 \cdot edu_i + \cdots + \varepsilon_i$$

$$y_i = \partial + \beta_1 age_i + \beta_2 age_i^2 + \beta_3 edu_i + \beta_4 age_i \cdot edu_i + \beta_5 age_i^2 \cdot edu_i + \beta_6 X_{structure} + \cdots + \varepsilon_i$$

$$y_i = \partial + \beta_1 age_i + \beta_2 age_i^2 + \beta_3 edu_i + \beta_4 age_i \cdot edu_i + \beta_5 age_i^2 \cdot edu_i + \beta_6 X_{relationship} + \cdots + \varepsilon_i$$

$$y_i = \partial + \beta_1 age_i + \beta_2 age_i^2 + \beta_3 edu_i + \beta_4 age_i \cdot edu_i + \beta_5 age_i^2 \cdot edu_i + \beta_6 X_{structure} + \beta_7 X_{relationship} + \cdots + \varepsilon_i$$

在上述模型中，age 表示受訪者的年齡（以樣本平均年齡進行對中處理），

edu 表示老年人受訪時的教育年限，age·edu 和 age2·edu 分別代表年齡、年齡平方與受教育年限的交互項。本書已對第一步迴歸方程進行了詳細分析（見第 4 章），此處不再做探討，故本章以第二步迴歸為模型 1，在此模型中，受教育程度對生活方式和健康老齡化的影響隨著年齡增長呈現線性變化；模型 2 中假設受教育程度的影響隨著年齡變增長呈現非線性變化。因此，模型 1 的主要目標是分析生命歷程進程中 y 的優勢累積效應，模型 3 的優勢則在於分析年齡的槓桿效應（Beckett, 2000）。為了檢驗家庭人均收入、受教育程度和個人資源來源的健康老齡化和生活方式年齡軌跡差異中調節效應，我們分別在模型 1、模型 2 中加入家庭結構 Xstructure 和家庭關係 Xrelationship，形成模型 3 到模型 5。所有模型中性別、婚姻狀況等都被作為控制變量。

6.2 健康老齡化的教育梯度及其形成機制

本節的多元迴歸分析包括兩部分，第一部分的因變量為獨立經濟來源、醫療資源獲取與婚姻狀況等變量，即老年人經濟獨立狀況和家庭照料狀況，利用邏輯模型（Logit Model）迴歸模型進行分析。第二部分通過建立多個嵌套模型，我們關注在健康老齡化兩個指標上不同教育水準有何差異。為了回答上文提出的問題，利用二分 Logistic 分析方法，先是考察教育變量在兩個健康老齡化維度方面的差異；然後逐步加入其他個人資源、家庭照料、生活方式方面的變量，依次分析健康老齡化兩個維度的差異及其變化；最後對各個嵌套模型中的各類自變量的調節作用進行逐一的比較分析。

表 6.1 是分析老年人個人資源、家庭照料與生活方式影響因素的迴歸模型，結果顯示了不同教育水準在上述因素上存在顯著差異。從教育對老年人獨立經濟來源的作用來看，受教育年限越多，具有獨立經濟來源的可能性越高，具體來說，受教育年限每增加一年，具有獨立經濟來源的發生比增加 29.43%（$e^{0.235}-1 \approx 0.294,3$）。與對獨立經濟來源的影響作用相比，教育對經濟滿足感的影響相對較弱，受教育年限每增加一年，經濟滿足感的發生比僅增加了 7.57%（$e^{0.073}-1 \approx 0.075,7$）。模型 3 估計了受教育年限對醫療保險獲得狀況的影響，結果顯示，教育年限每增加一年，老年人具有醫療保險的發生比增加 11.74%（$e^{0.111}-1 \approx 0.117,4$）。綜上，假設 1a 得到支持，即老年人受教育程度越高，個人資源狀況越好。模型 4 和模型 5 分別估計了教育對老年人婚姻狀況與代際支持狀況的影響作用，迴歸結果顯示，提高受教育水準能夠顯著提高老

年人有配偶和給予子女經濟支持的概率，具體而言，受教育年限每增加一年，有配偶和給予子女經濟支持的發生比分別增加了 15.37%（$e^{0.143}-1≈0.153,7$）和 14%（$e^{0.131}-1≈0.14$）。這一結論表明，教育水準對老年人的婚姻與代際支持狀況具有積極影響，假設 1b 得到支持。模型 6 到模型 8 為教育對生活方式的影響效應估計，結果顯示，受教育水準越高的老年人具有健康生活方式的概率越高，具體而言，受教育水準每增加一年，老年人日常鍛煉和經濟自主的發生比分別增加 12.08%（$e^{0.114}-1≈0.120,8$）和 12.41%（$e^{0.117}-1≈0.124,1$）。

表 6.1　老年人個人資源、家庭照料與生活方式影響因素迴歸

	β (S.E)	β (S.E)	β (S.E)	β (S.E)
	Model（1）獨立經濟來源	Model（2）經濟滿足感	Model（3）醫療保險	Model（4）婚姻狀況
城鎮	1.058*** (0.048)	0.234*** (0.047)	0.410*** (0.050)	-0.206*** (0.043)
教育	0.235*** (0.008)	0.073*** (0.009)	0.111*** (0.010)	0.143*** (0.007)
男性	0.972*** (0.050)	0.029 (0.049)	0.137*** (0.050)	1.148*** (0.043)
R^2	0.092	0.163	0.184	0.194
	Model（5）經濟支持	Model（6）日常鍛煉	Model（7）生活自主	Model（8）經濟自主
城鎮	0.401*** (0.045)	0.851*** (0.043)	-0.005 (0.041)	0.142*** (0.038)
教育	0.131*** (0.007)	0.114*** (0.007)	-0.179*** (0.009)	0.117*** (0.007)
男性	0.160*** (0.048)	0.389*** (0.045)	-0.578*** (0.043)	0.446*** (0.040)
R^2	0.245	0.196	0.142	0.201

註：（1）括號內為標準誤；（2）*** $p<0.001$，** $p<0.01$，* $p<0.05$。

表 6.2 估計了教育對不同性別老年人客觀健康老齡化的影響以及個人資源、家庭照料和生活方式對兩者關係的調節作用。迴歸結果顯示，無論是對於男性老年人（模型 1）還是女性老年人（模型 2），受教育年限越多，客觀健康老齡化的概率越高。相較於女性老年人，教育對男性老年人客觀成功的影響更大一些，但是個人資源、家庭照料和生活方式對教育與客觀健康老齡化的調

節作用不存在顯著的性別差異。在加入了獨立經濟來源、經濟滿足感和醫療資源的變量之後，男性與女性老年人群體中教育的影響效果明顯下降，即教育的未標準化係數 β 相應地減小了，這說明教育對客觀健康老齡化的影響在一定程度上可以被這些變量所解釋，因此假設 2 得到了驗證。已有研究發現男性老年人受教育等個人資源的影響更大，但由於沒有將教育影響健康老齡化的機制進行細分，因此無法區分其他個人資源、家庭照料與生活方式的各自影響。本書的研究發現，由於中國老年人擁有的個人資源狀況差異很大，個人資源對客觀健康老齡化有顯著影響。在控制了其他變量後，受教育年數對客觀健康老齡化仍然有顯著影響，這也就意味著有一些機制尚需要進一步探索研究。對老年人客觀健康老齡化狀況的改善，不僅重視個人資源的提供，也應該重視家庭照料的改善和生活方式的改變。

表 6.2　個人資源、家庭照料與生活方式對客觀健康老齡化教育差異的調節效應

	Male				
	Model(1)	Model(1a)	Model(1b)	Model(1c)	Model(1d)
	β (S.E)	β (S.E)	β (S.E)	β (S.E)	β (S.E)
Edu	0.113*** (0.026)	0.091*** (0.027)	0.100*** (0.027)	0.085*** (0.027)	0.070** (0.028)
Edu^2	−0.005** (0.002)	−0.005** (0.002)	−0.004* (0.002)	−0.004* (0.002)	−0.004* (0.002)
R^2	0.216	0.268	0.329	0.108	0.243
	Female				
	Model(2)	Model(2a)	Model(2b)	Model(2c)	Model(2d)
	β (S.E)	β (S.E)	β (S.E)	β (S.E)	β (S.E)
Edu	0.107*** (0.041)	0.090** (0.042)	0.084** (0.042)	0.082* (0.042)	0.058 (0.043)
Edu^2	−0.005 (0.004)	−0.007 (0.004)	−0.004 (0.004)	−0.005 (0.004)	−0.005 (0.004)
R^2	0.118	0.179	0.238	0.262	0.176

註：(1) 括號內為標準誤；(2) *** $p<0.001$，** $p<0.01$，* $p<0.05$。

6　個人資源、家庭照料與健康老齡化的教育梯度

表6.3估計了教育對不同性別老年人生活滿意度的影響以及個人資源、家庭照料和生活方式對兩者關係的調節作用。迴歸結果顯示,無論是對於男性老年人(模型1)還是女性老年人(模型2),受教育年限越多,生活滿意度得分越高。相較於女性老年人,教育對男性老年人生活滿意度的影響更大一些,但是個人資源、家庭照料和生活方式對教育與生活滿意度的調節作用不存在顯著的性別差異。在加入了獨立經濟來源、經濟滿足感和醫療資源的變量之後,男性與女性老年人群體中教育的影響效果明顯下降,即教育的未標準化系數 β 相應地減小了,這說明教育對生活滿意度的影響在一定程度上可以被這些變量所解釋,因此假設2得到了驗證。已有研究發現男性老年人受教育等個人資源的影響更大,但由於沒有將教育影響健康老齡化的機制進行細分,因此無法區分其他個人資源、家庭照料與生活方式的各自影響。控制了生活方式變量後,受教育年數對女性老年人生活滿意度的影響不再顯著,但是對男性老年人生活滿意度的影響仍然顯著,這也就意味著有一些機制尚需要進一步探索研究。

表6.3 個人資源、家庭照料與生活方式對生活滿意度教育差異的調節效應

	主觀健康老齡化					
	Male				
	Model(1)	Model(1a)	Model(1b)	Model(1c)	Model(1d)
	β (S.E)	β (S.E)	β (S.E)	β (S.E)	β (S.E)
Edu	0.200*** (0.034)	0.164*** (0.033)	0.171*** (0.034)	0.108*** (0.027)	0.090*** (0.027)
Edu^2	−0.011*** (0.003)	−0.010*** (0.003)	−0.009*** (0.003)	−0.007*** (0.002)	−0.006*** (0.002)
	Female				
	Model(2)	Model(2a)	Model(2b)	Model(2c)	Model(2d)
	β (S.E)	β (S.E)	β (S.E)	β (S.E)	β (S.E)
Edu	0.196*** (0.058)	0.182*** (0.058)	0.154*** (0.058)	0.074 (0.048)	0.061 (0.048)
Edu^2	−0.009 (0.006)	−0.010* (0.006)	−0.007 (0.006)	−0.005 (0.005)	−0.004 (0.005)
R^2	0.141	0.158	0.153	0.446	0.456

註:(1) 括號內為標準誤;(2) *** $p<0.001$,** $p<0.01$,* $p<0.05$。

無論是男性還是女性老年人,生命歷程早期的教育水準顯著影響他們的健

康老齡化結果，教育水準越高，健康老齡化的狀況也越好。但是與男性老年人相比，女性老年人的教育水準相對較低，女性老年人的健康老齡化在很大程度上受制於早期獲得的教育，具體表現為在目前的老年人群中，女性與男性人口相比文盲率更高，人均受教育水準明顯較低。教育雖然是早期生命歷程中發生的事件，但是卻會影響人們的終身發展。一般而言，受教育水準會直接或間接影響個人的收入情況、經濟來源、家庭結構與代際關係。這些劣勢累積到老年期，必然會形成一個最終不利的後果，導致女性老年人客觀健康老齡化的比例和生活滿意度得分較低。

6.3 教育健康老齡化促進效果的性別差異

許多學者已對老年人健康性別差異及影響機制進行了較為深入的研究，但對女性老年人相對男性的健康劣勢的研究並未得到重視；並且學術界以往的研究主要從性別比較的角度深入分析了老年人健康的性別差異，但對健康狀況性別差異的認識並不深入。根據前文（第4章）的研究結果顯示，個人資源、家庭照料與生活方式對健康老齡化兩個維度均存在顯著影響。鑒於女性老年人在健康老齡化方面較男性處於劣勢，而且這種劣勢特別是在生命歷程早期可能有累積效應，所以可能會有累積機制存在。累積劣勢作為生命歷程理論中的重要概念，強調不平等不是一種靜態結果，而是整個生命歷程逐步展開累積。依據這一觀點，健康老齡化的性別差異很可能是教育梯度的延續，即健康老齡化的性別差異很有可能是兩者之間的教育差異以及由此所導致的其他個人資源、家庭照料和生活方式的體現。

表6.4 個人資源、家庭照料與生活方式對健康老齡化教育促進效果性別差異的調節效應

	客觀健康老齡化				
	Model(1)	Model(1a)	Model(1b)	Model(1c)	Model(1d)
Gender	0.609***	0.539***	0.562***	0.497***	0.424***
	(0.080)	(0.082)	(0.082)	(0.083)	(0.086)
Edu	0.090***	0.074**	0.075**	0.064**	0.048
	(0.030)	(0.030)	(0.030)	(0.031)	(0.031)
Gender×Edu	0.129*	0.098	0.121**	0.122*	0.103
	(0.117)	(0.118)	(0.117)	(0.119)	(0.121)

表6.4(續)

	客觀健康老齡化					
	Model(1)	Model(1a)	Model(1b)	Model(1c)	Model(1d)
Edu^2	-0.003	-0.004	-0.002	-0.003	-0.004
	(0.003)	(0.003)	(0.003)	(0.003)	(0.003)
Gender×Edu^2	-0.001	-0.000	-0.001	0.000	0.001
	(0.002)	(0.002)	(0.002)	(0.002)	(0.002)
R^2	0.415	0.408	0.394	0.427	0.445

註：1. Model(1)是基準模型，其中除了性別和教育成就自變量之外只納入了年齡、年齡的平方、居住省份等控制變量。在此基準模型之上，Model(1a)進一步納入了表示老年人個人資源的獨立經濟來源、經濟狀況滿足感和醫療保險的變量；Model(1b)進一步納入了表示老年人家庭結構與家庭關係的婚姻狀況和給予子女經濟支持的變量；Model(1c)進一步納入了表示老年人生活方式的日常鍛煉、生活自主和經濟自主等變量；最後，Model(1d)將這些潛在仲介於教育成就和客觀健康老齡化之間的變量都納入迴歸模型之中。

2. 教育水準為連續變量。

3. 非標準迴歸系數括號中是標準誤。

4. *** $p<0.001$，** $p<0.01$，* $p<0.05$。

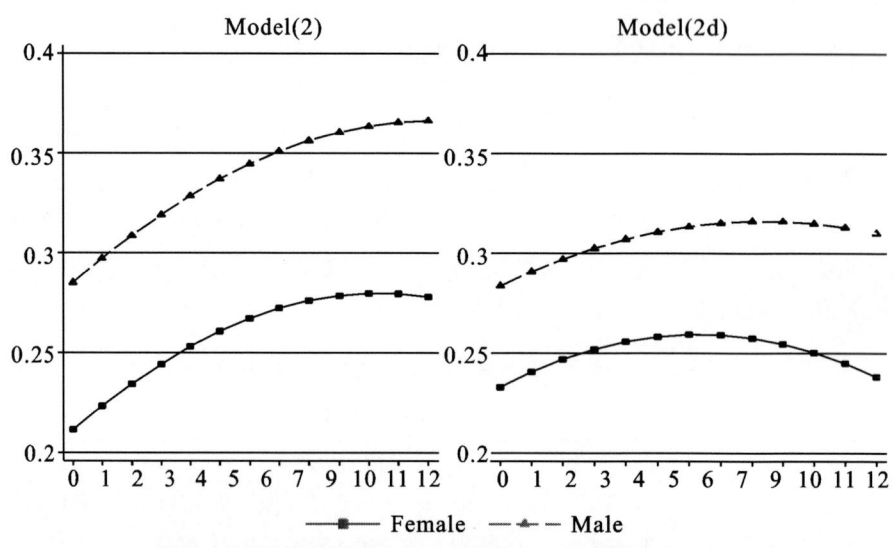

圖6.2 不同教育水準男性與女性老年人健康老齡化的比例

表6.4為客觀健康老齡化的多元迴歸結果，模型1中教育與性別的交互項系數 $\beta=0.129$，並且在 $p<0.05$ 的水準上顯著，表明教育對男性老年人客觀健康老齡化的促進效果要顯著高於女性老年人。圖6.2（左）進一步分析不同教育年限客觀健康老齡化的性別差異，分析結果顯示，隨著受教育水準的增長，

男性老年人客觀健康老齡化的優勢變得更加明顯，性別差異逐漸增大，這一結果也支持了資源強化理論。模型1a到模型1c依次納入了個人資源、家庭照料和生活方式等仲介因素，模型1d則將上述所有仲介因素全部考慮進來。在這些模型中，教育和性別的交互項的估計系數雖然在不程度上有所波動，但是僅有模型1a中呈現出統計上的不顯著。當在模型模型1b和模型1c中依次控制家庭照料和生活方式後，我們可以發現教育與性別交互項的系數沒有明顯變化。當模型1d中控制了所有仲介因素之後，交互項的系數變得不顯著了。綜上，我們可以得出結論：相對於女性老年人而言，男性老年人可以通過教育改善個人資源狀況來提高個體的客觀健康老齡化。由於個人資源與教育緊密相關，這一發現也在一定程度上支持了客觀健康老齡化教育回報的性別差異。從圖6.2（右）我們可以發現，在控制了老年人的個人資源之後，雖然教育對男性與女性老年人客觀健康老齡化的影響都出現了不同程度的下降，但是兩者之間的差異僅出現了小幅下降。

表6.5　個人資源、家庭照料與生活方式對教育生活滿意度性別差異的調節效應

	主觀健康老齡化				
	Model（2）	Model（2a）	Model（2b）	Model（2c）	Model（2d）
Gender	0.332***	0.269***	0.314***	-0.169**	-0.121
	(0.096)	(0.096)	(0.097)	(0.079)	(0.080)
Edu	0.192***	0.172***	0.160***	0.084**	0.073**
	(0.041)	(0.040)	(0.041)	(0.034)	(0.033)
Gender×Edu	0.016**	-0.038	0.002	0.039*	0.024
	(0.156)	(0.155)	(0.155)	(0.128)	(0.127)
Edu^2	-0.008*	-0.009*	-0.006	-0.006	-0.005
	(0.005)	(0.005)	(0.005)	(0.004)	(0.004)
Gender×Edu^2	-0.002	-0.002	-0.003	0.000	0.000
	(0.003)	(0.003)	(0.003)	(0.002)	(0.002)
（…）	（…）	（…）	（…）	（…）	（…）
R^2	0.147	0.135	0.129	0.142	0.139

註：1. Model（1）是基準模型，其中除了性別和教育成就自變量之外只納入了年齡、年齡的平方、居住省份等控制變量。在此基準模型之上，Model（1a）進一步納入了表示老年人個人資源的獨立經濟來源、經濟狀況滿足感和醫療保險的變量；Model（1b）進一步納入了表示老年人家庭結構與家庭關係的婚姻狀況和給予子女經濟支持的變量；Model（1c）進一步納入了表示老年人生活方式的日常鍛煉、生活自主和經濟自主等變量；最後，Model（1d）將這些潛在仲介於教育成就和客觀健康老齡化之間的變量都納入迴歸模型之中。

2. 教育水準為連續變量。

3. 非標準迴歸系數 括號中是標準誤。

4. *** $p<0.001$，** $p<0.01$，* $p<0.05$。

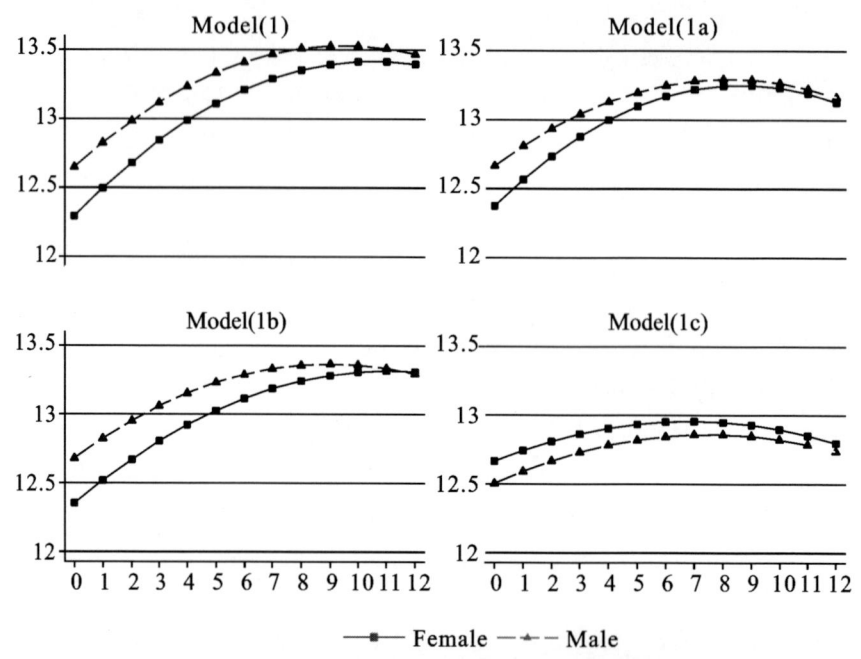

圖6.3　不同受教育水準老年人生活滿意度性別差異

　　教育對生活滿意度影響的性別差異迴歸結果參見表6.5。由模型2可以發現，在不控制任何仲介因素的前提下，教育與性別的交互項系數$\beta=0.016$，且在$p<0.01$的水準上顯著，即對於男性老年人教育的生活滿意度回報水準高於女性，但這是針對教育的總體影響而言。圖6.3（左）詳細分析了不同教育水準生活滿意度的性別差異，結果顯示，低教育水準群體中生活滿意度的性別差異較大，隨著教育年限的增加性別差異呈逐漸縮小趨勢，這一結果支持了「資源替代理論」。模型2a在納入了個人資源的其他變量之後，教育與性別交互項的系數為負，雖然沒能通過顯著性檢驗，但是我們仍然可以就此認為，教育通過改善老年人個人資源狀況來提高生活滿意度水準。雖然模型2b顯示健康的家庭照料在教育與生活滿意度的性別差異中的仲介效果不顯著，但是模型2c表明女性可以通過教育導致的健康生活方式從而進一步帶來生活滿意度上的回報，這一結果支持了生活方式對生活滿意度的教育回報性別差異的調節作用。

　　正如生命歷程理論所指出的，個體的教育經歷本身也是一個連續的過程，且不同教育階段對健康老齡化的促進作用存在明顯差異（圖6.3）。很多有益於個體身心健康的習慣、價值觀都在成型期習得，此時對應的是教育經歷的早

期階段。後續教育雖然也有價值，但是「邊際」健康促進「增量」應當是逐漸減少的。早期教育質量比較低的個人其一開始的健康促進效用就比較弱，而只有進一步的教育才能逐漸累積以顯現出教育的積極效果。鑒於此，女性不得不經歷更多的教育才能獲得一定程度的有益健康的「資源」，而這些「資源」對於男性而言只需要經歷更少的教育就可以得到。基於這一假設，或能夠理解本書的發現。由於教育質量的差異，女性老年人需要更多的教育才能獲取這些有助於個體健康的「資源」。這也就解釋了為什麼女性老年人需要到較高教育階段才能顯現出比沒有接受過正式教育的個體更高的生活滿意度水準。這實際上是一個教育數量（即教育年限）累積的過程。反觀男性老年人，初級教育本身就能夠顯著提升個體的生活滿意度水準，此時進一步的高等教育雖然相比於無教育老年人依舊能顯著提高其生活滿意度，但高等教育相比於低等教育所帶來的健康「增量」應當已變小。這也就解釋了為什麼在控制了生活方式等因素之後高等教育階段老年女性的教育回報下降得更快。

6.4 健康老齡化年齡軌跡的教育梯度：生活方式的仲介效應

接下來，我們把健康老齡化的教育梯度中生活方式的仲介效應放入到生命歷程的分析框架進行考察，分別探討了在整個老年階段健康老齡化和生活方式的年齡軌跡的教育梯度，以及其他個人資源、家庭照料和生活方式變量對年齡軌跡教育梯度的調節作用。

6.4.1 健康老齡化年齡軌跡的教育梯度的描述分析

圖 6.4 描述了不同受教育水準老年人健康老齡化與生活方式的年齡軌跡。該圖實際上呈現的是各個年齡客觀健康老齡化、主觀健康老齡化、生活壓力和營養狀況的樣本均值。如圖 6.4 所示，在進入老齡階段的絕大部分時間，健康老齡化與生活方式的受教育程度梯度效應都存在。雖然隨著年齡增長不同受教育程度的健康老齡化差異逐漸縮小，而且在 90 歲以上老年人中該差異已經基本不復存在（圖 a 和 b）。生活方式的年齡軌跡梯度最明顯的是 70~90 歲，對於 70 歲以下低齡老年人和 90 歲以上的高齡老年人而言則未表現出明顯差異。但是圖 6.4 主要基於樣本均值計算的結果，並沒有考慮控制性別、婚姻狀況等人口社會變量。接下來，我們採用迴歸模型對健康老齡化、生活方式的受教育

程度梯度效應進行分析。

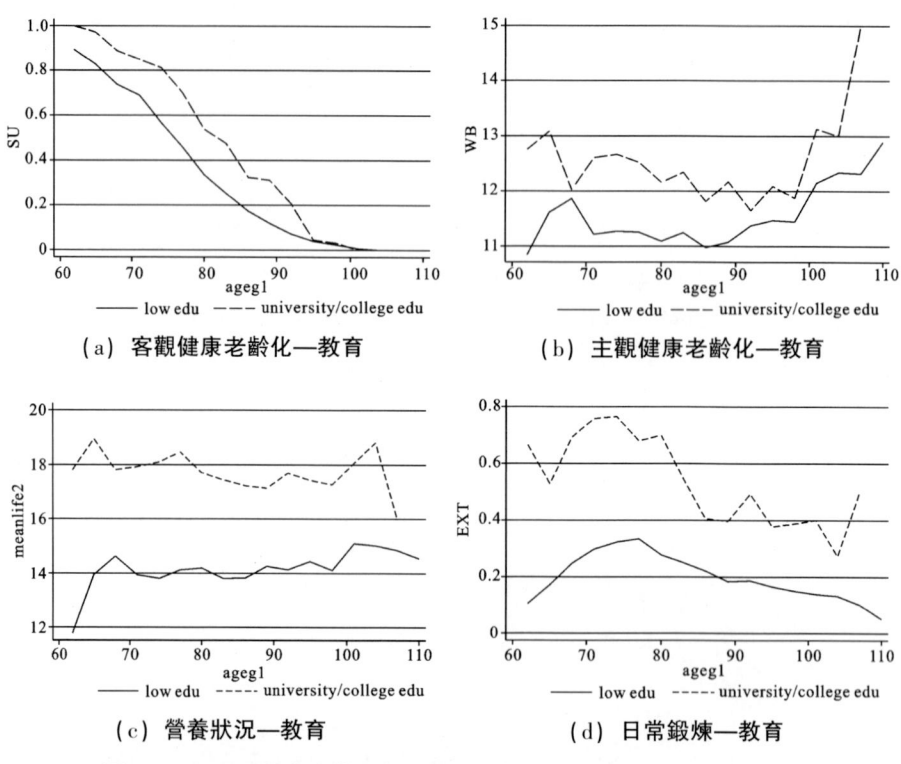

(a) 客觀健康老齡化—教育

(b) 主觀健康老齡化—教育

(c) 營養狀況—教育

(d) 日常鍛煉—教育

圖 6.4　不同受教育水準老年人健康老齡化、生活方式均值年齡軌跡

6.4.2　健康老齡化年齡軌跡的教育梯度的多元迴歸

表 6.6 是健康老齡化、生活方式受教育程度梯度估計的部分參數，受篇幅的限制，此處僅詳細探討受教育程度和年齡的系數。表 6.6 的迴歸結果顯示，在控制了人口社會變量之後，健康老齡化和生活方式的受教育程度的梯度效應仍然存在（模型 3a）。通過對四個迴歸模型進行比較，我們可以發現，日常鍛煉的教育梯度相對更加明顯，高等受教育程度老年人日行鍛煉的發生比約為低教育程度的 2.47（$e^{0.905} \approx 2.47$）倍。由於存在年齡與受教育程度的交互項，相對於第 4 章的迴歸結果，表 6.6 的估計參數解釋起來更加複雜。接下來的圖解分析中我們主要集中關注高受教育程度與低受教育程度老年人之間的健康老齡化與生活方式差異。在進行圖形分析之前，我們首先對表 6.6 的迴歸結果進行總結：①健康老齡化與生活方式的受教育程度梯度在生命歷程的不同階段存在明顯差異；②除生活壓力之外，健康老齡化與營養狀況的生命歷程差異表現

表 6.6　年齡、受教育程度與健康老齡化、生活方式的迴歸分析

	客觀健康老齡化							生活滿意度						
	Model 1	Model 2	Model 3	Model 3a	Model 3b	Model3c		Model 1	Model 2	Model 3	Model 3a	Model 3b	Model3c
	β	β	β	β	β	β		β	β	β	β	β	β
Age	−0.139***	−0.144***	−0.111***	−0.092***	−0.102***	−0.117***		0.014	−0.015	0.003	0.022	0.016	0.010
Age²	−0.001**	−0.001**	−0.001***	−0.002***	−0.001***	−0.001***		−0.003***	−0.002***	−0.003***	−0.003***	−0.003***	−0.003***
E₂	0.373***	0.099	0.569*	0.545*	0.519*	0.548*		0.506***	−0.093	−0.002	−0.068	−0.137	0.059
E₂×Age		0.135*	−0.388	−0.414	−0.386	−0.416			0.239***	0.182	0.182	0.196	−0.002
E₂×Age²			0.123*	0.126*	0.124*	0.128*				0.007	0.005	0.009	0.048
E₃	0.472***	0.482**	1.323***	1.335***	1.260***	1.262***		0.894***	0.260	1.088***	0.983**	0.922**	1.092***
E₃×Age		−0.010	−1.027***	−1.163***	−1.037***	−1.056***			0.281***	−0.772***	−0.857**	−0.781**	−0.987***
E₃×Age²			0.252***	0.274***	0.254***	0.258***				0.244***	0.258***	0.250***	0.294***
E₄	0.572***	0.565***	1.001**	0.958**	0.977**	0.874**		0.955***	0.535*	0.879**	0.750*	0.716	0.736
E₄×Age		0.001	−0.502	−0.736	−0.594	−0.563			0.166	−0.219	−0.477	−0.285	−0.465
E₄×Age²			0.121	0.172	0.145	0.139				0.083	0.147	0.106	0.147
R²	0.170	0.171						0.170	0.171	0.171	0.190	0.180	0.190

表 6.6（續）

	日常鍛煉						營養狀況				
	Model 1 β	Model 2 β	Model 3 β	Model 3a β	Model 3b β	Model3c β	Model 1 β	Model 2 β	Model 3 β	Model 3a β	Model 3b β	Model3c β
Age	0.025***	0.027***	−0.005	0.008	−0.003		−0.062***	−0.057***	−0.072***	−0.053***	−0.057***	
Age^2	−0.001***	−0.001***	−0.001**	−0.001***	−0.001**		0.001***	0.001***	0.002***	0.001***	0.001***	
E_2	0.298***	0.272**	−0.302	−0.332	−0.405*		0.467***	0.644***	0.415	0.359	0.328	
$E_2 \times Age$		0.013	0.599***	0.596***	0.641***			−0.072	0.147	0.140	0.137	
$E_2 \times Age^2$			−0.123***	−0.123***	−0.129***				−0.043	−0.043	−0.037	
E_3	0.569***	0.645***	0.074*	0.046	−0.042		1.004***	1.014***	0.624**	0.531*	0.515*	
$E_3 \times Age$		−0.038	0.603**	0.561**	0.635**			0.008	0.465**	0.379*	0.432*	
$E_3 \times Age^2$			−0.141**	−0.137**	−0.147**				−0.102*	−0.088	−0.092	
E_4	0.905***	1.000***	0.376*	0.338	0.267		1.372***	1.535***	1.114**	1.000***	1.006***	
$E_4 \times Age$		−0.047	0.669**	0.559*	0.679**			−0.074	0.428**	0.180*	0.348*	
$E_4 \times Age^2$			−0.158**	−0.135**	−0.157**				−0.112*	−0.051	−0.088	
R^2							0.054	0.055	0.055	0.091	0.067	

註：*** $p<0.001$，** $p<0.01$，* $p<0.1$。

出明顯的非線性特徵（模型3a）；（3）在大部分情況下，受教育程度的健康老齡化與生活方式梯度受到個人資源、家庭結構與家庭關係的調節作用（模型3b和3c）。

根據表6.6中模型2的迴歸結果，圖6.5展示了不同受教育程度老年人營養狀況、日常鍛煉、主觀健康老齡化和客觀健康老齡化的年齡軌跡，以及三者之間的均值差異。我們著重分析了高受教育程度與低受教育程度之間的健康老齡化與生活方式差異，並將其稱作受教育程度梯度。接下來的相關預測，都是以性別、居住地等控制變量取均值時計算的。

（a）營養狀況—受教育程度

（b）日常鍛煉—受教育程度

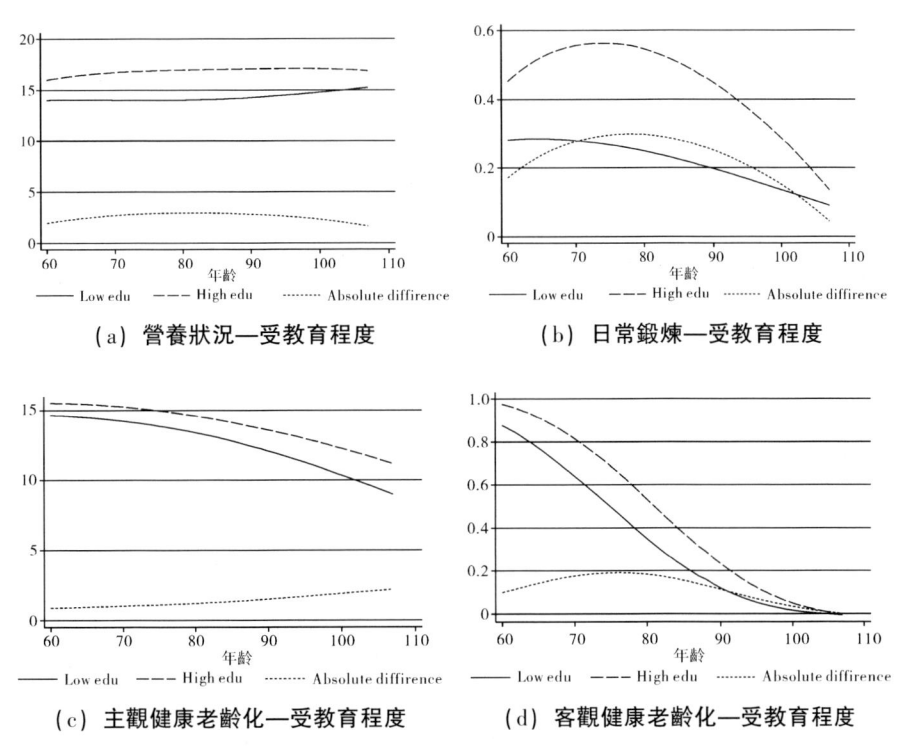

（c）主觀健康老齡化—受教育程度

（d）客觀健康老齡化—受教育程度

圖6.5　不同受教育程度老年人健康老齡化與生活方式的預測年齡軌跡

註：根據模型2的迴歸結果計算各個年齡段老年人的生活方式、健康老齡化均值。

由圖6.5可見，在進入老齡期的大部分時間，生活方式與健康老齡化的受教育程度梯度始終存在。其中在某些特殊的年齡段也存在受教育程度梯度消失的特例，例如在進入老齡期的最初幾年，高教育程度與低教育程度老年人之間的營養狀況僅存在較小差異（圖6.5a），隨後差異經歷了一個不斷增大的過

程，在進入高齡階段後（85～110歲）不同受教育程度之間的差異逐漸縮小甚至消失。在日常鍛煉和客觀健康老齡化方面（圖6.5b和圖6.5d），受教育程度的梯度效應在高齡老年人群體中也逐漸變得不明顯了。在主觀健康老齡化方面則表現了完全不同的年齡軌跡，受教育程度的梯度在低齡老年人中不甚明顯，隨著年齡增長，教育梯度逐漸增大。另外，與營養狀況和生活滿意度相比，客觀健康老齡化與日常鍛煉的教育梯度相對更加明顯（圖6.5），其中日常鍛煉的教育梯度在老年人80歲前後達到最大，低教育水準老年人日常鍛煉的比例約為25.58%，而相應年齡的高教育水準老年人的日常鍛煉比例約為62.77%。總體而言，客觀健康老齡化、日常鍛煉和營養狀況年齡軌跡的教育梯度比較相似——呈倒「U」形，教育梯度在低齡和高齡階段的差異相對較小。客觀健康老齡化這種先「發散」再「收斂」的年齡軌跡模式與以往相關研究結論一致（Beckett, 2000；Huijts et al., 2010）。但是與以往研究不同，我們著重考察的是生活方式變量，例如日常鍛煉、營養狀況對年齡軌跡教育梯度的仲介效應：健康老齡化的年齡軌跡教育梯度與生活方式的年齡軌跡存在顯著相關，例如，假如老年人生活方式年齡軌跡的教育梯度隨著年齡增長而逐漸縮小，那麼我們不難得出結論，健康老齡化年齡軌跡的教育梯度也呈「收斂效應」。

　　第一，圖6.6是根據表6.6中模型2到模型5迴歸結果預測受教育程度梯度的年齡軌跡。如圖6.6所示，主觀健康老齡化、生活壓力和營養狀況的受教育程度梯度在整個老齡階段都明顯受家庭結構與家庭關係的調節作用，具體表現為對控制變量選擇的敏感性。第二，如圖6.6c與圖6.6b所示，主觀健康老齡化的受教育程度梯度隨著年齡增加呈現逐漸增大趨勢。這意味著主觀健康老齡化與客觀老化、營養狀況和日常鍛煉的教育梯度的年齡軌跡存在顯著差異。第三，如圖6.6b所示，在分別控制了老年人的家庭關係和生活方式之後，主觀健康老齡化教育梯度的年齡軌跡被徹底改變了。事實上，主觀健康老齡化的年齡軌跡由最初的「低齡期優勢累積，高齡期年齡槓桿」轉變為在整個老齡階段呈現明顯的「年齡槓桿效應」。第四，在加入了家庭結構、家庭關係等控制變量之後，年齡軌跡的教育梯度僅發生了很小的變化。

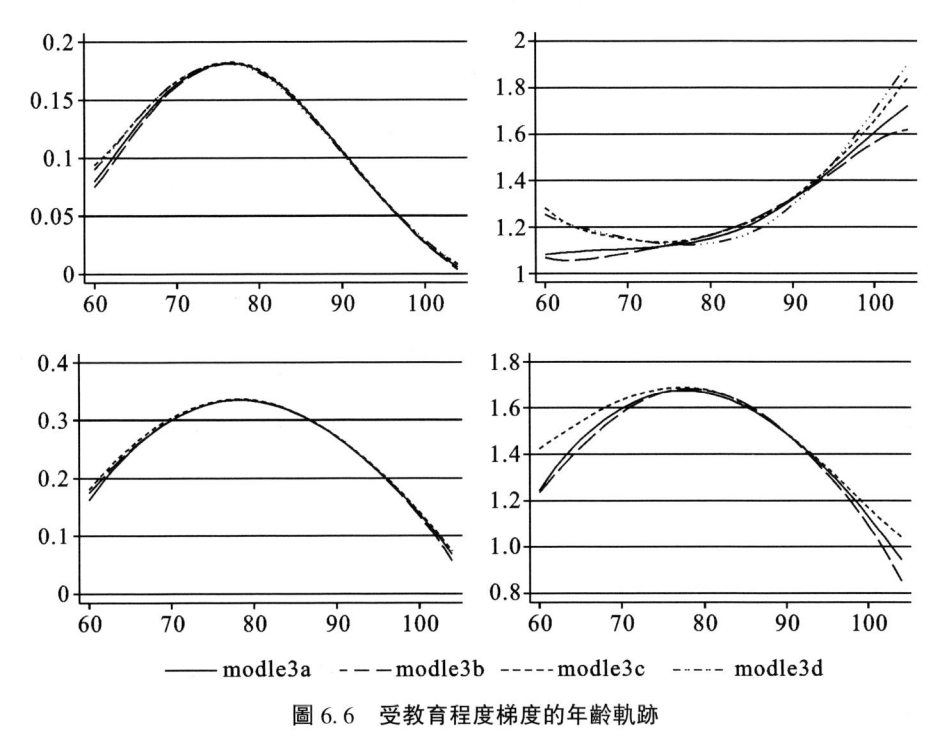

图 6.6 受教育程度梯度的年龄轨迹

註：根據表 6.6 的迴歸結果預測受教育程度梯度的年齡軌跡。4 條曲線分別代表了在控制人口社會變量、家庭結構、家庭關係之後，高受教育程度與低受教育程度在生活方式和健康老齡化方面的均值之差。

表 6.7 為年齡、教育程度與生活自主性的迴歸結果，在控制了性別、居住地等控制變量之後，生活自主性具有明顯的教育梯度。由於模型 3a 和模型 3b 中加入了教育與年齡、年齡平方的交互項，與模型 1 相比系數解釋相對更加複雜，因此我們主要通過圖 6.7 對教育梯度差異的年齡軌跡進行分析。與生活滿意度的年齡軌跡相似，老年人生活自主的教育梯度隨著年齡增長呈上升趨勢，因此，生活自主很可能作為仲介因素體現出優勢累積效應。另外，我們發現，個人資源與家庭照料對生活自主和生活滿意度教育差異年齡軌跡的調節作用非常相似，具體而言，在控制了個人資源變量後，生活滿意度和生活自主的教育差異在低齡和高齡階段縮小了，而對中齡階段的影響不大；但是，在控制了家庭照料變量後，兩者的教育差異在幾乎整個老年階段都表現出明顯的擴大趨勢。因此，生活自主很可能是教育和生活滿意度年齡軌跡的仲介變量。

6　個人資源、家庭照料與健康老齡化的教育梯度 | 191

表 6.7　　　年齡、受教育程度與生活自主性的迴歸分析

	Model 1	Model 2	Model 3	Model 3a	Model 3b
	β	β	β	β	β
Gender	0.370***	0.372***	0.372***	0.303***	0.322***
Urban	0.278***	0.280***	0.280***	0.111***	0.263***
Age	−0.058***	−0.055***	−0.052***	−0.035***	−0.046***
Age2	−0.000	−0.000	−0.000	−0.000*	−0.000
E2	0.247***	0.341***	0.358*	0.290	0.397*
E3	0.529***	0.496***	0.739***	0.672**	0.780***
E2×Age		−0.004	−0.005	−0.004	−0.010
E2×Age^2			0.000	−0.000	0.000
E3×Age		0.002	−0.027	−0.043	−0.037
E3×Age^2			0.001	0.001*	0.001
_cons	1.119***	1.075***	1.037***	0.549***	1.167***
R^2					

註：*** $p<0.001$，** $p<0.01$，* $p<0.05$。

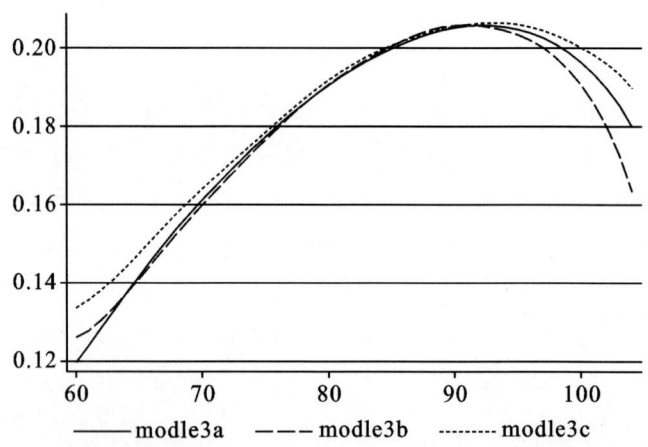

圖 6.7　低教育程度與高教育程度老年人生活自主性差異的年齡軌跡

6.5 小結

在現代社會中，教育對老年人生活狀況的影響不僅體現為經濟狀況的差異，還體現在各種各樣的「非物質性回報」上。本章利用 2008 年全國老年人健康影響因素調查數據，探討了以下三個問題：健康老齡化教育梯度的形成機制，健康老齡化的教育梯度與性別差異，健康老齡化年齡軌跡的教育梯度以及個人資源、家庭照料和生活方式的調節效應。主要得出了以下結論：

第一，從健康老齡化的教育梯度切入，我們發現在中國老年人群中確實存在健康老齡化的教育梯度，並從生命歷程的視角分析了其他個人資源、家庭照料與生活方式對教育梯度形成機制的作用。

第二，客觀健康老齡化的健康回報中男性高於女性，而對於生活滿意度而言則是女性高於男性。正是這種差異使得資源替代理論與資源強化理論都得到了一定程度的支持。

第三，在整個老齡階段，教育與健康老齡化之間存在動態關係，我們的研究主要探討了生活方式在上述動態關係的仲介效應，以及其他個人資源、家庭照料變量對健康老齡化年齡軌跡教育梯度的調節作用。分析結果顯示，生活方式與客觀健康老齡化年齡軌跡的教育梯度存在高度吻合，由此我們不難推斷出，生活方式的年齡軌跡在一定程度上影響了客觀健康老齡化的教育梯度。

7 研究結論、創新與展望

首先，本章根據本書的第 4 至第 6 章的研究結果進行總結；然後，提出本書的主要創新點；最後，對本書存在的一些不足進行討論，並對下一步的研究進行了展望。

7.1 研究結論

人口老化的問題將是 21 世紀中國社會所面臨的最大挑戰之一，如何回應挑戰，正是當前中國社會所要面對的嚴肅課題；而如何積極應對老化，讓老年人活得健康、活得美好，更是政府與學術界亟須關注的議題之一。為了應對日益嚴重的老齡化社會，各界都極力提倡老年人在老齡期可以邁向健康的老齡化，而家庭作為人類社會的最基本細胞，長期以來承擔了養老的基本功能。1997 年第十六屆國際老齡學大會通過的《阿德萊德宣言》指出：「要把注意力放在社會或家庭單位上，而不僅僅只偏重個人因素，認識到在許多情況下家庭發揮著重要的、不可替代的作用。」因此，本書將以老年人作為研究對象，以健康老齡化概念，探討老年人家庭照料、生活方式與健康老齡化之間的關係為研究主題。

健康老齡化是中國在快速老齡化和急遽家庭變遷進程中所面臨的一個重要問題。本書主要基於 Anderson 和 Berkman 的理論模型與實證研究，辨識出中國健康老齡化及其影響因素，然後參考國內外相關研究，並結合健康老齡化的社會與經濟背景，對健康老齡化、個人資源和家庭照料等重要概念進行了定義、維度劃分，在此基礎上完成了對主要變量的操作化。本書利用 2002—2011 年全國老年人健康長壽影響因素調查數據，以構建的健康老齡化概念和理論分析框架為基礎，對中國老年人健康老齡化的現狀與差異進行分析，系統地研究了

个人资源、家庭照料对健康老龄化的影响与作用机制、健康老龄化性别差异以及健康老龄化轨跡的教育梯度。下面就本书的主要结论进行总结：

第一，相关概念的建构与统计分析。首先，我们将健康老龄化的概念划分为客观健康老龄化与生活满意度两个维度，客观健康老龄化包括日常身体功能、认知能力和社会参与三个方面，然后据此设计了一套测量健康老龄化的指标体系。根据社会支持与健康老龄化的相关理论与实证研究，将家庭照料划分为家庭结构和家庭关系两个维度，并进一步把家庭结构细分为居住安排、子女数量、家庭规模、家庭中 16 岁以下孩子数量以及家庭中 60 岁以上老年人比例；家庭关系则主要围绕日常照料支持、精神慰藉和经济支持展开。在此基础上，对个人资源、家庭照料与健康老龄化两个维度的差异进行了统计分析，结果显示，上述变量对健康老龄化的两个维度都具有显著影响。

第二，个人资源与家庭照料对健康老龄化的影响与作用机制。首先，在主效应增益作用方面，老年人的个人资源和健康促进行为对健康老龄化的两个维度都具有显著的促进效应，家庭照料与健康老龄化的关系相对更加复杂，而健康危害行为则对健康老龄化具有显著的消极影响。其次，我们从本土化视角分别考察了责任内化对家庭照料—健康老龄化关系的调节作用，结果显示，家庭关系—健康老龄化关系体现了责任内化的文化规范，即健康老龄化的促进效果形成了「配偶—子女—其他」的差序格局。但是，在居住安排—健康老龄化方面，与子女同住老年人的健康老化处于劣势，大多情况下是选择效应的结果，即老年人更倾向于保持独立自主，只有在健康状况恶化后，才被迫选择与子女同住，接受他们的照料。再次，基于 Umberson 家庭连带理论，我们检验了家庭结构与家庭关系连带的社会控制作用对老年人健康促进的影响。研究结果显示，家庭照料两个维度诸项内容与健康生活方式之间的关系比较复杂，即家庭结构与家庭关系连带的部分内容会对健康生活方式产生促进效果，就日常锻炼而言，在所有进入分析的 6 项家庭照料指标中，4 项与社会控制理论的预期相符，而另外 2 项与家庭连带对健康生活方式促进效果的假设相反。最后，我们利用 Sobel-Goodman 检验对个人资源/家庭照料与健康老龄化关系中健康促进行为（日常锻炼和生活自主）的仲介作用分析，结果显示，对于大部分个人资源和家庭照料变量而言，健康促进行为都具有显著的部分仲介效应，但是生活自主对居住安排—生活满意度的仲介作用占全部影响的 95.83%。

第三，个人资源、家庭照料与健康老龄化的性别差异。首先，我们在相关研究的基础上提出「暴露性差分假设」和「脆弱性差分假设」，分析结果显示，在两种力量合力的共同作用下形成了健康老龄化两个维度的性别差异，其

中暴露性差分（稟賦差異）發揮了主要作用。然後，通過 Oaxaca-Blinder 分解法詳細分析了個人資源、家庭照料和生活方式諸變量對健康老齡化性別差異的貢獻程度，結果顯示，在客觀健康老齡化方面，獨立經濟來源、婚姻狀況和日常鍛煉三者的貢獻程度達到了 4.95%，也就是說如果女性老年人在這三項稟賦特徵上達到男性老年人的水準，客觀健康老齡化的性別差異可以縮小到 8.75%。而在生活滿意度方面，對性別差異貢獻程度最高的三個變量分別為：教育程度、居住安排和日常鍛煉。其次，我們利用 2002—2011 年的調查數據，對健康老齡化性別差異的發展趨勢進行考察，結果顯示，在控制了年齡之後，客觀健康老齡化的性別差異呈顯著降低的趨勢，我們通過進一步分析發現，獨立經濟來源、照料資源的獲取和日常鍛煉是造成這一趨勢的主要原因；在教育、生活自主和居住安排的共同影響下，2002—2011 年生活滿意度的性別差異呈顯著增大趨勢。最後，我們考察了個人資源、家庭照料和生活方式三類作用機制對健康老齡化年齡軌跡性別差異的調節作用。結果顯示，三類機制對客觀健康老齡化年齡軌跡性別差異不存在明顯的調節效應；在生活滿意度方面，個人資源和生活方式的調節作用非常顯著，其中最重要的三項因素分別為教育、獨立經濟來源和生活自主。通過進一步分析發現，教育主要是通過影響獨立經濟來源和生活自主，進而對生活滿意度年齡軌跡性別差異進行調節的。

第四，本書引入生命歷程「連貫性」的視角，建立健康老齡化教育梯度形成機制的分析框架，然後利用 2008 年調查數據進行驗證性分析。結果顯示，老年人生命歷程早期的教育獲得影響或形塑了其生命歷程晚期的其他個人資源狀況、家庭照料和生活方式，因此，教育梯度體現了優勢/劣勢累積效應。然後，本書在梳理總結女性老年人健康、身體功能劣勢的基礎上，引入生命歷程視角，構建了個人資源、家庭照料和生活方式三類作用機制下女性老年人健康老齡化劣勢的分析框架。結果表明，無論從客觀健康老齡化還是生活滿意度的角度，女性老年人的健康老齡化與男性相比都處於絕對劣勢；同時，女性老年人早期生命歷程的累積劣勢直接制約著老年時期的健康老齡化狀況，並非晚年一朝一夕所形成的。經過論證進一步研究發現，女性老年人早期生命歷程中教育獲得性隨時間推移發生作用，這一過程對其健康老齡化本身以及健康老齡化資源的保障產生影響，從而不斷以累積的方式作用於女性老年人，最終導致其健康老齡化的劣勢地位。本書突出了女性老年人健康老齡化存在劣勢的事實，從不同角度去探討引致女性老年人較男性存在健康老齡化劣勢的原因以及影響機制，進一步整合併豐富了已有對老年人身體功能、健康差異的研究，為了切實改善當前和未來女性老年人的健康老齡化狀況提供了政策依據，而且健康老

齡化的促進政策應該體現生命歷程視角，從早期生命階段開始進行干預。

7.2 主要創新點

本書對健康老齡化和家庭照料的概念進行了重新構建，並以此為基礎，系統地分析了個人因素、家庭照料對健康老齡化的影響與作用機制、性別差異以及年齡軌跡的教育梯度，創新之處主要體現在以下三個方面：

第一，本書對健康老齡化和家庭照料的概念進行了系統重構，多層面、多維度地揭示了中國老年人健康老齡化的現狀。目前國內相關研究存在定義不清晰、維度不明確等問題。本書借鑑應用範圍較廣泛的 Rowe & Kahn 生物醫學模式，綜合了相關研究的批判建議，將健康老齡化劃分為主觀、客觀兩個維度，客觀健康老齡化包括日常生活能力、認知能力與社會參與三項測量指標。

第二，個人資源、家庭照料對健康老齡化的影響與作用機制。雖然目前關於個人資源和家庭照料對健康老齡化影響的文獻屢見不鮮，但是關於年齡和文化情境對兩者關係調節效應的關注相對較少，而且對生活方式仲介效應的探討也存在不足，或者僅僅將生活方式操作化單一維度，例如王甫勤以日常鍛煉作為生活方式的代理變量，檢驗生活方式對社會經濟地位與健康的仲介效應，而本書將生活方式劃分為健康促進行為和健康危害行為兩個維度。在研究方法方面，對仲介效應的檢驗只是簡單地通過單一模型和聯合模型的系數比較，本書通過檢驗，詳細分析了生活方式兩個維度對個人資源、家庭照料各變量仲介效應的貢獻程度。本書的另一項創新之處便在於引入了本土化研究視角，討論責任內化對家庭照料—健康老齡化關係的調節作用。

第三，個人資源、家庭照料與健康老齡化的性別差異。首先，我們通過簡單的統計描述與分樣本迴歸分析發現，男女老年人無論是在個人資源、家庭照料和生活方式的特徵分佈上，還是在以上三類機制對健康老齡化的作用效果上均存在顯著差異。健康老齡化性別差異的暴露性差分假設和脆弱性差分假設都得到了初步驗證。接下來我們利用 Oaxaca-Blinder 分解法將健康老齡化的性別差異分解為暴露性差異和脆弱性差異，並詳細考察了個人資源、家庭照料各變量對健康老齡化性別差異的貢獻程度，為進一步縮小健康老齡化的性別差異提供了依據。

7.3 研究不足與展望

本書對中國老年人健康老齡化的現狀、個人資源與家庭照料對健康老齡化的影響、健康老齡化的性別差異以及教育梯度的形成機制和年齡軌跡進行了較為系統、深入的分析，並取得了一些較有價值的研究成果。但是限於主客觀條件，本書仍然存在一些不足，希望將來能夠在以下兩方面進行改進：

第一，本書採用的全國老年人健康長壽影響因素調查數據中高齡老年人占樣本總體的比例較高，而60~65歲之間的低齡老年人口較少。這一樣本分佈狀況有可能導致以下兩方面的問題：影響了某些狀態方面結論的推廣，例如健康老齡化現狀與差異的統計描述；在迴歸分析尤其是在年齡軌跡預測過程中，低齡老年人群體的系數估計可能是有偏差的。但是鑒於樣本量較大，並且數據中老年人在所有變量上都表現出明顯的差異性，保證了數據在因果關係分析中的可用性，因此，相關實證分析對中國老年人健康老齡化的研究仍具有啟示意義。本書主要採用了截面和重複調查兩類數據，沒有使用追蹤調查數據，因此在年齡軌跡分析中很難對年齡、世代效應做出清晰的判斷。此外，由於老化過程是長期的過程性（Progressive）現象，因此必須根據追蹤的長時間內老年人的變化情況，獲取有關健康老齡化指標構建所需的資料；橫截面的靜態數據無法呈現各項能力的變化情況，不具備老年人各項變化是否朝向健康老齡化或常態老化方向的可茲評判的信息。而且由於疾病壓縮現象（Fries, 1996），許多老人能夠長時間維持獨立健康狀態直至接近死亡前才開始出現問題，因此如果數據追蹤時間不夠長，所獲得的資料很可能無法捕捉（Capture）到老年人各項功能變化的情形。

第二，從個人資源和家庭照料視角對健康老齡化影響的關注還不夠。由於受到數據的限制，本書僅從老年人的經濟資源這一單一維度考察了個人資源對健康老齡化的影響。而實際上，在個人資源對健康老齡化影響的分析框架下，本書還可以從老年人的社會資源對健康老齡化的影響進行分析。另外，根據社會控制理論，家庭連帶關係可以劃分為結構連帶、功能連帶和規範連帶，但是由於受到調查數據的限制，我們僅僅考察了家庭結構與功能兩個維度與健康老齡化的關係。與大多數國內關於家庭關係與老年人健康的研究相同，本書著重於正向的家庭關係討論，相較之下，對於負向的家庭衝突帶給老人的健康老齡化的相關討論，仍可有更深入的探討。

參考文獻

中文部分：

[1] 成梅. 以生命歷程範式淺析老年群體中的不平等現象 [J]. 人口研究, 2004 (3): 44-51.

[2] 費孝通. 家庭結構變動中的老年贍養問題——再論中國家庭結構的變動 [J]. 北京大學學報（哲學社會科學版）, 1983 (3): 6-15.

[3] 宮宇軒. 社會支持與健康的關係研究概述 [J]. 心理學動態, 1994 (2): 34-39.

[4] 顧大男. 婚姻對中國高齡老人健康長壽影響的性別差異分析 [J]. 中國人口科學, 2003 (3): 32-40.

[5] 顧大男, 仇莉. 中國高齡老人認知功能特徵和影響因素分析 [J]. 南京人口管理幹部學院學報, 2003 (2): 3-13.

[6] 谷琳, 杜鵬. 中國老年人健康自評的差異性分析：基於2002年和2005年全國老年跟蹤調查數據 [J]. 南方人口, 2007 (2): 58-64.

[7] 郭未, 張剛, 楊勝慧. 中國老年人口的自理預期壽命變動：二元結構下的城鄉差異分析 [J]. 人口與發展, 2013 (1): 64-72.

[8] 胡安寧. 教育能否讓我們更健康——基於2010年中國綜合社會調查的城鄉比較分析 [J]. 中國社會科學, 2014 (5): 115-119.

[9] 胡薇. 累積的異質性：生命歷程視角下的老年人分化 [J]. 社會, 2009 (2): 112-130.

[10] 姜向群, 楊菊華. 中國女性老年人口的現狀及問題分析 [J]. 人口學刊, 2009 (2): 48-52.

[11] 宋璐, 李樹茁. 代際交換對中國農村老年人健康狀況的影響：基於性別差異的縱向研究 [J]. 婦女研究論叢, 2006 (4): 1453-1455.

[12] 李建新, 李毅. 性別視角下中國老年人健康差異分析 [J]. 人口研

究，2009（2）：48-57.

[13] 李建新，夏翠翠. 社會經濟地位對健康的影響：「收斂」還是「發散」——基於CFPS2012年調查數據［J］. 人口與經濟，2014（5）：41-46.

[14] 李志武，黃悅勤，柳玉芝. 中國65歲以上老年人認知功能及影響因素調查［J］. 第四軍醫大學學報，2007（16）：1518-1522.

[15] 牛飈，黃潤龍. 中國高齡老年人健康狀態的性別差異［J］. 市場與人口分析，2003（2）：51-53.

[16] 裴曉梅. 劣勢累積與制度公平［J］. 婦女研究論叢，2006（2）：7-10.

[17] 宋璐，李亮，李樹茁. 照料孫子女對農村老年人認知功能的影響——基於2001—2012年縱貫調查的研究［J］. 社會學研究，2013（6）：1-12.

[18] 沈可. 兒童期的社會經濟地位對中國高齡老人死亡風險的影響［J］. 中國人口科學，2008（3）：31-38.

[19] 鄔滄萍，杜鵬. 人口老齡化過程中的中國老年人［M］. 上海：華東師範大學出版社，1996.

[20] 王甫勤. 社會經濟地位、生活方式與健康不平等［J］. 社會，2012（2）：125-143.

[21] 王甫勤. 社會流動有助於降低健康不平等嗎？［J］. 社會學研究，2011（2）：78-101.

[22] 王樹新，曾憲新. 中國高齡老人自理能力的性別差異［J］. 中國人口科學，2001（21）：21-24.

[23] 王德文，葉文振. 中國老年人健康狀況的性別差異及其影響因素［J］. 婦女研究論叢，2006（4）：31-35.

[24] 位秀平. 中國老年人自評健康影響因素分析［J］. 南京人口管理幹部學院學報，2013（4）：9-15.

[25] 徐潔，李樹茁. 生命歷程視角下女性老年人健康劣勢及累積機制分析［J］. 西安交通大學學報（社會科學版）2014（4）：47-50.

[26] 楊菊華. 時間·空間·情境：中國性別平等問題的三維性［J］. 婦女研究論叢，2010（6）：5-18.

[27] 楊菊華，謝永飛. 累積劣勢與老年人經濟安全的性別差異：一個生命歷程視角的分析［J］. 婦女研究論叢. 2013（4）：18-29.

[28] 葉華，石爽. 健康的教育梯度、城鄉差異與影響機制［J］. 學術月刊，2015（9）：51-55.

[29] 尹德挺，陸杰華. 中國高齡老人日常生活自理能力的個體因素和區

域因素分析——HLM模型在老年健康領域中的應用［J］. 人口研究, 2007 (2): 60-70.

［30］曾毅. 中國老年健康影響因素跟蹤調查（1998—2012）及相關政策研究綜述（下）［J］. 老齡科學研究, 2013 (2): 63-71.

英文部分：

［1］ALMEIDA O P, NORMAN P, HANKEY G, et al. Successful Mental Health Aging: Results from a Longitudinal Study Ofolder Australian Men［J］. American Journal of Geriatric Psychiatry, 2006, 14 (1): 27-35.

［2］ANDERSON R A, WORTHINGTON L, ANDERSON W T, et al. The Development of an Autonomy Scale［J］. Contemporary Family Therapy, 1994, 16 (4): 265-345.

［3］ANDERSON N, ARMSTEAD C. Toward Understanding the Association of Socioeconomic Status and health: A New Challenge for the Biopsychosocial Approach［J］. Psychosomatic Medicine, 1995 (57): 213- 225.

［4］ANTONUCCI T C, AKIYAMA H. Social Networks in Adult Life and a Preliminary Examination of the Convoy Model［J］. Journal of Gerontology, 1987, 42 (5): 519-527.

［5］ANTONUCCI T C, JACKSON J. S. The Reciprocity in Social Support［M］// B R SARASON, I G SARASION, G R PIERCE. Social Support: An Interaction View. New York: John Wily & Sons, 1990.

［6］ADAMS D. Analysis of a Life Satisfaction Index［J］. Journal of Gerontology, 1969 (24): 470-474.

［7］ACITELLI L K, ANTONUCCI T C. Gender Differences in the Link Between Marital Support and Satisfaction in Older Couples［J］. Journal of Personality and Social Psychology, 1994 (67): 688-698.

［8］BALTES P B, BALTES M M. Successful Aging: Perspectives from the Behavioral Sciences［M］. New York: Cambridge University Press, 1990.

［9］BALTES P B, BALTES M M. Psychological Perspectives on Successful Aging: the Model of Selective Optimization with Compensation［M］// P B BALTES, M M BALTES. Successful Aging: Perspectives from the Behavioral Sciences. New York: Cambridge University Press, 1990.

［10］BALTES M M, CARSTENSEN L L. The Process of Successful Ageing

[J]. Ageing and Society, 1996 (16): 397-422.

[11] BALTES P B. On the Incomplete Architecture of Human Ontogeny: Selection, Optimization, and Compensation as Foundation of Developmental Theory [J]. American Psychologist, 1997, 52 (4): 366-380.

[12] BALTES P B, BALTES M M. Plasticity and Variability in Psychological Aging: Methodological and Theoretical Issues [M] // G E GURSKI. Determining the Effects of Aging on the Central Nervous System. Berlin: Schering, 1980.

[13] BALTES P B, BALTES M M. Psychological Perspectives on Successful Aging: The Model of Selective Optimization with Compensation [M] // P B BALTES, M M BALTES. Successful Aging: Perspectives from the Behavioral Sciences. New York: Cambridge University Press, 1990.

[14] BERKMAN L F, SYME S L. Social Networks, Host Resistance and Mortality: A Nine-year Follow-up Study of Alameda County Residents [J]. American Journal of Epidemiology, 1979, 109 (2): 186-204.

[15] BERKMAN L F, LEO-SUMMERS L, HORWITZ R I. Emotional Support and Survival after Myocardial Infarction: A Prospective, Population-based Study of the Elderly [J]. Annals of Internal Medicine, 1992, 117 (12): 1003-1009.

[16] BLAU P, DUNCAN O D. The American Occupational Structure [M]. New York: Free Press, 1967.

[17] BERKMAN L F, OXMAN T, SEEMAN T E. Social Networks and Social Support Among the Elderly: Assessment Issues [M] // R B WALLACE, R F WOOLSON. The Epidemiological Study of TheElderly. New York: Oxford University Press, 1992.

[18] BERKMAN L F, SEEMAN T E, ALBERT M, et al. High, Usual and Impaired Functioning in Community-dwelling Older Men and Women: Findings from the MacArthur Foundation Research Network on Successful Aging [J]. 1993.

[19] SEEMAN T E, BERKMAN L F, CHARPENTIER P A, et al. Behavioral and Psychosocial Predictors of Physical Performance: MacArthur Studies of Successful Aging [J]. Journal of Gerontology, 1995 (50): 177-183.

[20] BENGTSON V L, NORELLA M P. Intergenerational Relations and the Life Course in Changing Times. The Internation Conference on Intergenerational Relations in Family Life Course [M]. CA: University of Southern California, 2003.

[21] BENGTSON V L, SCHRADER S S. Parent-Child Relations [M] // Re-

search Instruments in Social Gerontology. MN: University of Minnesota Press, 1982.

[22] BENGTSON V L, KUYPERS J A. The Family Support Cycle: Psychosocial Issues in the Aging Family [M] // J M A MUNNICHS, P MUSSEN, E OLBRICH. Life-span and Change in a Gerontological Perspective. New York: Academic Press, 1985.

[23] BLINDER A S. Wage Discrimination: Reduced form and Structural variables [J]. Journal of human resources, 1973 (8): 436-455.

[24] BOSWELL G H, KAHANA E, DILWORTH A P. Spirituality and Healthy Lifestyle Behaviors: Stress Counter- balancing Effects on the Well-being of Older Adults [J]. Journal of Religion and Health, 2006, 45 (4): 587-602.

[25] BOWLING A. Associations with Life Satisfaction Among very Elderly People Living in a Deprived of Inner London [J]. Social Science and Medicine, 1990 (31): 1003-1011.

[26] BOWLING A. What Things are Important in People's Lives-survey of the Public's Judgment to Inform Scales of Health Related Quality of Life [J]. Social Science and Medicine, 1995, 41 (10): 1447-1462.

[27] BOWLING A, FARQUHAR M. Associations with Changes in Life Satisfaction Among Three Samples of Elderly People Living at Home [J]. International Journal of geriatric Psychiatry, 1996 (11): 1077-1087.

[28] BOWLING A, ILIFFE S. Which Model of Successful Ageing should be used? Baseline findings from a British longitudinal survey of ageing [J]. Age and Ageing, 2006 (35): 607-614.

[29] BOWLING D, DIEPPE P. What is Successful Ageing and Who Should Define it? [J]. British Medical Journal, 2005, 331 (7531): 1548-1551.

[30] Brummett B H, Barefoot J C, Siegler I C, et al. Characteristics of Socially Isolated Patients with Coronary Artery Disease Who are at Elevated Risk for Mortality [J]. Psychosomatic Medicine, 2001, 63 (2): 267-272.

[31] CALNAN M, RUTTER D R. Do Health Beliefs Predict Health Behaviour? An Analysis of Breast Self-examination [J]. Social Science and Medicine, 1986, 22 (6): 673-680.

[32] CHOU K L, CHI I. Successful Aging Among the Young-old, old-old and Oldest-old Chinese [J]. International Journal of Aging and Human Develo- pment, 2002, 54 (1): 1-14.

[33] CHIPPERFIELD J G, HAVENS B. Gender Differences in the Relationship between Marital Status Transitions and Life Satisfaction in Later Life. Journal of Gerontology [J]. Psychological Sciences, 2001, 56B (3): 176-186.

[34] CAPLAN G. Support Systems and Community Mental Health: Lectures on Concept Development [M]. New York: Behavioral Publications, 1974.

[35] COKERHEM W C. The New Blackwell Companion to Medical Sociology [M]. West Sussex: Wiley-Blackwell, 2010.

[36] CROWTHER M R, PARKER M W, ACHENBAUM W A, et al. Rowe and Kahn's Model of Successful Aging Revisited: Positive Spirituality — The Forgotten Factor [J]. The Gerontologist, 2002, 42 (5): 613.

[37] DEPP C, JESTE D. Definitions and Predictors of Successful Aging: A Comprehensive Review of Larger Quantitative Studies [J]. Am J Geriatr Psychiatry, 2006, 14 (1): 6-20.

[38] DUPUIS S L, SMALE B J A. An Examination of Relationship between Psychological Well-being and Depression and Leisure Activity Participation Among Older Adults [J]. Society and Leisure, 1995, 18 (1): 67-92.

[39] ELLISSON C G. Family Ties, Friendships and Subjective Well-geing among Black Americans [J]. Journal of Marriage and Family, 1990, 52 (2): 298-130.

[40] FERRANS C E, POWERS M J. Psychometric Assessment of the Quality of Life Index [J]. Research in Nursing & Health, 1992 (15): 29-38.

[41] FISHER B J. Successful Aging and Life Satisfaction: A Pilot Study for conceptual clarification [J]. Journal of Aging Studies, 1992, 6 (2): 191-202.

[42] FRASURE-SMITH N, LESPéRANCE F, GRAVEL G, et al. Social Support Depression, and Mortality During the First Year after Myocardial Infarction [J]. Circulation, 2000, 101 (16): 1919-1924.

[43] FREUND A M, BALTES P B. Selection, Optimization and Compensation as Strategies of Life Management: Correlations with Subjective Indicators of Successful Aging [J]. Psychology and Aging, 1998, 13 (4): 531-543.

[44] GRANOVETTER M S. The Strength of Weak Ties [J]. The American Journal of Sociology, 1973, 78 (6): 1360-1380.

[45] GARFEIN A J, HERZOG R. Robust Aging among the Young-old, Old-old and Oldest-old [J]. Journal of Gerontology, 1995 (50): 77-87.

[46] GEORGE L K. Social Structure, Social Processes and Socialpsychology States [M] // R H BINSTOCK, L K GEORGE. Handbook of Aging and the Social Sciences. San Diego, CA: Academic Press, 1990: 186-204.

[47] GLASS T A, SEEMAN T E, HERZOG A R, et al. Change in Productive Activity in Late Adulthood: MacArthur Studies of Successful Aging [J]. Journal of Gerontology, 1995 (50): 65-76.

[48] GARFEIN A J, HERZOG R. Robust Aging Among the Young-old, Old-old and Oldest-old [J]. Journal of Gerontology, 1995, 50 (3): 77-87.

[49] HAVIGHURST R J. Successful Aging [J]. Gerontologist, 1963 (1): 8-13.

[50] HAVIGHURST R J. Successful Aging [M] // R H WILLIAMS, C TIBBITS, W DONOHUE. Process of Aging: Social and Psychological Perspectives. New York: Atherton Press, 1963: 299-320.

[51] HEO S, MOSER D K, LENNIE T A, et al. A Comparison of Health Related Life between Older Adults with Heart Failure and Healthy Older Adults [J]. Heart & Lung, 2007, 36 (1): 16-24.

[52] HIBBARD J H, POPE C R. The Quality of Social Roles as Predictors of Morbidity and Mortality [J]. Social Science and Medicine, 1993, 36 (3): 217-225.

[53] HOROWITZ A, SILVERSTONE B M, REINHARDT J P. A Conceptual and Empirical Exploration of Personal Autonomy Issues within Family Caregiving Relationships [J]. The Gerontologist, 1991, 31 (1): 23-31.

[54] HOUSE J S. Understanding Social Factors and Inequalities in Health: 20th Century Progress and 21st Century Prospects [J]. Journal of Health and Social Behavior, 2001, 42 (2): 125-142.

[55] INUI T S. The Need for an Integrated Biopsychosocial Approach to Research on Successful Aging [J]. Annals of Internal Medicine, 2003, 139 (5): 391-394.

[56] IDLER E L. Discussion: Gender Difference in Self-related Health, in Eortality and in the Relationship between the Two [J]. The gerontologist, 2003, 43 (3): 372-375.

[57] JANES C A. Healthy Aging: Factors that Contribute to Positive Perceived Health in an Older Population [J]. Journal of Aging and Health, 1999, 12 (2): 169-192.

[58] JOHNSON D L, RATNER P A, BOTTORFF J L, et al. An Exploration of Pender's Health Promotion Model Using LISREL [J]. Nursing Research, 1993, 42 (3): 132-140.

[59] KAHN R C, ANTONUCCI T C. Convoys of Social Support: A life-course Approach [M] // S B KIESLER, V K OPPENHEIMER. Aging: Social change. New York: Academic Press, 1981: 383-405.

[60] KATZ R. Intergenerational Family Relations and Life Satisfaction among Three Elderly Population Groups in Transition in the Israeli Multi-Cultural Society [J]. Journal of Cross-cultural gerontology, 2009, 24 (1): 77-91.

[61] KAPLAN G A, WILSON T W, COHEN R D, et al. Social Functioning and Overall Mortality: Prospective Evidence from the Kuopio Ischemic Heart Disease Risk Factor Study [J]. Epidemiology, 1994, 5 (5): 495-500.

[62] KATZ R, LOWENSTEIN A, PHILIPS J, et al. Theorizing Intergenerational Family Relations [M] // V L BENGTSON, A C ACOCK, K R ALLEN, et al. Sourcebook of Family Theory and research. Thousand Oak, CA: Sage, 2005: 393-420.

[63] KNOOK D L, VAN DER GEEST S, WESTENDORP R G. Successful Aging in the Oldest Old : Who Can be Characterized as Successful Aged? [J]. Archive of Internal Medicine, 2001 (161): 2694-2700.

[64] LANG F R, SCHUTZE Y. Adult Children's Supportive Behaviors and Older Parents' Subjective Well-Being-A Developmental Perspective on Intergenerational Relationships [J]. The Journal of Social Issues, 2002, 58 (4): 661-680.

[65] LANTZ P M, HOUSE J S, LEPKOWSKI J M, et al. Socioeconomic Factors, Health Behaviors and Mortality [J]. Journal of the American Medical Association, 1998, 279 (21): 1703-1708.

[66] LAWTON M P, BRODY E M. Assessment of Older People: Self-maintaining and Instrumental Activities of Daily Living [J]. The Gerontologist, 1969: 179-186.

[67] LEI X, HU Y, MCARDLE J J, et al. Gender Differences in Cognition among Older Adults in China [J]. 2012 (47): 951-971.

[68] LIANG J. Sex Differences in Life Satisfaction among the Elderly [J]. Journal of Gerontology, 1982, 37 (1): 100-113.

[69] LANTZ P M, LYNCH J, HOUSE J S, et al. Socioeconomic Disparities in

Health Change in a Longitudinal Study of US Adults: The Role of Health-Risk Behaviors [J]. Social Science and Medicine, 2001, 53 (1): 29-40.

[70] LEE M, ROTHERAM-BORUS M J. Challenges Associated with Increased Survival among Parents Living with HIV [J]. American Journal of Public Health, 2001, 91 (8): 1303-1309.

[71] LEE S D, AROZULLAH A M, CHO Y I, et al. Health Literacy, Social Support and Health Status Among Older Adults [J]. Educational Gerontology, 2009, 35 (3): 191-201.

[72] LIN N, ENSEL W M, SIMEONE R S, et al. Social Support, Stressful Life Events and Illness: A Model and an Empirical Test [J]. Journal of Health and Social Behavior, 1979, 20 (2): 108-119.

[73] MCCAMISH S C, SAMUELSSON G, HAGBERG B. Social Relationships and Health as Predictors of Life Satisfaction in Advanced Old Age: Results from a Swedish Longitudinal Study [EB/OL]. http://global.umi.com/pqdweb? Did = 000000047136344&Fmt.

[74] MENEC V H. The Relation between Everyday Activities and Successful Aging: A 6-year Longitudinal Study [J]. Journals of Gerontology Series B- Sciences and Social Sciences, 2003, 58 (2): 74-82.

[75] OAXACA R. Male-female Wage Differentials in Urban Labor Markets [J]. International economic review, 1973 (14): 693-709.

[76] PAFFENBARGER R S, LEE I M. Physical Activity and Fitness for Health and Longevity [J]. Research Quarterly for Exercise and Sport, 1996 (67): 11-28.

[77] PALMORE E. Predictors of Successful Aging [J]. Gerontologist, 1979 (19): 427-431.

[78] PALANK G L. Determinants of Health-promotive Behavior. A review of current [J]. Nursing Clinics of North America, 1991, 26 (4): 815-832.

[79] PATTERSON T L, SHAW W S, SEMPLE S J, et al. Relationship of Psychosocial Factors to HIV Progression [J]. Annals of Behavioral Medicine, 1996, 18 (1): 30-39.

[80] PENDER N J, WALKER S N, SECHRIST K R, et al. Predicting Health-promotiong Lifestyle in the Workplace [J]. Nursing Research, 1990, 39 (6): 326-332.

[81] PEEK M K, LIN N. Age Differences in the Effects of Network Composition on Psychological Distress [J]. Social Science & Medicine, 1999 (49): 621-636.

[82] PHELAN E A, LARSON E B. Successful Aging-where Next? [J]. Journal of American Geriat ric Society, 2002 (50): 1306-1308.

[83] ROOS N P, HAVENS B. Predictors of Successful Aging: A Twelve-Year Study of Manitoba Elderly [J]. American Journal of Public Health, 1991, 81 (1): 63-68.

[84] ROWE J W, KAHN R L. Successful Aging [J]. The Gerontologist, 1997, 37 (4): 433.

[85] ROWE J W, KAHN R L. Human Aging: Usual and Successful [J]. Science, 1987, (237): 43-149.

[86] RUTLEDGE T, REIS S E, OLSON M, et al. Social Networks are Associated with Lower Mortality Rates among Women with Suspected Coronary Disease: The National Heart, Lung, and Blood Institute-Sponsored Women's Ischemia Syndrome Evaluation study [J]. Psychosomatic Medicine, 2004, 66 (6): 882-888.

[87] SEEMAN T E, ARPENTIER P A, BERKMAN L F, et al. Predicting Changes in Physical Performance in a High-functioning Elderly Cohort: MacArthur Studies of Successful Aging [J]. Journal of Gerontology, 1994, 49 (3): 97-108.

[88] STRAWBRIDGE W J, COHEN R D, SHEMA S J, et al. Successful Aging: Predictors and Associated Activities [J]. American Journal of Epidemiology, 1996 (144): 135-141.

[89] STRAWBRIDGE W J, CAMACHO T C, COHEN R D, et al. Gender Differences in Factors Associated with Change in Physical Functioning in Old Age: A 6-year Longitudinal Study [J]. Gerontologist, 1993, 33 (5): 603-609.

[90] SILVERSTEIN M, BENGTSON V L. Intergenerational Solidarity and the Structure of Adult Child-parent Relationships in American Families [J]. American Journal of Sociology, 1997, 103 (2): 429-460.

[91] STRAWBRIDGE W J, WALLHAGEN M I, COHEN R D. Successful Aging and Well-being: Self-rated Compared with Rowe and Kahn [J]. The Gerontologist, 2002, 42 (6): 727.

[92] SILVERSTEIN M, PARKER M G. Leisure Activities and Quality of Life

Among the Oldest old in Sweden [J]. Research on Aging, 2002, 24 (5): 528-547.

[93] STEVERINK N, LINDENBERG S, ORMEL J. Towards Understanding Successful Ageing: Patterned Change in Resources and Goals [J]. Ageing and Society, 1998 (18): 441-467.

[94] SVEDBERG P, BARDAGE C, SANDIN S, et al. A Prospective Study of Health, Life Style and Psychosocial Predictors of Self-rated Health [J]. European Journal of Epidemiology, 2006, 21 (10): 767-776.

[95] TATE R B, LAH L, CUDDY T E. Definition of Successful Aging by Elderly Canadian Males: The Manitoba Follow [J]. The Gerontologist, 2003, 43 (5): 735-744.

[96] TERRY MCMORRIS, PHILLIP D, TOMPOROWSKI, et al. Exercise and Cognitive Function [M]. Oxford: Wiley-Blackwell, 2009: 227-247.

[97] VAILLANT G E, MUKAMAL K. Successful Aging [J]. American Journal of Psychiatry, 2001 (158): 839-847.

[98] WALKER S N, VOLKAN K, SCEHRIST K R, et al. Health-promotion Lifestyle of Older Adults: Comparisions with Young and Middle Age Adults, Correlates and Patterns [J]. Advances in Nursing Science, 1988, 11 (1): 76-90.

[99] WELIN L, LARSSON B, SVA DSUDD T B, et al. Social Network and Activities in Relation to Mortality from Cardiovascular Diseases, Cancer and Other Causes: A 12-year Follow-up of the Study of Men Born in 1913 and 1923 [J]. Journal of Epidemiology and Community Health, 1992, 46 (2): 127-132.

[100] YUNHWAN LEE, JINHEE KIM, JOUNG HWAN BACK. The Influence of Multiple Lifestyle Behaviors on Cognitive Function in Older Persons Living in the Community [J]. Preventive Medicine, 2009, 48 (1): 86-90.

[101] ZENG Y, GU D, GEORGE L. Association of Religious Participation with Mortality Among Older Chinese Adults [J]. Research on Aging, 2010, 33 (1): 51-83.

[102] ZENG Y, GU D, PURSER J, et al. Associations of Environmental Factors with Elderly Health and Mortality in China [J]. American Journal of Public Health, 2010, 100 (2): 298-305.

博士論文：

［1］ WOLFE N S. The Relationship between Successful Aging and Older adult's Participation in Higher Education Programs ［D］. LA：Univ of California，1990.

［2］ HENRY N J. A Qualitative Study about Perceptions of Lifestyle and Life Satisfaction Among Older Adults ［D］. NY：Syracase University，1989.

［3］ GRIFFITH T D. The Relationship between Death Awareness and Successful Aging among Older Adults ［D］. Florida：The Florida State University，2001.

國家圖書館出版品預行編目（CIP）資料

個人資源與家庭照料對健康老齡化的影響 / 穆瀅潭 著. -- 第一版.
-- 臺北市：崧博出版：財經錢線文化發行, 2019.05
　　面；　　公分
POD版

ISBN 978-957-735-850-9(平裝)

1.人口問題 2.老年化問題 3.中國

542.132　　　　　　　　　　　　　　　　　　108006479

書　　名：個人資源與家庭照料對健康老齡化的影響
作　　者：穆瀅潭 著
發 行 人：黃振庭
出 版 者：崧博出版事業有限公司
發 行 者：財經錢線文化事業有限公司
E - m a i l：sonbookservice@gmail.com
粉絲頁：　　　　　網址：
地　　址：台北市中正區重慶南路一段六十一號八樓 815 室
8F.-815, No.61, Sec. 1, Chongqing S. Rd., Zhongzheng
Dist., Taipei City 100, Taiwan (R.O.C.)
電　　話：(02)2370-3310 傳　真：(02) 2370-3210
總 經 銷：紅螞蟻圖書有限公司
地　　址：台北市內湖區舊宗路二段 121 巷 19 號
電　　話:02-2795-3656 傳真:02-2795-4100　　網址：
印　　刷：京峯彩色印刷有限公司（京峰數位）

　　本書版權為西南財經大學出版社所有授權崧博出版事業股份有限公司獨家發行電子
　　書及繁體書繁體字版。若有其他相關權利及授權需求請與本公司聯繫。

定　　價：420元

發行日期：2019 年 05 月第一版

◎ 本書以 POD 印製發行